シリーズ 英文法を解き明かす 4
現代英語の文法と語法

内田聖二／八木克正／安井泉 編

住吉誠

# 談話のことば2
## 規範からの解放

研究社

# 編者はしがき

　シリーズ「英文法を解き明かす――現代英語の文法と語法」は、英語語法文法学会が 2012 年に設立 20 周年を迎えたのを期に、学会で培われてきた活動成果を広く社会に還元すべく、出版を企画したものです。

　英語語法文法学会は、28 名の研究者による設立趣意書を受け、1993 年に初代会長小西友七のもと設立されました。その背景には、英語学、言語学の分野において、変形生成文法をはじめとする言語理論の隆盛によって学問的な関心が理論的側面に偏り、研究対象が文法の実証的記述から離れていったことがあります。各種学会での研究発表、シンポジウムが理論的な研究に傾き、個別言語としての英語の記述的な語法研究が正しく評価されない状況にありました。

　教育の現場で英語を教え、また英語のあるがままの姿を正しく理解しようと思っている研究者にとって、英語の語彙や構文の特性などの基本的な成り立ちをつまびらかにして、英語自体の理解を深めることこそが、基本的な出発点だと思います。ことばの多様性とそれを説明する筋の通った記述という地道な研究の成果を発表する場を保証することが、本学会の使命のひとつだと思うのです。

　1993 年 11 月、第 1 回大会が立命館大学で開催され、その後、設立の趣旨を実現すべく、さまざまな取り組みがなされてきました。年次大会ではシンポジウム、研究発表のほか、第 6 回大会からは特色ある「語法ワークショップ」をはじめました。機関誌の『英語語法文法研究』は創刊号 (1994 年) から毎年刊行され、前年のシンポジウムに基づく論考、応募論文、語法ノートを掲載しています。また、小西友七初代会長の寄付金を基金として、2000 年に「英語語法文法学会賞」を、2010 年からは若手研究者の育成と研究活動の促進を目的とした「英語語法文法学会奨励賞」を、新設しました。さらに、2005 年以降、学会の社会貢献の一環として会員以外の方も参

加できる英語語法文法セミナーを毎年8月大阪で開催しています。これは、英語学・言語学の最先端の学識に触れる機会を広く提供することを目的としたものです。

　このシリーズは、「ことばの基礎」「談話のことば」「ことばを彩る」「ことばとスコープ」「ことばの実際」という5つの視座から英語ということばを見つめるものです。「ことばの基礎」ではものの名付け、代替表現などを対象として、名詞と代名詞を第1巻でとりあげ、第2巻では文構造の基本としての動詞を記述の中心に据えます。「談話のことば」では、品詞を超えて文をつなぐ現象を第3巻で扱い、談話と文法的規範からの逸脱との関係を第4巻で考察します。「ことばを彩る」というテーマでは、第5巻でテンス・アスペクト、第6巻ではムード、の観点から英語表現のニュアンスの違いを論じます。第7巻と第8巻は「ことばとスコープ」にあてられ、それぞれ照応表現、否定表現が分析の対象となります。「ことばの実際」では、話しことばの実相を第9巻で提示し、英文法と言語コーパスとの接点を第10巻で記述、説明します。

　本シリーズは、英語の文法事象と語法を、最新の知見からわかりやすく解説するとともに、その研究成果を英語教育の現場で役立つ情報として盛り込むことで、研究と教育の両面から包括的に、発話者の「心」を伝える英語表現の仕組みを解き明かすことを目指すものです。

　　2016年3月

　　　　　　　　　　　　　　　　　　　　　　　　　編者
　　　　　　　　　　　　　　　　　　　　　　　　内　田　聖　二
　　　　　　　　　　　　　　　　　　　　　　　　八　木　克　正
　　　　　　　　　　　　　　　　　　　　　　　　安　井　　　泉

# はしがき

　本書は、シリーズ「英文法を解き明かす——現代英語の文法と語法」の「談話のことば」の一冊として企画された。本書のタイトルは「規範からの解放」である。

　近年、規範文法を再評価する動きが一部に見られる。例えば古田(2015: 11)は、語法は単語の数だけ無限に存在するが、規範文法はきわめて限られた知識体系であり、外国語として英語を学ぶ者にとっては大きな武器になるという。規範文法が英語教育において必要であることは否定しないが、本書では規範文法が語法からまったく独立して存在しているかのような立場はとらない。それどころか、本書で見るように、語法と規範は密接に関係し、長い歴史の中でそれぞれの語に特有の規範が醸成されてきた。

　今日、インターネットを含めて英語学習のリソースが多様化し、教科書で学ぶ形とは異なる英語に触れる機会も増えている。そのような非教科書的な英語に出会うと、学習者のみならず教授者ですら戸惑う現実がある。教育内容と実態の乖離は、語法を中心として英語のさまざまな側面に及んでいる。自分の学習した内容が英語の一部であり、理想化されたものでしかないと理解することは、些末な事項に必要以上に拘泥しないために大切であり、柔軟なコミュニケーションのためにも重要である。

　また、英語研究の深化のためには、規範にとらわれず英語の変化や実態を虚心に見ることが肝要である。良い悪いは措くとして、実際の英語は驚くほど柔軟性を持っている。実証的英語研究は、その実態を的確に把握しなければならない。英語教育のための規範は、そのような良質な記述的英語研究の集大成から生じるべきものであり、実際の英語から分け隔てられて存在するべきものではない。

　英語が変化し多様化する中で、日本の英語教育がコミュニケーション能力の育成を目指すのであれば、それを支える英語研究も旧来の「定説」に

固執することなく、時代に合わせて柔軟に変化対応していかねばならない。「こう言ってはならない」「こうしか言えない」ではなく、「こうも言える」という、規範からの解放、寛容の教育への質的転換が求められる。

　本書で扱う事例は、語の用法を中心としている。「談話のことば」というカテゴリーが扱う対象としては異質なものかと思う。しかし、それぞれの語や表現は談話から離れては存在しえない。そのような意味で、本書は談話における語の用法を見たものと言える。談話の中の言葉遣いが規範にとらわれず、いかに自由かということを再認識するよい機会となると思う。これは、豊饒な談話の中の英語の多様な姿を考察する面白味を味わうということに他ならない。それはまさしく英語語法研究の原点である。

　本書をまとめるにあたって、諸先生方、諸先輩方、同僚、友人の方々に助けていただき、人に育てられたという思いを一層強くした。また、学生との何気ない会話や、国内外の学会・研究会発表での質疑応答で多くを学んだ。紙幅の関係で支えてくださったすべての方のお名前は掲載できないが、恩師の和田四郎先生(神戸市外国語大学名誉教授)、八木克正先生(関西学院大学名誉教授)には改めて感謝申し上げたい。また、不勉強な筆者の蒙を常に啓いてくださる家口美智子先生(摂南大学)、家入葉子先生(京都大学)、田村幸誠先生(大阪大学)、橋本正俊先生(摂南大学)、後藤一章先生(摂南大学)、井上亜依先生(防衛大学校)にもお礼申し上げたい。

　本書の一部となった論文の初出は別に記した。そのような個別研究の多くは、もともと規範との関係を意識して論じたものではなかったが、本書の執筆にあたって規範という縦糸で紡ぎなおすことができた。その後の研究の進展に伴って大幅な追記や誤りの訂正を行った部分もある。また、本書に収められた研究の多くが、以下の科学研究費で可能になったものである。(若手研究(B))「フレイジオロジーの考え方を取り入れた英語の変則的構文・表現の記述的研究」(課題番号23720256(代表)住吉誠(平成23年度～平成24年度))、(挑戦的萌芽研究)「フレイジオロジーの理論化推進のための国際的研究」(課題番号24652097(代表)八木克正(平成24年度))、(若手研究(B))「フレイジオロジーの考え方を援用した英語の語彙補文・フレーズ補文の記述的研究」(課題番号26770175(代表)住吉誠(平成26年度～平成28年度(予定)))。

ここに記してお礼申し上げる。

　最後になったが、編集の過程で、助言やコメントを惜しまず与えてくださった研究社の津田正氏、高野渉氏のお二人に深謝したい。もちろん、本書の誤りや考え違いはすべて筆者に帰するものである。

　2016 年 3 月

住　吉　　誠

# 目次

編者はしがき　iii
はしがき　v

## 第1部　本書の基本的な立場と考え方　1

### 第1章　はじめに　2

1.1　規範と記述　2
1.2　「事実観察」の冷遇　5
1.3　「伝統的規範」と「新しい規範」　6
1.4　規範からの解放　9
1.5　変則的な形を扱う意義はどこにあるか　10
　1.5.1　「変則的」とは何か　10
　1.5.2　変則的な形を扱う意義　13
1.6　語法研究の再評価　17

### 第2章　伝統的規範　18

2.1　伝統的規範の成立　19
　2.1.1　最初の英文法から17世紀まで　19
　2.1.2　18世紀の英文法——規範の胎動　20
2.2　伝統的規範の具体的事項　26
2.3　20世紀の伝統的規範の系譜　29
　2.3.1　Henry Fowler, *A Dictionary of Mondern English Usage*（1926）の登場　29
　2.3.2　Usage Movement　31
　2.3.3　記述的語法書の登場　33
2.4　伝統的規範に対して問題意識をどう持つべきか　35
　2.4.1　分離不定詞の発生と規範意識の胚胎　36
　2.4.2　規範意識の根強さと統語形式への影響　37
　2.4.3　分離不定詞を見る視点　38

### 第3章　新しい規範　39

3.1　新しい規範の導入と影響　39
3.2　新しい規範の事項　43
3.3　新しい規範の何が問題か　46
　3.3.1　直観の規範性　47
　3.3.2　直観の限界　49
　3.3.3　恣意的判断　50
3.4　新しい規範に対して問題意識をどう持つべきか　52
おわりに　54

## 第4章　日本における規範の継承　56

4.1　日本における代表的な英文法書・英語語法書　56
4.2　日本における規範の継承の実態　66
4.3　良質な英語記述研究の必要性　68

## 第5章　本書の立場　70

5.1　語法とは　70
5.2　データ　73
5.3　道具立て　75
　5.3.1　「語」をどう考えるか　75
　5.3.2　フレーズ化　77
　5.3.3　意味的な動機づけ　85

# 第2部　個別事例研究　91

## 第6章　have until X to V へのフレイジオロジー的アプローチ　92

6.1　他動詞の目的語は「名詞」でなければならないか　92
6.2　頻度　94
6.3　先行研究　96
6.4　have until X to V の持つ変則性　97
6.5　前置詞句主語文との比較　99
6.6　前置詞句目的語文との比較　100
6.7　X 位置に生じる語句の特徴　102
6.8　have until X to V の意味論　103
6.9　リズム交替の原理　104
6.10　have until 節 to V　107
おわりに　108

## 第7章　on account of へのフレイジオロジー的アプローチ　110

7.1　前置詞の目的語は名詞でなければならないか　110
7.2　on account of の統語的振る舞い──事実の確認　111
　7.2.1　複合前置詞としての on account of　112
　7.2.2　接続詞としての on account of　113
7.3　先行研究　116
7.4　コーパス調査　119
7.5　because の発達の並行性と on account of 独自の発達　123
7.6　フレーズ化に見られる文法構造の変則性　125
7.7　on account of のさらなる磨滅　127
おわりに　128

## 第8章　接続副詞としての not only that but　　129

- 8.1　not only that but の変則性　129
- 8.2　接合詞　130
  - 8.2.1　接合詞の意味論　130
  - 8.2.2　接合詞の統語論　131
- 8.3　相関接続詞としての not only X but also Y　132
  - 8.3.1　基本用法　132
  - 8.3.2　規　範　134
- 8.4　接合詞 not only that but　135
- 8.5　規範意識と接合詞用法　139
- 8.6　異　形　140
- 8.7　フレーズ接合詞を作る鋳型としての〈X＋that〉/〈that＋X〉　141
- おわりに　143

## 第9章　フレーズエコー文としての〈Don't＋X＋me!〉　144

- 9.1　〈Don't＋X＋me!〉の変則性　144
- 9.2　〈Don't＋X＋me!〉の意味論　146
- 9.3　〈Don't＋X＋me!〉の統語論　147
  - 9.3.1　me の固定　147
  - 9.3.2　〈Don't＋X＋me!〉の生起環境　148
  - 9.3.3　X は引用実詞か　150
  - 9.3.4　X に生じるのは呼びかけ動詞 (delocutive verb) か　151
- 9.4　フレーズエコー文〈Don't＋X＋me!〉　153
- 9.5　〈X＋me＋no＋Xs.〉との比較　156
- おわりに　158

## 第10章　〈V＋X＋to please V〉へのフレイジオロジー的アプローチ　159

- 10.1　please が生じる「分離不定詞」　159
- 10.2　分離不定詞　160
- 10.3　〈V＋X＋to please V〉の実態　162
  - 10.3.1　下接詞としての please と出現位置　162
  - 10.3.2　頻　度　164
  - 10.3.3　to please V の生じるパタン　165
  - 10.3.4　直接話法を引用する形式としての〈V＋X＋to "please V"〉　169
  - 10.3.5　否定命令文を直接引用する形式としての〈V＋X＋to (")please＋don't V(")〉　173
- おわりに　176

## 第11章　that 節を取る動詞——規範と実際　179

11.1　動詞パタンの規範　179
11.2　リ　ス　ト　180
11.3　通時的視点　181
11.4　that 節のパタンを取る動詞　182
　11.4.1　〈apologize＋that 節〉　182
　11.4.2　〈発話様態動詞＋that 節〉　185
　11.4.3　〈身振り動詞＋that 節〉　188
　11.4.4　〈express＋that 節〉　190
おわりに　192

## 第12章　notice 補文パタンの実態——「定説」からの解放　194

12.1　知覚動詞 notice の補文パタンと「定説」　194
12.2　「定説」はどこから来たか　195
12.3　notice と知覚動詞補文パタンへの記述的アプローチ　197
　12.3.1　辞書記述の変遷　197
　12.3.2　文法書・パタン辞書の記述　198
　12.3.3　頻度と実例　198
　12.3.4　〈知覚動詞＋X＋V〉/〈知覚動詞＋X＋V-ing〉の特性　200
　12.3.5　知覚動詞 notice の意味論　200
　12.3.6　〈notice＋X＋V〉/〈notice＋X＋V-ing〉の V に現れる動詞の実態　202
　12.3.7　notice の受身形　206
12.4　認識動詞へ近接する notice　210
おわりに　213

## 第13章　cannot bear の補文パタンの実態——典型性と変則性　215

13.1　先　行　研　究　215
13.2　コーパスによる検証　217
　13.2.1　CLMETEV と BNC　217
　13.2.2　COHA　219
13.3　議　　　論　219
　13.3.1　cannot bear の補文パタンの全体像　219
　13.3.2　〈cannot bear＋that 節〉——変則性をどう説明するか　221
13.4　言語変化と過渡期現象　226
おわりに　227


参 考 文 献　229
索　　　引　243

第1部　本書の基本的な立場と考え方

# 第1章

# はじめに

## 1.1 規範と記述

　本書を支える2つのテーマは「語法」と「規範」である。

　近年の英語研究では、立場を問わず語の研究の重要性が再認識されている。英語教育を論じた文献において Grammar as structure is subordinate to lexis.（構造としての文法より語彙が上位にある）(Lewis 1993: vii) といった主張がなされているのも、第2言語習得において文法より語彙の習得のほうが肝要であることが正しく認識され始めたからに他ならない。このような文脈で考えれば、語を研究対象とする日本独自の英語語法研究も「復活・復権の時期」（小西（編）2006: iii）を迎えた感がある。

　もう1つのテーマである規範は、一部の例外を除いて、現代の言語学において中心的なテーマとはなっておらず、本書で改めて取り上げることに今更感を持たれる方も多いと思う。一方で、現在の英語研究に見られる規範的な傾向を指摘したものや（八木 1996: 3）、一般的な世の中の傾向として規範の復活に触れたものもある (Beal 2008: 35[1])。本書でなぜ規範というテーマを扱うのか、最初に述べておきたいと思う。

---

　[1] What is new in the late 20th and early 21st centuries is the proliferation and popularisation of a whole range of 'prescriptive' texts.（20世紀後半と21世紀初頭における新たな傾向として、さまざまな「規範的」テキストが増え、それが一般にかなり受け入れられているということがある）

## 1.1 規範と記述

*Oxford English Dictionary*（2nd edition, s.v. *prescriptivism*）では、規範主義を「文法とは、言語使用の際、従わなければならない規則を定めるものとする考え」としている。一方、記述主義は「言語の客観的・体系的記述を目指し、観察された事実のみにもとづいて考察を行う方法」（McArthur (ed.) 1992: 286）とされる。Huddleston and Pullum (2002: 5–6) は、規範について次のように述べる。

In the first few pages of one usage manual we find entries on *abacus* (should the plural be *abaci*?), abbreviations (which ones are acceptable in formal writing?), *abdomen* (is the stress on the second syllable or the first?), *abduction* (how does it differ in meaning from *kidnapping*?), and so on. (中略) Not all of them would belong in a grammatical description. (中略) These we take to be in the province of lexicon—matters for a dictionary rather than a grammar. (中略) There are also topics in a descriptive grammar that are uniformly ignored by prescriptivists.

（語法書の最初の数ページを見れば、abacus（複数形は abaci となるのか）や、縮約（堅苦しい書き言葉ではどの形が容認されるか）、abdomen（強勢は第 2 音節、第 1 音節のどちらに置くか）、abduction（kidnapping（誘拐）とはどう違うか）などの項目がある。(中略) このようなものの中には文法書の記述になじまないものもある。(中略) これらは語彙の領域にある、すなわち文法書ではなく辞書が扱うべき問題であると考える。(中略) 一方で、規範文法家たちが一貫して注意を払わなかったような項目が記述的文法書の中で扱われることもある）

このような主張のもとになっているのは、規範文法と記述文法は扱う言語現象や対象が異なっているという考えである。

そもそも規範文法と記述文法は存在理由が異なる。規範文法は主に教育のためのものであるし、記述文法は言語研究のためのものである。この 2 つは基本的には分けて考えるべきものであるが、お互いが干渉しあうことがあり、規範文法の中にも記述的説明が混じることもあれば、記述文法の中に規範的側面が見られる場合もある。記述文法において「X という形が普通である」と判断されること自体が、「他の選択肢は普通でない」という解釈につながることも多く、記述文法にも規範的価値判断が含まれると

主張することもできる。例えば Milroy (1992: 8) は . . . all language descriptions, no matter how objective they are, must be *normative*. (すべての言語記述は、いかに客観的なものであっても、規範的なものにならざるを得ない) と述べている。しかし、Milroy 自身も指摘しているように (p. 9)、「ある形が普通である」ということは「そういう使い方をすべきである」と同義ではない。

古くは Sweet (1891: 7) も述べているように、文法は一般的な規則のもとに集約できる言語事象を扱い、辞書は言語の不規則な部分を扱うとされる。上の Huddleston and Pullum の言葉と合わせて考えれば、辞書が規範に関わる不規則な個別事象を扱うということになる。第2章で見るように、規範規則の提示は当初文法書が担っていたが、記述的英文法の出現とともに、その役目は語法書の範疇に移っていった。規範は、文法構造よりも個々の語の使用に密接に関わる個別の問題であることが多い。語法研究と規範の接点もここから生まれてくる。

現在の語法研究においては、「あるべき」使用法を提示するといった規範的な側面は影をひそめ、事実の提示や言語現象にひそむ「なぜ」を説明することが一般的になっている。すなわち語法研究も記述的である。しかし、語法研究が規範の呪縛から解き放たれることはなかなか容易ではない。日本において usage が「正用法」と訳されていた時代 (例えば大塚・中島 (編) (1982), s.v. *usage*) があったことからもわかるように、語の使用の研究が言語使用における「正しさの研究」、すなわち規範文法であった時代があった。今でもそのような受け取り方をされることもある[2]。そのような研究では、論理や権威とされる個人の嗜好が事実よりも優先された。言語の多様性や変化は堕落と考えられ、それを防ぐことこそ規範文法の使命とされた。そのような個人の嗜好が優先されることを、Huddleston and Pullum (2002:

---

[2] 英米で発行される語法書に usage の語が冠されることが多いが、この場合も usage は規範的な「正用法」と同義に考えてよいだろう。この点、アメリカの一般の人々の認識も同じである (Curzan 2014: Amazon Kindle 版、位置 No. 649)。一方で、最近の認知文法で盛んに使用される usage-based という言い方における usage とは、「実際の用法」の意味であり、記述的性格が強くでている。小西 (編) (2006: 1137ff.) を参照。

7) は「嗜好専制」(Taste tyranny) と呼ぶ。

そのような「個人的な嗜好」は、英語という個別言語の発達に大きな影響を与えてきた。「英語の歴史は言語内で起こった変化だけでなく、言語規範の影響で生じた変化によっても形成されてきた」(Curzan 2014: Amazon Kindle 版, 位置 No. 228) という指摘もあるように、規範を考察することは、単にある使い方が正しいか間違っているかという表層的な問題以上に、英語という個別言語の成り立ちを研究する上でも非常に重要なことである。

多様な英語の姿に気づくのは、多くの場合、過去の定説と異なるからであり、その定説は規範文法に由来するものもある。そのような変則形は、規範に合わない「間違った」形であると判断されてしまうことが多い。規範に合わない形を「間違い」として考察の対象からはずしてしまうと、英語に生じている変化を見逃して、英語という個別言語の全体像の把握を難しくしてしまう。語の研究の重要性が見直されている現在、規範文法との関連から個々の語法の実態を見直す必要がある。

## 1.2 「事実観察」の冷遇

科学的英語研究は Henry Sweet, *A New English Grammar: Logical and Historical*. Vol. I (1891), Vol. II (1898) から始まった。Sweet は Preface において「さまざまな語法のどれが正しいのかといった問題に決着をつけることはしない」と述べ、次のように続ける (1891: 1–2)。

> The first business of grammar, as of every other science, is to observe the facts and phenomena with which it has to deal, and to classify and state them methodically. A grammar which confines itself to this is called a descriptive grammar. (中略) When we have a clear statement of such grammatical phenomena, we naturally wish to know the reason of them, and how they arose. In this way descriptive grammar lays the foundations of explanatory grammar.
>
> (文法が最初になすべきことは、他の科学と同様、それが扱うべき事実や現象を観察し、それらを組織的な方法で分類・記述することである。このような方法をと

る文法を記述文法と呼ぶ。(中略) 文法現象を明確に記述すると、その現象がなぜ、どのように生じたかを知りたいと思うのは当然である。このように、記述文法は説明文法の土台となる)

Sweet のこの言葉は今も妥当なものと考えてよい。この120年程の間にいくつもの言語理論の出現があり、どのような手法で記述するかはその時々で変わったが、「事実の観察」「なぜの説明」は常に目標とすべきものであった。しかし、「なぜの説明」はさまざまな理論の枠組みで精力的に行われ充実を見たが、「事実の観察」は20世紀後半、言語資料を直観に頼りすぎたこともあり、おざなりにされた感は否めない。

日本では、市河(1912)が科学的英語研究の幕開けとされる。市河は、その序で「要はただ文法をもって単に英語を正しく話したり書いたりする術であるとか、あるいは文法の教える規則は絶対的なもので、これに違反する言い方は不正であるとかいうような見方を避けて、英語における種々の現象をすべてそのまま言語上の事実として受け入れ、これを公平に観察し」と述べている。このような発言は、日本においても規範からの解放を目指した研究が確かに存在したことの証でもある。しかし、事実観察にもとづく記述的英語研究は、理論言語学の隆盛とともに冷遇されるようになった。細江(1966)[3] も、戦前の発言であるが、「或ものは所謂理論を偏重して英語の実際を見失い」(p. i) と指摘し、「文法を説くものは、まずその対象とする言語の実際の姿を、そのあるがままの姿で認識しなくてはならない。(中略) 英語そのものの虚心坦懐な観察を忘れたのは、疑いもなく大きな失態である」(p. 413f.) と述べる。

## 1.3 「伝統的規範」と「新しい規範」

規範は言語使用の際に従わねばならない規則とされるが、その内容はいくつかに分けることができる。Curzan (2014: Amazon Kindle 版、位置 No. 667)

---

[3] 筆者が参照したのは、1926年の復刻版を1966年に新訂版として出版したもの。引用文中の旧かな遣いや旧字は現代のものに改めた。

は、規範を(i)「標準化のための規範」、(ii)「スタイル規範」、(iii)「回顧規範」、(iv)「政治的に正しい規範」の4つに分けている。綴りや語の意味、文の組み立て方など、候補が複数あるような状況は好ましくないので、そのうち1つを「正しい」形と決める。その「正しい」形は社会的にも認知され、英語の標準化が進んでいく。これが(i)に当たる。(iii)は、「由緒ある」古い形を正しいとするものである。ラテン語や語源などを基準に、「正しさ」を決めていく。このような考え方では、変化した形や基準に合わない使い方は、たとえそれが頻繁に使用されていても「間違い」とされる。本書でいう規範は、英語の構造や表現に関わるものであり、主に(i)と(iii)に関係する[4]。(ii)や(iv)のスタイルや社会的な側面で問題になるような項目は含んでいない[5]。

　このような規範を、本書では大きく2つに分けることにする。18世紀から19世紀にかけて英語の規範文法が完成した。その時から現代まで引き継がれている「伝統的規範」がその1つである。この伝統的規範は、「分離不定詞の禁止」「a girl whom/who I talked to yesterday のような構造で whom の推奨」のように、学校教育を通して英語研究の専門家でない人たちにもかなり浸透している。こうした規範は、論理にもとづいて断じられることが多い。ラテン語には分離不定詞がないので英語でもそれを禁じる、前置詞の後は目的格が来るので whom が正しいといった具合である。実際問題として、言語の使用はすべて論理に則っているわけではないので、このような規範に従わない例を見出すことは難しくない。

---

[4] 言語構造や変化などに関わる、純粋な言語内規範と、言語を社会的要因などから規定する言語外規範がある。詳しくは Curzan (2014) を参照。また、規範を歴史社会言語学の視点で論じたものに池田(2015)がある。

[5] 当初の規範文法は(i)を主目的としていたため、文法書の形で提示されていた。しかし、英語のつづりや文法がある程度統一され、辞書や文法書の内容の標準化が進むと、(ii)が主流になった。それにしたがって規範文法は語法書へとその舞台を移した（Curzan 2014: Amazon Kindle 版、位置 No. 667）。現在の語法書で扱われる事項すべてがスタイル規範というわけではないが、規範の舞台が文法書から語法書へと移っていったことは、語法研究との関連で重要である。

本書で扱うもう1つの規範は、八木(1996)でも触れられている「新しい規範」である。生成文法の隆盛に伴って、研究者の内省判断をもとにした非文情報が言語研究のデータに利用されるようになった。詳しくは第3章で述べるが、このような言語直観にもとづく判断は多くの問題を含んでいる。言語学者の内省判断を規範ととらえる議論はそれほど多くないが、権威ある言語学者の意見が、事実と照らし合わされることなく引き継がれていくことの底流には、伝統的規範を固く守ろうとするのと同じ心理がある。

　英語を母語とする言語学者ですら、伝統的規範の呪縛から解き放たれることは難しい。言語学者の直観も規範に影響されることがある (Milroy and Milroy 1999: 21)。また、ある著名な言語学者が提唱するルールに影響されて、本来は何の問題もない英語を「非文」であると判断してしまう場合もある (Schütze 1996)。このような新しい規範は言語学で論じられるほどお墨付きを得て、辞書や文法書という形で一般に浸透する。八木(1996: 3)が指摘するように、英語の事実を見失い、記述的であろうとしながら規範的になるという矛盾を抱え込む。Huddleston and Pullum (2002: 7)は「規範文法の規則は実際の言語使用にもとづかないものであり、規範文法を書く個人の判断が、その言語の多くの母語話者の判断よりも優先される。(中略) これは個人的嗜好の普遍化 (universalising of one person's taste) である」と批判しているが、「個人的嗜好の普遍化」は実は直観にもとづく理論言語学者の判断にも当てはまる可能性がある。

　また、英語を学習する非母語話者の増加に伴って、学習者向けの語法書が出版されるようになった。これらの語法書に掲載される情報は、その教育的な性格上きわめて保守的にならざるを得ない。学習者向けということもあり、このような語法書で挙げられている項目がそのまま英和辞典に非文情報として採用されることも少なくない。最近では学習者コーパスが構築され、英語母語話者のデータを集めたコーパスとの比較をもとに、学習者がつまずきやすい事項を多数掲載している語法書もある。しかし、このような語法書で「不可」とされている構文や表現が、英語母語話者に使用されていることも珍しくはない。このような「誤り」には、従来の伝統的規範にもとづく語法書では触れられていない項目も多い。こういったもの

も新しい規範に含まれる。

## 1.4　規範からの解放

　新しい規範は伝統的規範と異なり、それが規範であると気づかれにくい。日本の英語教育において、昔ながらの規範だけでなく、言語学者の判断や学習者向け語法書の内容が辞書やその他の著作を通じて広まっている現状を考えると、規範についての見直しが急務である。

　加えて、英語が変化しているという事実がある。このような変化には、伝統的規範や新しい規範を知る者にとっては、なぜそのような形になるのかという説明が難しいものも含まれている。新旧の規範を、英語の事実と対照させながら見直していく必要があるだろう。

　英語研究の目的は、語の使用を文法書や語法書の記述に服従させることではない。しかし、「前置詞の後には名詞が来る」という規則を学習すると、言語事実を見る場合にそれを教条的に当てはめてしまい、虚心に例を眺めることができなくなる。実際には前置詞には多種多様な要素が後続するが、名詞以外のものが後続した例に出くわすと、これは間違いではないかと考えてしまう[6]。しかし、言語は柔軟性を持っている。その振幅が新たな変化の流れを生み、結果、従来の観点から見ればさらに変則的な形へと展開していく。

　語の用法の実際は実例の中にある。規範から解放された例も実例の中に見出せる。本書は、筆者が読書の折に集めた例やコーパスからの実例を仔細に検討しながら、伝統的規範からだけでなく、新たな規範からの解放も目指す。扱う題材は「動詞の目的語は名詞でなければならない」「前置詞の後は名詞である」といった伝統的規範とは相いれない言語現象や、⟨apol-

---

[6]　TOEIC や大学受験の英語などでも、「かっこの後ろが名詞なので、前置詞 despite が正解である」というような問題が見られる。教育的観点から言えば、このような品詞にもとづく考え方には一定の効果があると思われる。しかし、こういったテストのために覚えた規則が、英語の実際を見る際に妨げになることもあるだろう。

ogize＋that 節〉を不可とするような、理論言語学者たちが直観によって判断した新しい規範である。言語事実がそのような規範と一致しない振る舞いを見せるのはなぜだろうか。規範自体が言語事実と乖離しているのかもしれない。判断が間違っているということもあろう。英語が変化していることも関係する。その理由はそれぞれの現象の中に見出していくしかない。

　検討されるべき問題は多くあり、本書で扱う事例はその一部にすぎない。問題例の提示を含めて、本書は「規範からの解放」の一つの試みである。本書ではフレイジオロジーの考え方をとりいれた「フレーズ化」や、意味と形の関係といった視点から、新旧の規範に関わる現象を見ていく。本書の道具立てや基本的な立場については第 5 章で述べる。


## 1.5　変則的な形を扱う意義はどこにあるか

　伝統的規範にせよ、新しい規範にせよ、「標準的」とされる規則に合わない形は一般に「変則的」と考えられる。これまで、そのような変則的な形は、通常の文法研究の考察対象からはずされるのが一般的であった。本書のように、変則的な形を研究対象として扱う意義はどこにあるのだろうか。

### 1.5.1　「変則的」とは何か

　規範を基準に考えれば、それから逸脱する形は変則的とされるだろう。英語母語話者の直観による判断を「正しい」言葉遣いとするならば、それに合致しない形は変則的であると言えるかもしれない。しかしながら、「変則的」は決して「正用法ではない」ということを意味しない。「変則性」は言語のさまざまなレベルにおいて見られる。

　<u>語レベルでの変則性</u>：名詞 leaf の複数形は通常 leaves であるが、Maple Leaf の複数形が Maple Leafs となることについて「構成要素の主要部がないこと」という点から論じているものがある (Pinker 1994: 141ff.)。このようなものは語レベルでの変則性ということになろう。現代英語において不規則動詞とされる caught, kept のようなものは、古英語においては規則動詞といってもよいものであった (安井 1996: 160)。「不規則的／変則的」という

のは時代によっても変わってくる相対的な概念であることがわかる。特に語形成においては、規則化しにくいものも多いため、辞書がそのような不規則性を扱うとされたのは上で触れた。

　統語レベルでの変則性：通常の統語規則が適用できないものを「変則的」と呼ぶこともある。例えば、他動詞構文が受身になるという規則は一般的なものであるが、resemble は受身にならないし、成句である face the music も受身にならない。こういったものは、規則が適用できないという意味で「変則的」ということになる。近年の定型表現の研究でよく言及されるが、自動詞用法が基本の come が目的語を伴って come a cropper（「失敗する」）という形で用いられるのも、統語レベルでの変則性と言える。Moon (1998) は、このような変則性を「文法的非合成性」(grammatical non-compositionality) と呼んでいる。

　意味レベルでの変則性：文や表現の意味は、それに使用される語句の意味を足し算することで得られるという考え方 (semantic compositionality) がある。一方で、実際の言語使用の場においては、文や表現を構成する語句の意味を足し算しても、全体が表す意味にならないことがある (semantic non-compositionality)。特に定型表現や成句において、このようなものが多い（詳しくは 5.3.2 を参照）。表現を構成する要素の意味を足し算しても全体が表す意味にならないものを「変則的」と称する研究もある (Wray and Perkins 2000)。意味のレベルにおける変則性ということになろう。

　変化の変則性：言語は規則的に変化するとされる。例えば、19 世紀後半に比較言語学の分野で活躍した青年文法家は、音韻変化の規則性を明らかにした。この場合、規則性を明らかにすることで過去の言語の姿を再建することも可能になる。意味変化や文法化などにおいて規則性を見出そうとする研究も多い（例えば Traugott and Dasher 2002 など）。ところが、このような一定の変化の流れからはずれるものが発見されることもある。言語変化はさまざまな要因で例外を生む。

　いずれにせよ、このような研究の前提となる考えは、言語は、音声、形式、意味、言語変化など、どの側面においても規則性を持っており、それを明らかにすることが言語学の使命であるという考えに他ならない。

このような規則性の追求は言語理論だけでなく、規範文法の中にも見られた。だからこそ、規則を作って変則性をなくしていくという考え方へとつながる。見方を変えれば、そうせねばならないほどに、言語は常に変則的な部分を持っているということである。

　このような変則形は、頻度の上から言えば優勢とは言えない場合が多い。そのような頻度の低い構文や表現を扱うことに疑義が呈されることもある。一方で、Taylor (2012) は、英語に見られる例外的な現象を種々扱っているが、生成文法のような規則性を追求するモデルを the dictionary plus grammar book model と呼び、そのようなモデルで扱われない変則的な形 (idiosyncratic usage) を扱うことは、言語知識の解明の一助になると述べている (p. 68)。彼は、「言語は程度の差こそあれすべての面において変則的であるし、むしろ、完全に規則的である、完全に合成的であるというほうが例外なのである」とまで述べている (p. 72)。変則性が言語の至るところで見られるという事実は、それぞれの変則的な現象の頻度が高くないという事実よりも重要である。変則性は頻度とは切り離して考えるべき問題であろう。

　言語の規則性を追求する立場に立てば、そこから逸脱するものは変則的である。しかし、もし一部の研究者が指摘するように変則性が言語の至るところで観察されるのであれば、実は規則性のほうが「変則的」であるのかもしれない。変則性は拠って立つ立場によってその内容が異なる。本書の後半では、従来から言われている規範やこれまでの定説と合っていない事例を扱う。それらの事例は、従来の規範と異なっているという意味で「変則的」であるし、これまで明らかにされてきた英語の言語事実と異なるという意味で「変則的」であるし、「ない」とされていたものが「ある」という意味で「変則的」である。これらの事例は、従来の観点から眺めれば少なからず変則性を含んでいる。ある動詞が that 節を従えるかどうかという、一見単純な問題ですら、言語学者の「不可」とする判断と英語の実態が異なっている現実がある。実際に使用される英語が、例外なく文法規則に従っていると考えるのはある種の幻想である。このような事実は、英語が人間の豊かな営みの産物の一つであるということの証である。

## 1.5.2　変則的な形を扱う意義

　Freidin (1992: 20) では、「容認される文が必ずしも文法規則に従ったものばかりではない」として、次の例を挙げる。

(1) a. That's the only thing they do is fight.
　　　（彼らがやることといったら喧嘩だけだ）
　　b. The problem is is that I can never get that screw in right.
　　　（問題はそのネジをきちんとはめられないことだ）

この 2 つの例の is fight / The problem is is という部分は、完結した文構造にさらに述部を追加したり、be 動詞を重ねたりといった点において、明らかに異質な形をしている。Freidin は、They would cause serious problems if they had to be incorporated in a generative grammar of English. (こういった文を英語の生成文法の枠組みで扱おうとすると大きな問題となるだろう）と述べている。彼の言葉に仮定法が使われていることからもわかるように、彼がこのような問題を生成文法の枠組みで扱う気がないのが読み取れる。しかし、このような英語もその実態の一部である以上、英文法はそれを扱わなければならない。

　筆者は、住吉(2005a)で次のような例を論じた。

(2) a. This speaks to our sense of strength and freedom, <u>that we will continue on</u>.　　　(*Arizona Daily Sun*, Sep. 14, 2001)
　　　（このことが我々の力と自由の感覚に訴えかけるのです。我々はくじけずにやっていくのだと）
　　b. "We are not in disagreement about China, <u>that China should try much, much harder to take the lesson that has been there for so many, that economic liberalization and political liberalization need to go hand-in-hand.</u>"　　(*Voice of America*, Feb. 9, 2005)
　　　（我々は中国について意見が違うわけではありません。中国はもっと努力をして目の前にあることから多くを学ぶべきであること、経済の自由化と民主化は同時に進める必要があることでは意見は同じなのです）
　　c. "What have I missed? <u>That I'll have my own rooms</u>?"　　(BNC)

(聞き逃したことは何かしら。自分の部屋を持てるということかしら)

　下線部の that 節は何であろうか。(2a), (2b)では先行する文はそれぞれ完全な文であり、後続する that 節を統語的に要求するようなものがない。(2c)では miss が that 節と使用されるような語ではなく、後半部分を Have I missed that . . . ?からの省略と考えるのは難しい。住吉(2005a)ではこのような that 節を「遊離付加詞の that 節」と呼び、前言を敷衍する機能や、疑問文に続いて話者の想定を述べる機能を持つことを論じた。住吉(2005a)の研究にも触れながら、このような形を生成文法の枠組みでどのように扱うべきかを論じたものに岩田(2012)、根之木(2013)がある。例外的な形を理論的な枠組みでどのように扱うかは興味あるところであるが、このような事例は、理論の枠組みで扱い切れていない英語の事実が依然として多いことを物語っている。

　りんごが落ちる現象と月が地球の周りを公転する現象を「重力」という1つの原理で説明できるように、もしまったく関係のない種々の英語の現象を統一的に説明できる理論があるとすれば、それはきわめて魅力的である。しかし、少なくとも現時点では、英語のすべての現象を理論言語学の言葉で説明するということは、おそらく望むべくもない。

　言語が規則的な面を持つことは否定しないが、人間が使用するものである以上、言語のすべての点において規則的であるということはありえない。いくつかの事例からある規則を作り上げても、それがすべての類似例に当てはまるかどうかはまた別の問題である。

　我々が学習する文法事項の1つに「使役動詞や知覚動詞は原形不定詞の構文を取るが、受動態になると原形不定詞は to 不定詞に変わる」というものがある。ところが、使役動詞 make, have, let の中で〈受動態＋to 不定詞〉の形を取ることができるものは make しかない。正確には「使役動詞 make は〈X＋原形不定詞〉のパタンを取るが、受動態では〈be＋made＋to V〉に変わる」と言うべきであろう。知覚動詞にしても、〈notice＋X＋V〉が〈be＋noticed＋to V〉という受身形になるとは言い難い現実がある(第13章)。「〈知覚動詞＋X＋V〉が受身になると原形動詞は to 不定詞に変わる」とい

う規則自体が知覚動詞すべてに当てはまらないのである。また、help が原形不定詞の構文を取ることはよく知られているが、近年 . . . assist Pacific island countries increase . . . / . . . allow them retain . . . のように、assist や allow が原形不定詞と使用される例が確認されている (Callies 2013: 240)。

　これらが示すことは、make には make の、notice には notice の、assist には assist の「個性」や「理(ことわり)」があるということであり、あるカテゴリーに属する一つひとつの語すべてを同列に扱うことがきわめて難しいという厳然たる事実である。英語において、パタンを作るのは語であって文法構造そのものではない。

　八木・井上(2013: 4)は次のように述べている。

> 言語理論は、もっぱら言語の規則性 (regularities) を担う文法規則を見いだすことが研究の中心になる。それに対して、文法規則を担う語のレベルにまで研究の対象を掘り下げてゆくと、不規則性が際立ってくる。言語の不規則な部分は語彙と、その結合したものである句、あるいは定型表現、イディオムが担っている。実は、統一的なルールで説明ができる規則性は、豊かな人間の言語活動のほんの一部でしかない。言語活動の基礎になる大量の語彙は、それぞれに個性をもっている。言語運用 (performance) の観点から見れば、語と語との結合によって言語はさらに複雑な様相を示す。

規則化できる部分だけを扱っていくと、理論の抽象化にはとても都合がよい。結果的に理論の価値は高まるかもしれないが、変則的な部分は切り捨てられる。規則化できる部分が言語の一部であり、不規則性がその大部分を占めるとなれば、規則的なものだけを扱う理論が発展しても、言語の全体像の理解が深化していくということはないだろう。このような言語の持つ変則性や不規則性は、近年、語と語の連鎖や定型表現を扱うフレイジオロジーの分野で大きな関心を持たれている。

> It is common for formulaic sequences to contain a word behaving in an abnormal way, whether displaying grammatical irregularity or having an

unusual meaning. A normally intransitive verb may take an object, as in *to come a cropper*, and there may be limitations on the normal range of transformations or inflections.　　　　　　　　　(Wray 2002: 49)
（文法的な不規則性を示すのであれ、通常とは異なる意味を持つのであれ、定型表現は変則的に振る舞う語を含むことが多い。come a cropper のように普通は自動詞であるものが目的語を取る場合もあるし、通常の変形や語形変化ができない場合もある）

　大塚(1938: 261ff.)は、当時の中等学校英語教科書の中に出てくる grammatical irregularity を検討して、そのような irregularity が生じた理由を説明しようとしている。ここでの irregularity は、いわゆる規範文法に合わないという意味で使われており、本書で扱う伝統的規範に合わない変則的事象と重なる部分がある。かなり昔のものではあるが、そこで扱われている事項には little me や If it was not for X のような、現在でも興味を引くものもある。前者は、代名詞に形容詞を冠することがあるのかという問題であるが、これは代名詞の普通名詞化と関係するし、後者は、仮定法 were の衰退はすでに昭和初期に話題になっていたということを示している。

　いみじくも大塚(1956: 140)が述べているように、「一方では、言語は規則的になろうとする。するとまた他方では、種々の原因から不規則的になろうとする。この規則的ならんとする傾向と、不規則的ならんとする傾向の相剋が具体的言語の姿である。だから文法上の研究は、規則性に着眼した組織としての研究と、不規則性に着眼しての反規則的な箇々の事実の説明、その何れかにある筈である」。

　上述した Taylor (2012) も指摘するように、規則性は言語の一部でしかない。これまでは規則性に着眼した研究に重きが置かれすぎたきらいがある。それは理論化を進める上では必要なことであったことは否定しない。しかし、その反面、個々の事実の説明が軽視されたことも事実であろう。規則性に着目した一般化を目指す研究と、不規則性に着目した個別の研究は相補う関係である。「抽象的なレベルでの説明方法によって、一見複雑な事実が統一的に説明できるという時代が来るかもしれないが、少なくとも現時点では個々の事実の説明ができることも肝要であ」る(八木 1996: 20)。不規

則性に注目した個々の事実の説明が、英語の実態解明の一助となることは疑うべくもない。伝統的規範であれ、新しい規範であれ、それと合わない変則形を扱う意義はここに見出したいと思う。

## 1.6　語法研究の再評価

　ここ 20 年ほどの間に、コーパス言語学の発達、フレイジオロジーの台頭といったエポックメイキングな出来事があった。特にフレイジオロジーの源泉は、日本の英語教育の揺籃期に活躍した Palmer や Hornby といった外国人教師に、さらには斎藤秀三郎にさかのぼる(八木・井上 2013)。日本の伝統的英語研究がさまざまな独創的知見を含んでいることの証である。

　日本における英語研究の基礎を作った斎藤秀三郎の手になる多くの著書には、語彙を重視する姿勢が鮮明に見て取れる。この姿勢は斎藤独自の idiomology という考えにもとづくものであった。日本では英語研究の黎明期に、語を重視する立場がすでに存在していた。

　宇賀治(編) (2010: 152)は次のように述べている。

> わが国では 20 世紀初頭から、市河三喜『英文法研究』の中の諸篇にも見られるように、文法と係わる限りの特定語句の用法、換言すれば語法研究が正当な扱いを受けて栄え、現在に至っている。語法研究は個々の言語事実の説明を目指し、堅固な文法記述の土台をなす。語法研究をゆるがせにした文法研究に明日はない。

日本の英語研究の歴史の中で、特に戦後の英語学の歴史の中で、語法研究が正当な扱いを受けたかについては異論があろうが、この言説の後半部分は紛れもなく正しい。語法研究は種々の興味深い英語の現象を扱う成熟した言語研究の分野であり、決して退嬰ではない。

　古いテーマである規範を中心に据えながら、それから「解放された」興味ある英語の現象を題材にして、斎藤秀三郎から連綿と続いてきた日本の実証的な語法研究の価値を、本書で改めて示せればよいと思う。

# 第2章

# 伝統的規範

Lewis (1993: 40) は次のように述べる。

This is an over-simplification which ignores the flexibility of the language, creativity of its users and the restrictive nature of evidence upon which we usually base assertions of what is, or is not possible.
（これは（＝言語を正しいか間違いかの観点で記述するのは――筆者注）単純化しすぎたやり方であり、言語の柔軟性、人間の創造性を無視するものである。また、言葉遣いの可否を判断する際に、限られた証拠をもとにしていることを考慮していないのである）

このような指摘はあるが、人々の間に広まった規範意識を払拭するのはなかなか難しい。Peters (2006: 774) が述べているように、規範文法家たちは、今でも語法や文体に対する一般の人々の態度に広範な影響を残している。さらに「言語使用に対する規範的態度が醸成した保守性は広く一般に浸透し、言語使用のダイナミズムを研究する者にとって、いまだに考えねばならない抵抗力になっている」(Peters 2006: 776)。

「規範からの解放」をテーマとする本書の趣旨を考えれば、規範的保守性がどのようにつくられ、どのような項目を対象にしてきたか、そのような規範がどのような影響を与えてきたのかなどを概略的に理解しておく必要がある。以下、特に断っていない限り、この章では「規範」とは伝統的規範を指す。

## 2.1 伝統的規範の成立

本節では、規範的英文法が成立した 18 世紀末までの流れを概略的に見てみたい。

### 2.1.1 最初の英文法から 17 世紀まで

最初の英文法は William Bullokar によって書かれた *Bref Grammar for English* (1586) である(渡部 1975: 67)。Bullokar はラテン語の完了不定詞に当たるものとして、to loved, to had loved のような英語には存在しない形を挙げているという(渡部 2003: 90)。

17 世紀には John Wallis の *Grammatica Linguae Anglicanae* (1653) や Ben Jonson, *The English Grammar* (1640)[1] などが出版された。Wallis は「英語を直接観察し、その観察に基づいて英文法を構成しようという経験論的な立場」(渡部 1975: 169)を取ったという[2]。しかし内容を検討すると、「観察にもとづく」とは謳っていたものの、彼はラテン語の呪縛から抜け出せないでいた(渡部 1975: 170)。一方、Jonson は child の複数形について、「規則では childen となるのが正しい複数形の作り方であるが、実際は r を挿入し children となる。そのほうが耳に心地いいためであろう」という (p. 88)。child の複数形が children となる理由の説明[3]は現在から見れば正しいとは言えないが、「規則では X となるはずであるが、そうはならない」という説明がこの当時からすでに見られたのは注目すべきであろう。

---

[1] 筆者が見たのは、1909 年に Sturgis & Walton Company によって出版されたもの。

[2] Wallis がラテン語の枠組みを廃して英文法を書こうとしたのは *Merriam-Webster's Dictionary of English Usage* (p. 8a) でも指摘されている。

[3] child が複数形で children となるのは、本来複数形であった childre を単数形と数異分析して、brethren の類推からさらに複数語尾をつけたためである (大塚・中島(編) 1982: 342)。

### 2.1.2 18 世紀の英文法――規範の胎動

18世紀は「正しさの時代」(Age of Correctness) と称されることがある (Beal 2004: 12)。この時代、英語は規則をもって「正しい」使い方を定める志向性を強めていく。18世紀初め、フランスをまねて Jonathan Swift が英語アカデミーの設立を提唱した。また、18 世紀中葉に Samuel Johnson 博士の *A Dictionary of the English Language* (1755) が出版された。この辞書は、それまでばらばらであった綴り字を統一するのに大きな影響力を持った。また、名文筆家の例を多く引用することで、用例をもってして語の意味を定めた (Beal 2004: 43)。語彙の正しさへの志向性は、Johnson のこの辞書で方向づけがなされた。では文法書の状況はどうであったのだろうか。

現在に続く規範の土台は、18 世紀につくられたと考えてよい。この時代に出版された英文法書の内容は、今もその影響力を強く残している。これは現在の規範的語法書などの事項の多くが、18 世紀の英文法書にその源を遡ることができることからも明らかである。ここでは、強い影響を残した規範文法書のいくつかを見てみよう。

**Joseph Priestley, *The Rudiments of English Grammar***

18世紀に Joseph Priestley, *The Rudiments of English Grammar, Adapted to the Use of Schools; with Notes and Observations, For the Use of Those Who Have Made Some Proficiency in the Language* (増補版 1768)[4] が出版された。Priestley はラテン語の枠組みに英語の文法をはめこんでしまうことの愚には気づいていた (pp. vi–vii, p. ix)。序説では、話し言葉の慣習を標準とすること、言語実態をどう判断するかは、文法家の書いたものによらないことなどを述べており、彼の記述的であろうとする態度が明確である。そこからは、Priestley が慣習 (custom) に重きをおきながら 18 世紀とは思

---

[4] 初版は 1761 年の出版。増補版は Notes and Observations と称する大部な章が追加されている。筆者が参考にしたのは Cambridge University Press から 2013 年に復刻出版された増補版である。引用のページ番号はこの復刻版のものである。

えないほど記述的な姿勢を取っていたことがうかがえる。

　Priestley のこのような態度を彼の文法書の具体的な記述の中に見てみよう。次ページ以降で取り上げる Lowth は、英語の規則からすれば sit の過去分詞形は sitten となるとし、語形変化一覧でも sit＞sat＞sitten としている[5]。Lowth は注で過去形 sat が過去分詞として使用されることに触れてはいるものの、「由緒ある」古い形の sitten を語形変化一覧表の中に挙げる。一方 Priestley は sit＞sat＞sat (Priestley 1768: 51) とする。これは、過去形と過去分詞形は明確に区別された形を使用すべきという当時の考えに反し、実際の当時の英語の姿を尊重した結果であろう。また lesser のような二重比較も、Johnson 博士や多くの文法家は批判するが、Priestley は使用例があるとして実例をひいている (Priestley 1768: 75)。

　Priestley のこのような記述的な態度は、必ずしもすべての面にわたっているわけではない。彼は、言語の文法と自然科学の原理の同等性を指摘しながらも、「(言語が)意思疎通の場において人間の思考を確実に表現するという、その目的を果たすためには、言語は固定化されなければならないし、矛盾なきものでなければならない」(pp. xviii–xix) と述べており、規範意識がうかがえる。

　日本の英語教育の現場でよく取り上げられる X as well as Y についても、But their religion, as well as their customs, and manners, were strangely misrepresented. (p. 192) のような例を引き、必ずしも X の数(すう)と動詞が一致しないことに触れている。この例につけられた説明は Faults, with respect to number, are often made by an inattention to the proper meaning of (中略) other disjunctive particles. (数に関して言えば、(中略)接続詞の正しい意味に注意を払わないために間違いが起こることがある)となっており、X as well as Y

---

[5] Frequent mistakes are made in the formation of the Participle of this Verb. The analogy plainly requires *sitten*. (Lowth 1762: 57) (sit の過去分詞の形については間違いがしばしば起こる。規則では sitten となる)。analogy はこの時代、conformity to or regularity within some pattern or paradigm (決まったやり方や枠組みに一致すること、またはそれらの中に見られる規則性)を意味した (Beal 2004: 113)。

においては X と動詞が呼応すべきであるという規範が存在していたことがわかる。

**Robert Lowth, *A Short Introduction to English Grammar***

　規範文法の基礎を強固に築いたものが、Robert Lowth の *A Short Introduction to English Grammar* (1762)[6] である。社会階級間の交流や地理的な人的移動が盛んになるにつれて、社会的地位の向上を目指した人々は言語規範を求めた。そのような時代背景が、Lowth の文法書が受け入れられる素地を作った。また、学者であり、ロンドン主教 (Bishop of London) であった Lowth の権威は、この文法書に書かれていることが英語の規範となるのに大きな影響力を持った (渡部 1975: 383; Tieken-Boon van Ostade 2011: 291ff.)。

　Lowth は序文冒頭において、英語は過去 200 年にわたって磨かれ洗練されてきたが、「文法的正確性においてはまったく進歩が見られない」と述べている。これは、英語がヨーロッパの他の言語に比べて単純であるため、文法が軽視されてきたのが原因であると Lowth は言う。では文法書はどうあるべきか、彼はその答えを次のように述べる。

> The principal Design of a Grammar of any Language is to teach us to express ourselves with Propriety in that Language; and to enable us to judge of every Phrase and Form of Construction, whether it be right or not. The plain Way of doing this is, to lay down Rules, and to illustrate them by Examples.　　　　　　　　　　　　　　　(p. vi)
> （どのような言語であれ、文法書の主要な役割は、その言語で適切に自分の思考を表現する方法を教えることである。また、句や構造について、それが正しいか間違っているか判断できるようにすることにある。これを行うわかりやすい方法は、

---

[6] 筆者が参照したのは Eighteenth Century Collections Online により復刻出版されたものである。複数の版が復刻されているが、筆者の手元にあるのは A new edition, corrected の版である。版によって記述の違いがあるようであるが、すべての版を検討する余裕はなかった。ここで引用した Lowth の言説の該当ページは、筆者が見た A new edition, corrected の復刻版のものである。

規則を作り、その規則を例によって示すことである）

彼は、規則を例示するため、「こう言わねばならない」(prescriptive) という例だけではなく、「こう言ってはいけない」(proscriptive) という例を大量に引用した。Tieken-Boon van Ostade (2011: 103ff.) はこのようなアプローチを「べからず法」(proscriptive approach) と呼んでいる。ここでいう規則とは、論理で考えた規則であり、大枠はラテン語に範をとった規則と言い換えても差し支えない。Lowth は「偉大な作家ですら英文法の知識の欠如のためにひどい間違いを犯す」と述べ (p. vi)、規則に合わない例をシェークスピアの著作や欽定聖書などから引用し「誤り」を指摘した。実例を集めたという点において実証的であったとも言えるが、このような形の英文法はそれまでに存在しなかったものであり、一般に受け入れられる大きな理由となった (Tieken-Boon van Ostade 2011: 2)。

Lowth の規範文法の祖としてのイメージがあまりに強烈であるため、その著の中ではまったく触れていない、分離不定詞の禁止[7]が、あたかも Lowth の唱えた規範であるかのような誤解も生んでしまっているという (Tieken-Boon van Ostade 2011: 117)。

どの言語にも当てはまる規則 (Universal Grammar[8]) があるという彼の考え方は、ラテン語文法はそのまま英語にも当てはまるという考えにつながっていく。Lowth は、You were とすべきところで You was となった例を Swift の作品などから引用し、これを文法違反 (solecism) と非難している (p. 39)。著名な作家も You was をかなり用いているのだが、Lowth の文法書の出版後、この形は激減したという (Tieken-Boon van Ostade 2011: 226ff.)。

Tieken-Boon van Ostade (2011) は規範文法家としての Lowth の再評価を試みたものであり、後世の人々が思うほど Lowth が規範的ではなかったことを指摘している。しかしながら、「べからず法」でその後の規範文法の

---

[7] 分離不定詞は後の19世紀につくられた規範文法である。
[8] この表現は、Lowth の序などに見られる。もちろん生成文法でいう Universal Grammar（普遍文法）ではない。

在り方を示したという点で、Lowth は影響力の大きい存在であった。

**Lindley Murray, *English Grammar***

Lindley Murray の *English Grammar* は 1795 年に出版された。筆者の手元にあるのは、1830 年に出版された 44 版が Cambridge Library Collection の 1 つとして 2014 年に復刻されたものである。その裏表紙には Murray が「英文法の父」(father of English Grammar) と称されると記してある。Murray の文法書は、それまでの規範文法の到達点であり、それ以後の規範文法の礎石となった。18 世紀の規範文法の象徴 (icon of prescriptivism) は Lowth ではなく Murray であるという意見もある (Chapman 2008: 36)。

多くの文献で指摘されているが、Murray は自らを「編集者」(compiler) と呼んだ。彼の文法書はそれまでの規範文法から多くの内容を借りているためである。例えば、「二重否定」(p. 189[9]) や「前置詞残留」(p. 190) の説明は、Lowth の記述そのままである。二重否定を扱った部分だけ挙げよう。

> Two Negatives in English destroy one another, or are equivalent to an Affirmative (中略): as, "*Nor* did they *not* perceive the evil plight …"
> 
> (Lowth, p. 97)
> 
> Two negatives, in English, destroy one another, or are equivalent to an affirmative: as, "*Nor* did they *not* perceive him;" …　　(Murray, p. 189)

規範との関係で触れておくべきは、Syntax を扱った第三部である。「こうあるべきである」という Rule を提示し、その後に誤用例と Murray の意見を付言するというスタイルが一貫して採られている。

所有格を扱った Rule X につけられた 5 つ目の注を見てみよう。Murray は、英語の所有格 (X's Y) の音が耳に心地よくないことがあるので、同じ関係を Y of X で表すことが多いと述べている (p. 173)。耳に心地いいかどうかという情緒に訴える理由づけは、p. 19 で触れた Ben Jonson の children

---

[9] 以下すべて筆者の参照した手元の版でのページ番号である。

の複数形の説明を想起させる[10]。

　Murray の説明をつぶさに読んでいくと、規則よりも慣用を重視しようとする記述的な態度もうかがえる。彼は、「名文家や正しい英語を書く作家たちの慣習[11]が、市井の人々に使用されるうちに、英語の標準形をつくる」(p. 158–159) と述べている。「名文家や正しい英語を書く作家」に限定しているのは、今から見ればコーパス言語学でしばしば言われる代表性 (representativeness) という点で問題があるかもしれない。しかし、時代を考えれば、慣習にも重きをおいた彼の考え方は評価されるべきである。

　彼は「確立した変則性や変種については、文法家の役割は異議を唱えることではなく、従うことである」「慣用が揺れる場合は、文法家が理性をはたらかせて、規則や適切さにもとづいて判断し、英語を洗練させていく」と述べている。このように、慣習を重視しながらも、理性で統べるというバランスのとれた Murray の文法書は、それまでの規範文法の集大成であり、ここに英語の規範文法が完成した (渡部 1975: 455ff.)。

　ここで触れた英文法書以外にも多くの規範文法書が書かれた[12]が、基本的には、論理によって英語の放蕩を正していこうとする流れが大勢である。この流れの背後にあるのは、Lowth が述べたように、どの言語にも共通する Universal Grammar があるという考えである。その Universal Grammar とは基本的にはラテン語文法であり、ラテン語の分析を英語に当てはめるということであった (Finegan 1998: 547f.)。規範よりも観察を主とすべきで

---

[10] Quirk et al. (1985: 321) では、the ship's name / the name of the ship は意味の違いなく用いられるが、場合によってはどちらか一方のみが適切なこともあるとして John's school / ?the school of John, the front of the house / *the house's front の対立を挙げている。Quirk らは、どちらがより適切になるかは、X と Y の関係、それぞれの名詞の性質によって決まることを指摘し、より明示的な英語のしくみを提示しようとしている。

[11] 規範文法を作っていく際に、どのような作家の英語が範とされたかは Wright (1994) に言及がある。

[12] 18 世紀後半には、その数は 200 を超えたという (Leonard 1929: 12)。また 19 世紀は規範文法の全盛期であり、この時期にも多くの文法書が出版された (Tieken-Boon van Ostade 2009: 3f.)。渡部 (1975) も参照。

あると主張する者も一部いたが、内容は全体として規範に傾いていた。これは、当時英語は標準化の途上にあり、「正しい」言葉遣いを教えるという英文法書に求められた使命を考えれば避けられないことであった。

## 2.2　伝統的規範の具体的事項

　我々が一般的に見聞きする規範文法の事項は、前節で見たような伝統的規範文法の中で触れられてきたものが多い。Crystal (2003: 194) には、BBCで使用された英語について一般視聴者から送られてきた苦情トップ10[13]が掲載されているが、それらは、格変化の問題、呼応の問題、共起関係の問題、助動詞選択の問題などであり、すべて伝統的規範が問題視してきたものである。いかに一般の人々に規範意識が浸透しているかがわかる。

　伝統的規範文法で扱われた事項を調査した Hall (1917)、Leonard (1929: 251ff.)、Sundby et al. (1991) では、類語の選択なども含めて多くの事項がリストされている。これらの文献で扱われている代表的なものを見てみよう。このようなリストを眺めていると、綴りの間違い(例えば danger を danjur と綴るなど)のような、今では問題にならないものも含まれているが、日本の学習英文法において、または英米の一般向けの語法書などにおいて、今日でも言及されているものも多い。

(a) It is me. は正しいのか；than や save の後の名詞は主格か目的格か；動名詞の意味上の主語は所有格か目的格か；mathematics や politics は複数呼応か単数呼応か；it の所有格は its であって it's ではない；not

---

[13] 内容は以下のとおり。between you and I ではなく between you and me とすべきである；分離不定詞は使用すべきではない；副詞 only は被修飾語の直前に置くべきである；none は複数呼応すべきではない；different(ly) を to や than と共起させるべきではない；文を前置詞で終らせるべきではない(いわゆる「前置詞残留」の禁止)；未来を表すには I shall/you will/he will とすべきである；hopefully は文副詞として使用すべきでない；目的格の関係代名詞は whom を使うべきであり、who で代用すべきではない；二重否定は使用すべきではない。

only X but also Y や either X or Y が主語位置に現れた時に、動詞は X と Y のどちらと呼応すべきか；〈every＋名詞〉は複数で受けるか単数で受けるか (...pay every Man their/its own)；Not one of them に続く動詞は三人称単数 -s か複数呼応か

(b) without や like は接続詞にならない；notice は名詞であり動詞で使うことはなく、動詞の代替表現は take notice である；that は副詞に使うか；two months back ではなく two months ago とすべきである；I am mistaken は正しいか (mistaken は形容詞として使うか)；not only X but also Y において X や Y は同一品詞の語句でなければならない；thereabouts か thereabout か

(c) Whether he will or not とすべきか Whether he will or no とすべきか；Scarcely were you gone than he appeared / so much the more inexcusable, because ... / more stronger / Although ..., nevertheless ... / The reason is because ... などといった構文の混淆

(d) fly/flee の区別；lay/lie の区別；beside/besides の区別；shall/will の区別；abandon/forsake/leave/relinquish の区別；choose/make choice of の区別；between/among の区別；each other は二者に one another は三者以上に使用する；関係代名詞 that は「人」を指すのには使わない、whose は物に使ってはならない(関係代名詞の区別)；have got を have の意味で使うか

(e) however difficult or impossible / if thou certainly return などのような連語の意味的整合性；extremely deaf のような連語の整合性；catch a train という連語の適格性

(f) angry at you ではなく angry with you である；resemblance with each other ではなく resemblance to each other である；commence は不定詞を取るか動名詞を取るか；try and do か try to do か；take it は understand の意味で使えるか

(a)は主に格変化、呼応を含めた文法事項に関わるもの、(b)は品詞に関わるもの、ある品詞語句の綴りの問題、(c)は構文を構成する語の選択の問

題、構文の混淆、(d)は類語の区別、(e)は共起関係の意味的な妥当性 (difficult/impossible, if/certainly を共起させることの是非)、コロケーションの問題、(f)は名詞・形容詞・動詞が取る前置詞や補文構造は何かという、広い意味でパタンに関する問題である。

このほかにも the King's fear は「王が恐れるのか」「王を恐れるのか」といったような意味の曖昧性の問題や、The great Discovery was that of Fire. (大文字は原典ママ)は冗長であり単に Fire で十分であるという修辞に関わる問題なども規範文法で扱われてきた。他には from hence/from thence といった形も冗長として批判された。

興味深いのは、これらの事項について必ずしも規範文法家たちが意見の一致を見ていないことである。例えば上の(a)に挙げた「動名詞の意味上の主語は所有格か目的格か」という問題を考えてみよう。Lowth は the rule's being observed のような形は根絶されるべきと主張する。Priestley は両形を認めるが、意味の違いがあるとする (my horse's running では馬が実際に走ったことを、my horse running では走る可能性があることを意味しているという) (Leonard 1929: 199f.)。筆者の手元の版 (p. 174f.) では Murray は所有格の形を勧めている。

規範文法家たちは、自らの主張を正当化するため、一見するとなるほどと思うような論理を提示する。「about とは言うが abouts は存在しないので、thereabouts ではなく thereabout が正しい」というようなものである[14]。「省略部分を補えば Whether he will or he will not であるから Whether he will or not が正しい」というような主張は、文構造に隠れた論理を考えた結果である。each other/one another の説明では、それぞれのフレーズを構成する語の論理に訴える。「2つしか対象物がない場合、1つを one で指せば、残りを the other で指す。したがって one another は3人以上にしか使えない」となる。またラテン語にも論理の根拠を求めた。like の接続詞用

---

[14] OED² (s.v. *thereabouts*) にも記述があるが、この –s は副詞を作るいわゆる副詞的属格であり、always, nowadays, forwards などにも見られるものである。こちらの論理で考えれば thereabouts が正当性がある。

法を排除するために、対応するラテン語の similis に接続詞用法がないと主張する。

　このような規則は、例外を許さない規則（rules incapable of exceptions）として提示される（Leonard 1929: 76）。しかし、さまざまな表現方法があると意味が曖昧になるので唯一的に形を定めるべきであるということで提示された規則が、意思疎通の媒体としての英語の潜在的な可能性を制限してしまうとしたら皮肉なことであろう。また、当の規範文法家たち自身の英語も、実際には自らが提出した規範に従っていなかった部分があるという事実も指摘されている[15]。

　規範事項の中には、常に問題にされる典型的な事例と、あまり問題にされないが、実は規範の問題と関わっているという、非典型的な事項がある。この節で触れたもののうち、between you and I のようなものは前者の代表例である。このような事例は典型的であるがゆえにどこに問題があるかを把握しやすい。本書の後半で触れる伝統的規範の事例のいくつかは、現象そのものはこれまでほとんど論じられることがなかった非典型的なものであるが、問題の所在は、文のある位置にどのような品詞の語句が立つべきかという品詞論、すなわち伝統的規範の問題と密接に関係する。

## 2.3　20世紀の伝統的規範の系譜

　規範文法の普及の結果、英語がある程度標準化されると、Sweet を嚆矢とする科学的英文法の登場と相まって、規範文法はそれまでの文法書ではなく、語法書へとその舞台を移していくことになる。

### 2.3.1　Henry Fowler, *A Dictionary of Modern English Usage* (1926) の登場

　20世紀に入ると、Otto Jespersen, Etsko Kruisinga, Hendrik Poutsma な

---

[15] 例えば、Lowth の書簡などを詳細に調査した Tieken-Boon van Ostade（2011）を参照。

どの伝統文法が登場する一方で、語法書としては記念碑的なものとなる Henry Fowler, *A Dictionary of Modern English Usage*（略称 MEU）(1926)[16] が出版された。この時期から、規範と記述の対立が鮮明になる。MEU（第2版）(1965: x)には、Jespersen が Fowler を「直感的に文法についてあれこれうるさく教え諭す人」(instinctive grammatical moralizer) と手厳しく批判したことが記されている。

MEU の初版にはまえがきがないが[17]、2009 年に初版を復刻したもの[18]には David Crystal による序が追加されている。この序で指摘されているように、これまでの規範文法家同様、Fowler の語法説明は個人的な判断や彼の好き嫌いが出ている部分も多く、一貫性の欠如が見られる[19]。

一方で、慣用を重視する考えが色濃く出た項目もあれば、ラテン語の文法を模倣することの愚かさ、美を追求するあまり英語の慣用を逸脱することの愚などを指摘した説明などもある（例えば halyard, able, preposition at end, only などの項を参照）。個別の事象については different や none の項では、Fowler は事実を重視する立場を取っている。しかし、MEU は根本的には規範的な書であったと考えてよいだろう。due to の副詞的な使い方に対する手厳しい判断はその表れである (s.v. *due*)。

Crystal の書いた序の冒頭にある、No book had more influence on twentieth-century attitudes to the English language in Britain than Henry Fowler's *Dictionary of Modern English Usage* (Fowler の MEU ほど 20 世紀のイギリスの英語に対する姿勢に影響を与えた本はない) や Fowler is usually hailed as

---

[16] E. Gowers が手を入れた改訂版は 1965 年、R. W. Burchfield が編集を務めた第 3 版は 1996 年に出版された。

[17] 初版冒頭に "To the memory of my brother Francis George Fowler, M.A. CANTAB. who shared with me the planning of this book, but did not live to share the writing." と題する英文が掲載されている。これはまえがきではないが、Gowers の改訂版では、これを Preface to the First Edition としている。

[18] Oxford World's Classics シリーズ。

[19] 一貫性のなさは、時に語源に正統性を求めたり、時に語源の正当性を否定したり、意味変化による新しい意味を認めたり認めなかったりするところなどに見られるとのことである (pp. xiv–xv)。

the supreme arbiter of usage (Fowler は英語語法の最高権威とされるのが常である) という言葉は Fowler やこの本の影響力の強さを示している[20]。

## 2.3.2　Usage Movement

20世紀前半、英語の規範と実態の乖離が認識され始め、規範規則の妥当性を調査する動きが起こり始める (Usage Movement (Gleason 1963: 16))。Leonard (1932) は、言語変化は当然のことであり、変化に合わせて辞書や文法書の内容も変わっていくべきであると考えた。彼の考えは、allowable usage is based on the actual practice of cultivated people rather than on rules of syntax or logic (許容できる語法というのは、規則や論理よりもむしろ、教養のある人々の実際の慣用にもとづく) (p. 95) という主張に表れている。彼は、規範文法で問題とされる語法について、教師、作家など229名に意見を求めた。今から見れば、「教養ある人々」に限定するのは問題があるかもしれないが、この時代、論理から慣用への転換を主張した意義は大きい。

調査された項目を眺めると、当時の規範意識が垣間見られ興味深い。対象となる文法事項には、今でも問題になるものが含まれている一方で、今日なんら問題なく使用されているものも多い。Leonard は、当時ですら I wish I was wonderful. / The reason was because . . . / None are expected. / pretty good / awfully cold / Try and get well. といったものは口語表現では確立したものであることを指摘している。

Leonard の調査対象となったものは次のような事項である。

(1) You are older than me. [than の後の代名詞の格]
(2) I will probably come a little late. [一人称主語での will の使用]
(3) The child was weak, due to improper feeding. [due to の前置詞用法]
(4) That was the reason for me leaving school. [動名詞の目的格主語]

---

[20] Crystal によれば、英語の実際を見ると、Fowler が指摘していることの半分は実際の英語に取り入れられていないとのことである (p. xxiii)。一方で、Burchfield の改訂第3版の序に、彼の知人がことあるごとに MEU を参照しているという話がある。

(5) It looked like they meant business.［like の接続詞用法］
(6) I will go, providing you keep quiet.［providing の接続詞用法］
(7) Under these circumstances I will concede the point.［circumstance と under の連語］[21]
(8) I don't know if I can.［whether の意味の if］

これらの形を誤用とするのは、今ではほとんど考えられないであろう。規範と実際の齟齬はこのように少しずつ訂正されていく。

Leonard 調査と同趣旨の調査は Mittins et al. (1970) でも行われている。上の(1)–(8)で挙げた事項もほとんどが調査の対象となっている。Mittins et al. の調査結果を見て驚くことは、調査対象となった事項のほとんど(50 項目のうち 43 項目)は、6 割以下の容認度であるということである。pretty reliable のような pretty の強意用法は 39％ の容認度しかない。現代英語ではもはや問題とされない〈try and＋V〉の形ですら 27％ の容認度である。この調査で 6 割以上の容認度と判定されたものは not as ... as［同等比較の否定で not so ... as としない］/ averse to［to との共起］/ very amused［過去分詞の very による修飾］/ contemporary furniture［contemporary を modern の意味で使用］/ data is［data の数］/ at university［the の省略］だけである。20 世紀最大の影響力を持ったとされる MEU が問題なしと判断するような項目も、Mittins et al. の調査では容認度はそれほど高くない。いかに規範の影響が根強く残るかということを示している。

Bryant (1962) は、それまでの聞き取り調査という形ではなく、実例調査にもとづいて問題とされる語法の頻度を示した。25 年間ほどの間に収集した書き言葉の資料を主として、240 の語法を検証している。例えば none が

---

[21] under と circumstance の連語が問題とされるのは、ラテン語で circum- は「周囲」を表しており in と共起すべきものであると考えられたためである。MEU (1926, s.v. *circumstance*) は、under the circumstance の連語は「非論理的でもないし、昔から使用されている」と述べ、とりたててこの形を問題視していない。しかし、Mittins et al. (1970) の調査ではこれを容認する人は 64％ であり、70 年代の調査当時も規範意識はかなり残っていたようである。

単数呼応か複数呼応かという問題では、集められた例の 69％ 以上が複数呼応であることを示している。収集した資料にもとづいての検証は、権威者が独断で決める規範文法から実証的語法研究への展開を示している。

Usage Movement 以降に出版された語法書には、記述的な側面が色濃く表れている (例えば Evans and Evans 1957)。また、*The American Heritage Dictionary of the English Language* の作成のため、1964 年から語法委員会 (Usage Panel) が設立され、問題となる語法や構文の容認度について諸家の意見を求めるということがなされてきた。語法委員会の判断は、当初はかなり保守的であったようである (大塚・小西(編) 1973: 34) が、近年の版を見ると、広く意見を紹介しながら、かなりバランスのとれた記述がなされている。例えば 2005 年出版の *The American Heritage Guide to Contemporary Usage and Style* を見ると、due to については「英語の趨勢では due to は前置詞として容認される流れにある。1966 年の調査では was canceled due to the rain のような副詞的用法には委員会メンバーの 84％ が反対していたが、2001 年では 60％ がこれを認める」という記述になっている (p. 151)。

### 2.3.3　記述的語法書の登場

1989 年には *Merriam-Webster's Dictionary of English Usage* が出版された。この語法書は、それぞれの項目について、それが問題となった歴史的背景と現状をバランスよく述べたものである。特に現状については Merriam-Webster 社が収集した実例にもとづいて説明されており、実証的な色合いが濃く出ている。2.2 節で伝統的規範の扱った事項(f)に挙げた「angry at you ではなく angry with you とすべきである」という規範について、この語法書がどのように扱っているかを見てみよう。

angry の項の冒頭で「angry に続く前置詞については、後続する要素の意味特徴(⟨人⟩、⟨もの⟩ など)に応じてどの前置詞を使うべきか、規範文法の中で議論があった」と歴史的経緯を紹介する。次に angry の後で使用される前置詞は with, at, about の 3 つであると述べ、Merriam-Webster 社の実例ファイルの中から豊富な例を引用する。with はもっとも高頻度であり、

後続する要素は〈人〉が多いこと、at には〈人〉か〈行為〉が続くこと、about にも同様に〈人〉か〈行為〉が後続することを示し、「必ずしも後続する要素によって前置詞を使い分けるということはない」と述べる。規範的判断を排し、事実にもとづいた実証的記述となっている。

　語法書の本来の目的は、利用者が言葉遣いに迷った時に判断に資する情報を提供するということにあるので、あれもこれも使われるということを示すだけでは、その目的は果たせない。記述的語法書の揺り戻しとして、20 世紀後半に規範的な判断を前面に出すものが現れた。*Garner's Modern American Usage* (1998) がそれであり、第 2 版 (2003)、第 3 版 (2009) と版を重ねているが、その前書きに usage dictionaries got hijacked by the descriptive linguists (語法書が記述言語学者にのっとられてしまった) (1998: xi) という発言がある。記述主義に対する Garner の抵抗の表れた言葉である。

　Garner は自らを記述的規範家 (descriptive prescriber) (2009: xliv) と称しているが、彼は依然として like の接続詞用法は認めておらず、as を推奨している[22]。その他に規範の色彩が濃く出ている項目として as yet, as of yet が挙げられる (p. 73)。これらは LDOCE[6] (s.v. *as, yet*) で認められている表現で、例も挙げられている (We've had no word from Colin as yet. (コリンからはまだ何も聞いていない)) が、Garner はこれを「yet に劣る」としてアスタリスク[23]をつけている。

　Garner のような例外はあるものの、現在では、語法書の流れは基本的には記述的な面を強く押し出していく方向にある。21 世紀に入るとコーパスのデータに依拠する語法書が出版された。例えば Peters (2004) は British

---

[22]　しかし、Garner の語法書は、すべての点において規範的ということでもない。例えば nowadays を意味する anymore (The price of housing is outrageous anymore (=these days/nowadays). 最近住宅価格がべらぼうに高い) はアメリカ英語で特徴的に表れるが、これについては「方言」で「多くの人は好まない形である」と述べるだけに留めている (2009, s.v. *anymore*)。Follett (1998, s.v. *anymore*) が As a synonym for *now* alone, *anymore* is wrong. (now の類義語としては anymore は誤り) と述べているのと対照的である。

[23]　Garner の語法書では、アスタリスクは invariably inferior words and phrases ((使用すると) 常に程度の低い語句) を意味する。

National Corpus 等のコーパスを参照しており、英語が世界語になった時代に、従来の英語母語話者だけでなく世界各地で英語を使用する人々に資することを目的としている。利用者がコミュニケーションの目的に応じて適切な表現を選択していけるよう、伝統的規範とは一線を画した記述になっている。試みに different from/to/than の項を見ると、「Bob's approach was different (　) we expected. のように節が後続する場合は than が適切であること」「than を避けるように教えられてきた人々は、to や from を使用できるような形に文を書き換えるであろうこと」といった説明に加え「イギリスでは from と to が 6 対 1 の割合で、アメリカでは from と than が 4 対 1 の割合で使われること」などの記述がある。結論としては「地域差よりも、後続する要素の統語的な形を考慮して選択すべきである」と述べる。コーパスからの実証的なデータで、これまでの規範を冷静に眺め、無理のない助言をしていることがわかる。

　この節では 20 世紀以降の規範文法に関わる流れや代表的な規範的語法書などを概観した。ここ 100 年の間に出版された語法書は枚挙にいとまなく、本節で触れる余裕のなかったものも多いが、文法書から規範提示の役目を引き継いだ語法書のたどった足跡を見ると、規範主義から記述主義へという大きな潮流があることがわかった。20 世紀前半の、権威とされる人物の独断の時代から、20 世紀中盤以降の、英語母語話者へのアンケート調査、委員会の意見聴収、実例収集などによる記述的志向性を強めた時代になった。さらに 21 世紀になると、コーパス言語学の台頭による、英語の実態の最大公約数的な語法指南の時代へ移っていく。しかし、一般の人々の規範を求める意識は根強く残っており、18 世紀以降規範文法家たちが述べてきた言説はなかなか払拭されていない。

## 2.4　伝統的規範に対して問題意識をどう持つべきか

　規範文法で問題とされる用法でも、人口に膾炙するようになれば、規範から完全に解放される場合もある。現代英語を知る我々にとって My strength is slowly being eroded by this disease. (私の体力はこの病気でゆっく

りと削られていっています)といった受動態の進行相は、すでに確立した形であり、何ら問題ない。Quirk et al. (1985: 151) でも言及されているこの形を問題視することは今では考えられないが、Butters (2001: 333) によれば、これは 18 世紀初頭であれば手厳しく非難を受けたであろうという。このような受動態の進行相は 19 世紀中頃までには完全に英語に定着した。

　一方で、多くの人が今では問題ないと判断する形でも、過去の規範の影響が根強く残っており、たびたび非難の対象にされるものがある。最近出版された、一般の英語母語話者向けの語学的読み物を見ても、例外なく分離不定詞が言及されている (Casagrande 2008: 80ff.; Hitchings 2011: 1ff. など)。この分離不定詞を取りあげて、どのような観点から規範事項を考えれば、英語の理解に資する興味深い点が浮かび上がってくるのかを見てみたい。

### 2.4.1　分離不定詞の発生と規範意識の胚胎

(9) . . . it's hard to sincerely care what happens to each and every not-so-unique individual.　　　(*The Lumberjack*, Jan. 30–Feb. 5, 2002)
(特段変わったところのない普通の人たちに起こることを心から心配するというのは難しいものだ)

このように、不定詞マーカーの to と後続する動詞の原形の間に何かしらの要素が挿入される形は、13, 14 世紀から確認されている (Curme 1931: 460; Visser 1966: 1035; Burchfield (ed.) 1996: 736)。Visser によれば、この形はその後一時下火となるが、18 世紀になると頻繁に使用されるようになり、19 世紀には著名作家の作品にも現れるようになった (p. 1036)。

　2.1.2 でも触れたが、分離不定詞の禁止を定めたのは Lowth ではない。不定詞マーカー to と後続する動詞の間に副詞類を挟まない[24]という「規則」が最初に言及されたのが 1834 年、19 世紀前半である (Beal 2004: 112)。その後、不定詞マーカーと動詞を分離させないという規範は一般にも急速に

---

[24] 歴史的には to と動詞の原形の間には副詞類以外にもさまざまな要素が挿入されているのが確認されている。英語の語順が確立するにしたがって、名詞などが挿入される形は次第にまれになっていった。

広まっていった。「分離不定詞」（split infinitive）という用語自体の初出は1897 年である（*Merriam-Webster's Dictionary of English Usage*, p. 867）。

## 2.4.2　規範意識の根強さと統語形式への影響

　分離不定詞に対する規範意識は今でも根強く残っている。このような規範意識は、2.2 節で見た BBC の英語に対する苦情の中に分離不定詞が含まれていることからわかるし、パソコンのワープロソフトが分離不定詞を誤りと判断することからもうかがえる[25]。20 世紀に出版された語法書の中でも、「必要な時には分離不定詞を使用しても構わない[26]」と述べているものもあるが、「分離不定詞は『誤り』であると考えられる現実がある[27]」とするものもある。現在の語法書の指南を総合的に考えれば、「例は多く観察できる。できれば避けるべきだが、非分離形にすることで不自然になったり、意味が曖昧になる場合は、分離させてよい」というところであろう。

　規範意識から分離不定詞を避けようとするあまり、英語としては不自然な形を使用してしまうこともある。次の例を見てみよう。

(10) a. India says its troops will stay where they are but has promised <u>to not to</u> take any aggressive measures.

(*Voice of America*, June 12, 2005)

(インドは軍隊を現在の場所に留めておくと言っているが、強硬手段を採らないと確約した)

b. Even the stupidest crooks know enough <u>to not to</u> spell out their plans on a postcard.　　　　　　　　　　　　　　　　(BNC)

(頭の悪い詐欺師ですら自分たちの計画をハガキに書いてしまわないくらいの知恵はある)

このような例では、それぞれ promised to not / know enough to not という形では分離不定詞になってしまうという意識が話者に働き、それを避けよ

---

[25]　Peters (2004, s.v. *split infinitive*)
[26]　*Merriam-Webster's Dictionary of English Usage*, p. 868
[27]　Burchfield (ed.) (1996, s.v. *split infinitive*)

うとして、さらに to を付加したため、結果的に to not to と英語では本来ありえない形が生じてしまっている。

### 2.4.3 分離不定詞を見る視点

　Burchfield (ed.) (1996, s.v. *split infinitive*) で指摘されているように、to と後続する動詞の原形の間に挿入される要素は、焦点化副詞 (even, just)、-ly 副詞 (finally, actually, really)、頻度副詞 (always, sometimes)、please、そして否定辞 (never, not) などであるが、否定辞と他の副詞では代不定詞になった際に容認度に差が出てくる。

(11) A: Did you ever visit her after she had retired?
　　 B: ｛I used *to sometimes*, but not recently.
　　　　 I intended *to often enough*, but seldom managed to.
　　　　(Compare: ?I *used sometimes to*, but ...
　　　　　　　　　?I *intended often enough to*, but ...)

(Quirk et al. 1985: 497)

(12) Usually it's a bad thing if a movie doesn't make sense, but since this film tries not to, I'd have to call this a stunning accomplishment.

(*The Lumberjack*, Feb. 13–19, 2002)

（通常、映画が辻褄が合わないのはよくないことだが、この映画は故意にわけがわからなくなるようにしていて、これは偉業と言わねばならないだろう）

　分離不定詞を避けるということでは同様なのに、なぜ否定辞は not to が許され、他の副詞の代不定詞は容認度が下がるのであろうか。規範的に許される、許されないといった単純な問題ではなく、このような違いこそ考察の対象になるべきことであろう。伝統的規範の根強さは、後半の個別事例の研究でも種々触れていくことになるが、肝要なのは単に規範と実態が乖離していると指摘することではなく、なぜそのような形が使用されるのかという観点からの実証的な考察である。第 10 章では〈to please＋V〉という形の分離不定詞について、このような視点から考えてみたい。

第 3 章

# 新しい規範

　理論的研究や英語教育で触れられる、いわゆる「非文情報」には、伝統的規範では触れられていなかったような事項も多い。そういった判断が、「新しい規範」となって英語研究や辞書などに大きな影響を与えることがある。非文情報は英語の実態を反映していることもあるし、そうでないこともあるが、問題は、実態を反映しない判断が拡散してしまうことにある。この章では、新しい規範とは何か、その他にどのような問題があるのかを見てみよう。

## 3.1　新しい規範の導入と影響

　第 2 章で見た伝統的規範を「主にラテン語文法にもとづいて形成された、英語の構造や表現に関する正誤の判断」とするならば、この章で見る新しい規範は「主に理論言語学者が提示する、または英語教育的な観点から提示される、英語の構造や表現に関する正誤の判断」と定義できる。「伝統的規範は英語の実態を無視した、権威者の個人的な判断にもとづく規則の集合であるが、理論言語学者の判断は、言語直観にもとづく価値ある判断で、英語の実態を明らかにすることに有益である」という誤解がないだろうか。しかし、言語学者の直観による判断の問題点はさまざまに指摘されている。日本人研究者が、実例の裏づけのないまま、ある特定の言語学者の判断に重きを置きすぎるのは、伝統的規範の中で Lowth がこう言っていたから、Murray がこう判断していたからという主張と根は同じであり、結局は正

誤の判断を権威に委ねる心理の別の現れ方にすぎない。

　Bolinger は、特定の理論に与せず、そのすぐれた言語直観で興味深い言語事実を数多く指摘した言語学者である。しかし、彼の提示する「言語事実」も、実際の英語と突き合わせてみると、首をかしげざるを得ない場合がないわけではない。さらに、そのような問題を含んだ判断が英語教育の場に持ち込まれることがある。例えば Bolinger (1975: 103) は、コロケーションを扱った議論で、*high possibility/*strong chance/*high chance をいずれも不可と判断した。これを典拠に、ある英和辞典[1]は初版で He has a good [fair, ×strong, ×high] chance of being elected. / strong [×high] possibility の語法指示を挙げた。ところがこの辞書の最新版では、chance の項からは非文情報そのものが削除されているし、possibility の項では high possibility を可能な言い方として認めている。コロケーションを多数扱っている Oxford Collocations Dictionary for Students of English (2nd edition) では strong chance / high chance のいずれも掲載されている。Bolinger のそもそもの判断の妥当性に疑問がもたれるところであるが、権威者の正誤の判断を(もちろん時代の制約はあったにせよ)事実の裏づけなしに取り入れることの危険性は、なにも伝統的規範だけではなく、このような新しい規範でも同じである。

　また、教育的立場からなされる正誤の判断が、日本の英語教育の内容に大きな影響を与えてきたのは間違いない。伝統的規範は教育を通じて広まった。新しい規範も、辞書や文法書といった教育に使用される道具を通して一般に広まっていく。小西(1997: 335)は辞書制作に理論言語学の知見を利用したことに触れている。安井(1982)は当時の変形生成文法の知見を多く盛り込んだものである。また、Swan (1980; 1995; 2005) が英和辞書や日本の英文法書に与えた影響はきわめて大きい。

　Swan の一連の著作(1980; 1995; 2005)は、英語を外国語として学ぶ人のために編まれた。安藤(2005)は Swan の記述も取り込みながら、理論言語学

---

[1] 一部の記述を問題視することでその辞典全体の評価をしていると解釈されるのは本意ではないので、本書では英和辞典の具体名を示すことは控えたい。

が明らかにした成果、伝統的な知見をうまく統合させて英文法全般にわたっての記述を試みているが、仔細に検討すると疑問のある文法性の判断に出くわす。例えば 48 ページに次の例が挙げられている。

（1）She seems/*appears a nice girl.（彼女はいい娘のようだ）［主観的］

この文において appear を不可とする典拠はどこにあるのであろうか。安藤ではこの例の直前に Swan (1995: 513) の説明を付しているが、Swan の該当のページに上記の例の形で appear を不可とする見解はない。Swan (1995: 52) の appear の項を見ると、「appear はほとんどの場合、客観的事実を述べるのに使われる」との説明があり、It seems a pity. (NOT It appears a pity.) の対立例が示されている。これが、おそらく安藤が上記の例で appear を不可とする根拠になっているのであろう。実際には . . . it appears a hopeless task（それは絶対にうまくいかなそうな仕事のようだ）や The man appears poor, depressed, tired.（その男は金もなく、ふさぎ込み、疲れているように見えた）といった主観的と考えられる例が COCA[2] で確認される。appear の実例を見ていると、Swan の言う客観的事実 (objective facts) とは何を指しているのか、その記述に妥当性があるのかという根本のところを検証すべきことがわかる。しかし、そういった検証を経ずに、この「appear は客観的事実を述べる」という説明は、一部の英和辞典の説明にも取り込まれた。

　また、典拠となる文献を誤読して自らの著書に取り込んでしまうこともある。安藤 (2005: 211) に「in order to / so as to は、be, know, have のような「状態動詞」の前で使用するのが規範である」との記述があり、その典拠は Swan (1995: 267) となっている。この記述は、「動作動詞の前で in order to / so as to を使用してはいけない」という規範があるかのように読める。普段英語に接している者からすると、in order to / so as to の後には状態動詞に限らず多種多様な動詞が生じることは自明であり、このような「規範」が本当に存在するのか疑問に思うところである。果たして典拠とされるSwan を紐解くと「to 不定詞は目的を表すのに使われる。in order to / so as

---

[2] 使用したコーパスについては第 5 章を参照。

to も目的を表すのに使うことができる」という説明のあとに *in order to* and *so as to* are normal before 'stative' verbs like *be*, *know* and *have*. *I watched him in order to know more about him.*（More natural than *I watched him to know more about him.*）とある。この記述は「目的を表す場合、状態動詞の前では単純な to より in order to / so as to とするのが普通である」ということを述べており、「in order to / so as to は状態動詞の前で使用するのが規範」と解釈すると意味することがまったく異なってしまう。

著名な言語学者や文法学者の判断に語法記述の根拠を求める心理は、英和辞典の歴史の流れの中にも見受けられた。記憶している人はもう少なくなったかもしれないが、80年代も終わるころ、いくつかの英和辞典の内容が手厳しく批判されたことがある。その批判の内容の妥当性はここでは措くとしても、批判された英和辞典の改訂版では、語法注記のなかに海外の著名な学者の名前が記されるようになった。学者の名前を挙げることで注記の正当性を示したのである。しかし、ある学者がこう言っていると記すことの裏には、やはりその学者の権威に頼ろうとする心理があることは否定できない。多くの英和辞典の語法指示は典拠を示さず掲載されるが、それはやはり「権威ある人物」の判断がもとになっていることが多い。

さらに「権威ある」辞書がある典拠にもとづいて取り入れた情報を、後続辞書がきちんとした検証もないまま引き写してしまうこともある。ある英和辞典の初版は、keen の項で「主節と that 節の主語が同一の時は that 節は用いられない：×I am keen that I should pass it.」と注記していた。この記述はどこかに典拠がありそれを引いたものであろう。しかしながら、実際の例を見ると、keen の主節の主語と that 節の主語が同一である例も確認できるし、この形は決して非文の判断を受けるようなものではない。

(2) a. We were terribly keen that we were seen to be competent.

(COCA)

(我々は有能だと思われたいと心から思っていた)

b. We are keen that we should have a chance as soon as possible of putting our economy on a sound basis ...　　(COCA)

（できるだけ早急にこの国の経済を健全なものにする機会を持ちたいと思っている）

話者は言いたいことを表現するために、ある語を that 節と共起させるのであり、that 節の中の主語が主節主語と同一であるといった理由で keen と that 節の共起が不可能になるというようなことは考えにくい。一体どのような根拠からこの注記は施されたのであろうか。この記述は当該辞書の 2001 年の版まで継続して掲載されており、それを参照したと思われる後続辞書にそのまま引き写されている現実がある。実際の検証なしに、「権威」とされる専門家や著書の意見をそのまま鵜呑みにすることがいかに危険なことかがわかる。そしてこのようなことが根拠のない、実際には存在しない幽霊のような新しい規範を根付かせてしまう[3]。

## 3.2　新しい規範の事項

　ここで新しい規範の事項を具体的に見てみよう。理論的立場から提示される非文情報は、理論の正しさを示すためのデータが中心となるので、実際の場面では使用されないような複雑な形のものが多い。一方で、より単純な、ある語があるパタンを取るか取らないかといった問題は、比較的教育の現場や英和辞典などに導入しやすい。そのため、本書でいう新しい規範の事項は、あるパタンが不可かどうかという単純な問題と関係する。

　荒木(編) (1986) および荒木(編) (1996) は、生成文法を中心とする理論的な研究者たちが提示してきた非文情報の集大成と言える。しかしながら、研究者の意見は必ずしも実際の英語を反映していない場合がある。例えば、荒木(編) (1996: 187) では、argue が直接話法を取ると文法性が低下するとい

---

[3]　もちろん、かつての辞書には時代の制約があり、一つひとつの判断を実例にもとづいて検証することがきわめて難しかったことは、認めておかねばならない。問題は、そういった判断が、大規模コーパスによる検証を経ずに、今日でもそのまま引き継がれていることにある。先行辞書を検証なしに引き写すような後続の辞書の責任はきわめて大きいと言わざるを得ない。

う意見が提示されている。しかし、学習英和辞典にすら "We must stay here until they rescue us," she argued. という例文が掲載されている。

また、ある構文に対する文法性の判断が研究者の間でまちまちであることも少なくない。荒木（編）(1986; 1996) では、ある構文の可否について研究者間で意見の相違があっても、そのまま提示されているため、記述に整合性を欠いていることも少なくない。例えば、「ひそひそと話す」のような、言葉を発する際の音を表す発話様態動詞は節に相当する名詞句を取ることはできず、that 節を取るのが正しいと判断するある研究者の意見を紹介する。

(3) 誤 *John whined Sally's departure.
　　 正 John whined that Sally had left. 　　　（荒木（編）1996: 190）

ところが、そのわずか 2 ページ前で「gasp, giggle, murmur, shout, whine などの音声記述的な発話様態動詞は that 節を取ると非文になるか文法性が低下する」という別の研究者の意見を紹介している。理論言語学者の意見は貴重な情報であることは認めるとしても、このようなちぐはぐな情報の提示は読者を混乱させるだけであろう (11.4.2 も参照)。

Manning (2003: 299) では、理論言語学者の提出する consider X as Y を不可とする判断がいかに実態を反映していないかということを実例で例証している[4]。後半の個別事例研究の中でも触れるが、このような動詞のパタンの可能性については理論言語学者の判断と実態が一致しないことが多い。

その他にも、「頻度の副詞は分裂文の焦点位置に生じないが It is rarely that... は例外的に可能である」という見解が紹介されている（荒木（編）1986: 793）。しかし、実際には ... but it is seldom that the Indians inform against them. （アメリカンインディアンたちが白人たちを密告するようなことはめったにない）(COCA) のような例が見られる。

英語教育に資する観点から編まれた語法書では、文法性の判断が一面的

---

[4] Quirk et al. (1985: 1200) は consider X as Y, consider X to be Y, consider X Y を認める。

になりやすい。例えば、×She made me so annoyed I felt like shouting to her. / She made me so annoyed I felt like shouting at her. のように、shout は「怒って叫ぶ」の意味では to を取らないとされることがある (Turton & Heaton 1996: 301)。このような記述は shout は絶対に to を取らないという極論につながる危険性をはらんでおり、学習者には役に立つというよりは、害のほうが大きい。

研究者や教育者が提示した意見を十分に検証しないまま参考にし、一般の人々が利用する辞書に盛ることは多くの問題をはらんでいる。「could は原則的に仮定法か、「過去にそういう能力があった」の意味では使えるが、「バスに乗れた」などの特定行為を達成できたということには使用しない」と言われている。ところが、かつてある研究者が「この用法に英米差があり、過去1回限りの行為の達成でもアメリカでは could が使用される」という主張をした。それを根拠に、ある辞書の改訂版で I was able to [《米》could] ... というような語法指示が盛られたことがある。この情報は正しくないので次の刷で訂正がなされた。

このようなことは何も英和辞典に限らない。例えば学習英英辞典として評判の高い *The Longman Dictionary of Contemporary English* は、4版 (2003)、5版 (2009) ともに assist X to do の形を不可としていた (s.v. *assist* や *help* の類義語欄)。このような判断の裏には、Turton & Heaton (1996: 38) にある ×One of the prison guards assisted them to escape. を不可とするような教育的観点からの非文情報も影響を与えていたのであろう。「不定詞を取る場合は help を使わせるのが教育的に正しい」という判断である。しかし、同辞書の第6版 (2014) では、assist の項で assist sb to do sth の文型を認め、We want to assist people to stay in their own homes. の例文を掲載している。英英辞典においても、英語の変化と教育的配慮のはざまで難しい判断を迫られながら記述を試みているのである[5]。

もちろん理論的な立場の研究者が提示する情報は有益なものもある。例

---

[5] OALD の5版 (1995)、6版 (2000)、7版 (2005)、8版 (2010)、9版 (2015) では一貫してこの形を認めている。

えば日本では斎藤秀三郎の『実用英文典』(1898–1899) 以降、「知覚動詞が取る原形不定詞の構文は、受身になると to 不定詞になる」とされてきた。しかしながら、watch や notice を〈be＋watched/noticed＋to V〉の形で使用することは普通でない。このことは、理論的立場の研究者によって指摘されている (Hudson 1971: 201 など)。

(4) a. We watched Bob beat Harry.
　　b. *Bob was watched to beat Harry.

第 12 章で notice の補文パタンを検証するが、このような判断は正しく実態を反映している。直観による判断は、日本で長く信じられてきた文法事項の認識を改めるのに、確かに役に立つ場合もある。

　理論的な立場の言語学者や教育者が提示する文法性の判断の中から、英語の実態を反映したもの、していないものを選り分けていくことはきわめて根気のいる地道な作業である。そのためにも、このような立場から提示されてきた判断がどのようなもので、何が問題であるのかを理解しておかねばならない。

## 3.3　新しい規範の何が問題か

　20 世紀後半に生成文法の研究が盛んに行われるようになり、言語データは研究者の言語直観によって作られるようになった。内省によるデータを使用する利点はいくつかある。一つには、必要なデータを必要な時に入手できるということがある。研究に使用したい例がすべてコーパスなどのデータベースから手に入るわけではない。直観を言語研究に導入することの正統性は、生成文法の創始者である Noam Chomsky が、次のように述べたことに端を発している。

> The fundamental aim in the linguistic analysis of a language L is to separate the *grammatical* sequences which are the sentences of L from the *ungrammatical* sequences which are not sentences of L and to study the

structure of the grammatical sequences. The grammar of L will thus be a device that generates all of the grammatical sequences of L and none of the ungrammatical ones. (Chomsky 1957: 13)
(ある言語 L の言語学的分析の根本的目的は、その言語の文法的な文と非文法的な文を選り分けること、そして、その文法的な文の構造を研究することである。そうすれば、言語 L の文法は、その言語の文法的なすべての文を生み出し、非文法的な文は産出しない装置となるであろう)

「こうは言わない」という形は、内省によってしか得ることができない。もちろん、「このように言う」というデータも直観で作り出すことができる。内省はデータを生み出す万能装置であるがごとしであるが、内省判断は次に示すような問題を含んでいることが指摘されている。

### 3.3.1 直観の規範性

Jackendoff (1994: 48) は、直観によって「((非)文法的であるという)判断はできるが、なぜそう判断できるのかは言えない。しかし、直観による判断はとても信頼できるものであり、言語学者は自分や同僚の判断を信用する傾向がある」と述べている。しかし、その判断が、前章で見た伝統的規範に影響を受けているとしたらどうであろうか。これまでも、理論言語学者たちが規範の影響を受けているとたびたび指摘されている (Milroy & Milroy 1999: 21[6]; Finegan 2012: 977[7])。Cheshire (1999) は、There's lots of museums. のような、口語英語における There's 構文の数の一致の問題を論じている。数の呼応の問題は伝統的な規範の中でもよく触れられるものであった (2.2 節)。Cheshire は言語学者が高等教育を受ける過程で、書き言葉をもとに

---

[6] [T]he Chomskyan tradition has been implicitly pro-standard and possibly even prescriptive in some of its effects. (生成文法の伝統は暗黙のうちに標準形寄りのものであったし、その影響においては規範的でさえあった)

[7] In recent decades, views of prescriptivism seem to be evolving even among professional linguists, the group that has most aggressively condemned prescriptive grammar. (ここ数十年、規範的な考え方が、規範文法を手厳しく批判してきた言語学者の間ですら蔓延しているようにも思える)

した規範的標準英語に慣らされてしまうことが、口語英語で頻出する There's lots of... のような「問題のない」英語を「誤り」とみなしてしまう原因だとする。理論言語学者が伝統的規範の影響からなかなか抜け出せない例である。

　Meechan & Foley (1994: 83) は、even the most careful introspection can fail to filter out all effects of prescriptive grammar (いかに注意深い内省判断をもってしても規範文法の影響をすべて取り除くことはできない) と述べている。本書後半の個別の事例研究において、現代の規範文法家と理論言語学者の判断が一致する場合があることを考えると、直観が規範の影響を受けることは否定できない事実であろう。

　上述したが、Manning (2003) は、理論的な言語学者が提出した consider X as Y を不可とする判断を実例によって反証した。直観による判断の限界を正しく認識し、常に実例の裏づけで確認していくことの重要性を示したものと言える。このような理論言語学者の判断にも規範の影響があることが想像できる。第 2 章で規範的語法書として触れた Gowers の手になる MEU の改訂版では、consider X as Y は好ましくないものとされている。regard X as Y が consider X Y に影響を与え consider X as Y が生まれる。その反対に、consider X Y が regard X as Y に影響を与えて regard X Y が生まれる。影響を与え合った結果として生まれた regard X Y や consider X as Y は規範的には好ましくないものと考えられてきた。しかし、英語は着実に変化し consider X as Y が普通に使われる形として定着した。この変化を、規範に影響された内省では跡づけできていない。だからこそ consider X as Y を認めないという判断につながってしまう。直観は規範の影響を受け保守的になる傾向が強く、規範で認められない形が変化の結果生じたものではなく、「間違い」のために生じたと判断してしまう。また、たとえ自分が consider X as Y を使用したり、見聞きしたりしていたとしても、規範の影響を受けて「非文法的である」と判断してしまうということもあるだろう。

### 3.3.2 直観の限界

　コーパスの観察データは有限 (limited) であるが、内省はいかような形の例も数限りなく引き出せる、すなわち内省データは無尽蔵 (unlimited) であるとして、直観による言語研究を擁護する人たちがあるという (Sampson 2001: 2)。しかし、データを直観によって得ようとする際に、一人の人間が思いつくデータの範囲には限界があることを正しく認識しておかねばならない。直観という「ソース」は無尽蔵かもしれないが、それを引き出す「検索ソフト」には限界がある。したがって、「こう言える」という可能性をすべて思いつくことはきわめて難しい。

　また、XとYの表現形が可能であると判断した場合、では別のZの可能性はないのかという問題が常について回る。これは裏を返せば、Zが不可であるのかという判断を迫られていることに等しい。Chomsky はかつて、生成文法に異を唱える言語学者との討議の席上で perform leisure のコロケーションはおかしいと指摘した。彼はその理由として、perform という動詞は、perform a task のような可算名詞とは共起するが、perform labor のような不可算名詞とは共起しないからであると述べた。そこで、討論者の一人がデータを見ずにどうして不可算名詞と共起しないと言えるのかと問うと、彼は、How do I know? Because I am a native speaker of the English language. (どうしてわかるかって。私が英語母語話者だからです) と答えたのである (Hill (ed.) 1962: 29)。Chomsky がいかに自分の直観に自信を持っていたかを示すエピソードであるが、結局、別の討議者から perform magic と言えるではないかと指摘され、Chomsky は自分の間違いを認めざるを得なかった (Hill (ed.) 1962: 31)。Chomsky ですら、可能な表現を内省によってすべて引き出すことはできなかったのである。

　ある表現や形のバリエーションのすべてを引き出すことが難しい理由は、もちろんその多様性もあるが、言語が常に変化していることとも関係する。英語が新たな形を生んでいるということは、言語事実に触れることでしか気づくことができない。Aarts (2007: 83) は、複数の統語構造が融合し新たな形が生まれる可能性について述べている。いくつか例を借りよう。

(5) It's not the actual story, or even the people, that *attract me to write* about something.　　　　　　　　　　　(ICE-GB S1b 048 109)

（私を魅了し書きたいという気持ちを起こさせるのは、実話やそういう人物ですらありません）

(6) I don't know *where his whereabouts are*.
　　　　　　　　　　　　(*Channel Four News*, UK, 19 July 1999)

（彼の所在がどこかはわからない）

(7) Are you prepared to *track down who these people are*?
　　　　　　　　　　　(*Channel Four News*, UK, 21 August 2000)

（この人たちが誰なのか突き止める準備はできていますか）

attract が〈attract＋X〉と〈invite＋X＋to V〉の融合した形を取る、know his whereabouts と know where he is が冗長的に融合する、track down が〈track down＋X〉と〈find out＋wh 節〉の融合形を取るといった具合である。このような例は直観によって引き出されたものではなく、実例であることに注目されたい。直観や内省だけでこれらの変化の多様性に気づくことはまず不可能と言ってよい。内省は網羅性ということでも限界があるだろう。

### 3.3.3　恣意的判断

　理論言語学には、文法的な文と非文法的な文を分ける原理や規則を明示的に示すという使命がある。そのため、提唱する自らの規則を正当化しようと、理論言語学者がある表現形に謂れのない「汚名」を着せてしまうことがある。内省判断が、言語学者自らが提唱した規則の正当化に使われてしまう危険性はかなり古くから指摘されてきた (Bolinger 1968: 35[8]; Greenbaum

---

[8] Another factor behind misjudgment is feedback from the theory to be tested. If a slightly unusual utterance is inconvenient, it is hard to escape the temptation to think it worse than it really is.（誤った判断をしてしまうもう１つの要因に、証明しようとする理論から影響を受けてしまうということがある。やや変則的な形が（理論の正当化に）不都合であるならば、それを実際以上に悪いものと考えてしまう誘惑から逃れることは難しい）

1988: 87f.[9] など）。ここで Greenbaum (1988: 88) から例を借りて挙げておこう。

(8) Her slicing up of the cake was clever.
(9) I didn't believe it, although Sid asserted that Max left.

これらの文は、理論的な研究論文の中で非文法的と判断されたものであるが、Greenbaum はこれらを 29 人の英語母語話者に提示してその可否について意見を求めた。(8)は 25 人が、(9)は 21 人が問題ないと判断したという。(8)は slice up という句動詞が〈所有格＋V-ing＋of . . .〉という名詞的動名詞になるのか、(9)は it が後続する that 節の内容を指せるのか、といったような理論的に興味深い問題を考察するためのものであるが、大部分の一般の英語母語話者には「非文」と判断されていないことがわかる。

そもそも研究者の中でも、ある表現や形についての文法性の判断が異なるのである。3.2 節で触れた荒木（編）(1996)が引用した、発話様態動詞が that 節を取るのかという問題からして、研究者の意見が分かれる現状がある。このような状況を見ると、Schütze (1996: 52) の次の言葉も真実味を帯びてこないだろうか。

. . . they（＝intuitively judged data――筆者注）are sometimes used or discarded as it suits the linguist's fancy. (Schütze 1996: 52)
（直観にもとづくデータは、言語学者の気まぐれで使われたり捨てられたりする）

Schütze (1996: xi) は理論言語学者たちが作り上げていく文法を「直観の文法」(grammars of intuition) と呼んでいるが、それは時に問題を含んだ文法で

---

[9] [T]heir role as linguists may bias their judgments. They will favour the hypothesis they began with or they will be affected by the theoretical views they espouse: they will hope for tidy results and neat generalizations.（言語学者としての役割が判断を濁らせてしまうこともあるだろう。言語学者は自分たちが作った仮説をひいき目に見てしまうこともあるだろうし、自らが支持する理論的見解に影響を受けることもあるだろう。整然とした結果や美しい一般化を求めてしまうのだ）

あるとも言えるだろう。

　ある文の文法性の判断がすべての母語話者の間で一致するわけではないという事実は、ある言語のすべての母語話者が同じ直観を持っているわけではないということを示している。そのような内省データにもとづいて行われる分析は、理論的な枠組みの中では興味深いものかもしれないが、英語という個別言語の姿を明らかにするには不十分である。また、直観にもとづくデータによって、理論の枠組みの中で興味を持たれた現象の理解は深化するかもしれないが、そのようなデータの分析だけでは、理論的興味を引かない問題や理論の枠組みの中では扱えない問題があることを見えにくくする。

　結局「文法的」か「非文法的」かという二者択一的な判断ではなく、ある表現や形はどれだけ起こり得るかという観点から考えるのが現実に近いと言える (Bod et al. 2003)。変則的な形は、たとえ起こり得る頻度が低くても、使用される可能性があるのであれば、「非文法的」とする直観的判断を退けるに十分である (Leech 2011: 161)。

## 3.4　新しい規範に対して問題意識をどう持つべきか

　ここで、どのような問題意識で新しい規範を見るべきかについて具体的な事例で考えてみよう。

　要求を表す動詞には ask, demand, request, require などがあり、これらは〈that 節＋X＋should/原形〉を取るという特徴を共有している。これらのうち、ask, request, require は〈X＋to V〉の形でも使用できるが、demand は一般に不可とされてきた。

　　(10)　*She demanded him to do it.　　　　　　　　(Givón 1980: 358)

(10)は理論的な研究からのものであるが、英語教育に資する語法書でも同じ判断がなされている(例えば、Turton and Heaton 1996: 95)。このような意見は一部の英和辞典に取り入れられており、この〈demand＋X＋to V〉を不可とする見方は新しい規範の一つと言える。確かに OED² (s.v. demand, v. 7)

がこの形を廃用としている[10]ことからも、この直観的判断に根拠がないとは言えない。

では、実際のところ、このような判断はどれほど実態を反映したものであろうか。Herbst et al. (2004, s.v. *demand* [verb]) は、〈名詞＋to 不定詞〉(＋N to-INF)のパタン指示とともにコーパスから次の例を挙げる。

(11) As you do more work or exercise, your body will demand more blood to be supplied to working muscles to supply them with oxygen and nutrients.
(さらに運動をしたり体を動かしたりすると、酸素や栄養素を供給するため、体はより多くの血液が活動中の筋肉に流れるように求める)

(12) They demanded more planes to be made available and regular flights.
(彼らはもっと多くの航空機が就航し定期路線になるよう要求した)

さらに、筆者の手元の実例に次のものがある。

(13) Reading a set of KWIC concordance lines, the key skill in DDL (＝Data-driven learning——筆者注), is not something which can be assumed to be automatic. It demands the reader to abstract meaning through vertical reading of the node(s), ... (M. McCarthy and A. O'Keeffe, *The Routledge Handbook of Corpus Linguistics*, 2010)
((コーパス検索において)データ駆動型学習では重要な技能である、KWICコンコーダンスラインを読むという作業は自動化を想定できるようなことではない。読み手は(検索の結果ヒットした)ノードを縦に読んでいきながら、意味を抽出しなければならない)

(14) If your people allow an institution to be great, if they demand it to be great, it will be great. (COCA)
(あなたの部下がその組織が素晴らしいものになることを許してくれるのであれば、そして素晴らしいものになってほしいと思うのであれば、その組織は素晴らしいものになるだろう)

---

[10] OED[2] は、一番新しいもので 1795 年の次の例を挙げる。He demanded the traitor to give up his lovely prize.

(15) And she had come down and demanded him to tell her where the boy was. (COCA)
（彼女は降りてきて、少年がどこにいるのか教えろと彼に要求した）

(16) Officers, to him, were just demanding guests to be placated with good service. (COCA)
（将校たちは、彼に、客人をよいサービスでなだめるよう要求していた）

(17) He demanded $20,000 to be left on this cellar staircase near Mrs. Silverman's apartment. (COCA)
（彼はシルバーマン夫人のアパート近くにあるワイン貯蔵庫の階段に2万ドルを置くよう要求した）

(18) School demanded me to work with no breaks, no leisure time. (COCA)
（学校は私に休みなしで、余暇なしで働けと要求したのです）

　必ずしもすべての例に共通するわけではないが、このような例外的な使い方には、(i)主語が人以外のものがある、(ii)〈demand＋X＋to be V-en〉の形になっているものがあるといったことが指摘できる。実態解明には今後の研究が俟たれるが、単なる古い形の名残なのか、廃用となった用法が復活しているのか、demand の意味が変化しているのか、〈X＋to V〉といったパタンに現れる語の種類が変わってきているのかなど、さまざまな視点で検証する必要がある。

## おわりに

　第2章で見た伝統的規範にしろ、この章で見た新たな規範にしろ、共通する問題は、どちらにも言語事実の裏づけがないということにつきる。このような裏づけのない規範を一つひとつ事実と照合し検証を積み重ねていくのは、かなりの時間を要する作業である。
　ここで述べたような、直観に関わる問題は、理論言語学者の中にも指摘する者がある。「直観が実態と合致していない」、直観は「有り得ないような文を作り出してしまう」(overgenerate)、「普通に使われている形をとらえ

きれない」(undergenerate)、それゆえ「こう言う、こう言っていると思うという母語話者の意見はそのまま鵜呑みにはできない。実際のデータを見ていく必要がある」といった指摘 (Taylor 2012: 8ff.) が、理論言語学者からなされていることはたいへん意義深いことであろう。

　記述的英語研究が対象とするものが英語の「最大公約数」であるとするなら、この「最大公約数」は決してイコール「直観」ということではない。英語の研究とは、言語事実を離れてのものではないということを改めて認識しておく必要がある。

第**4**章

# 日本における規範の継承

　八木 (1999: 20ff.) では日本における英語学研究の伝統が触れられている。また、八木 (2007: 36ff.) では、各時代の代表的な英語の文献や辞書などについて述べながら、日本における学習英文法の形成の過程が明らかにされている。そこで触れられているものも含めて、この章ではそれぞれの時代を代表する文法書や語法辞典を振り返りながら、日本における英語規範の受容と形成を考えたい。実際問題として、規範に関わる一つひとつの事項がどのような形で日本に定着していったかを調査するのは至難の業で、別の詳細な研究を俟たねばならない[1]。この章は一つのパイロットケースとしての試みである。

## 4.1　日本における代表的な英文法書・英語語法書

　英和辞典史については、八木 (2006: 12ff.) に詳しい論考がある。では日本における英語語法文法史はどうであろうか。日本で英語研究が始まって100

---

[1] *Concise Oxford Dictionary* (COD) の初版などに大きな影響を受けながら学習英和辞典の歴史が始まった。英和辞典に見られる個別の問題がどのように継承されたかについては、八木 (2006) が詳細な考察を行っている。しかし、そこで議論されていることは問題の一部であり、英語についての誤解や誤謬はまだ限りなく存在する。英和辞典だけではなく、日本で発行された英文法書や語法書についても、八木 (2006) が行ったのと同じような本格的な検証が俟たれる。

年以上の年月が経過しているが、その期間に発刊された英語語法文法の研究書、受験生を含めた一般向けの英文法書はおびただしい数に上る。それらを一つひとつ確認して内容を検討することは不可能に近い。英和辞典史を見ると、それぞれの時代にはそれぞれの時代を代表するものがあり、後続辞書はそのような辞書の影響を直接間接に受けている事実がある。英語語法文法書も事情は変わらないと想定してよい。まずは、代表的なものを検討することから始めなければならない。

　当然のことながら、日本の英語研究は、海外の英語研究の影響を受ける。日本で刊行された英語語法文法書を見ていると、(i)海外の英語研究の影響を受けながらも日本人のための英文法を構築しようとするもの、海外の研究成果を参考にしながら、日本人独自の視点で英文法や語法を考察したもの、(ii)海外の、主に理論的な研究手法と成果を日本に導入する試みで編まれたもの[2]、(iii)教育に資する目的で(i)または(ii)の成果を含めた英文法全般を記述する一般書という3つに分けることができる。これは便宜上の分け方であり、内容によってはこのいくつかを含んでいるものもある。また、記述の掘り下げ方の程度もさまざまである。日本の英語研究の流れを見ると、江戸末期以後英語という未知の言語の理解に努めた時期には(i)と(iii)の趣旨を持つものが主流となり、他方で、特に戦後の英語学の分野においては(ii)が主流となった。英語教育は明治以降の長い歴史があり、(iii)に属するものはおびただしい数に上る。

### 斎藤秀三郎『実用英文典』(*Practical English Grammar*)(1898–1899)

　日本における学習英文法の形の土台を作ったのは斎藤秀三郎『実用英文典』(*Practical English Grammar*)と言ってよい。当時全盛だった規範文法の影響を受けながらも、斎藤は日本人にふさわしい形の英文法を構築した。

---

[2] 理論的な成果をどの程度導入するかはさまざまであるが、(ii)に属するものに、太田朗(編)『英語学大系』(1971–1990)、大塚高信・中島文雄(監修)、荒木一雄・長谷川欣佑・安井稔(編)『現代の英文法』(1976–2000)、太田朗・梶田優(編)『新英文法選書』(1985–1990)などがある。

4巻からなるこの本の Preface で、斎藤は次のように述べる[3]。

The main design of this book is to help clear away the difficulties which the Japanese student experiences in mastering the idiomatic usages of the English language. It is an attempt to meet a want which has long been felt by both teachers and students of English in this Empire. In view of this want, so widely experienced and so generally acknowledged, it is indeed surprising that no similar book, on any comprehensive plan, should hitherto have made its appearance.

（本書の大きな目的は、日本人学習者が英語の用法を修得する際に経験する難しさを払拭する手助けをすることにある。これは、わが国において英語教師も英語学習者も長年感じてきた欠如を埋める試みでもある。このような欠如が、広く経験され、また、長年認識されてきたにもかかわらず、英文法全般を記述するような構想で、類書の出版がこれまで皆無であったのは驚くべきことである）

明治に入ってから30年ほどで、日本人の手になる日本人のための英文法書が全文英語で発刊されたのである。

『実用英文典』は品詞を中心とした構成であるが、文法の枠組みの中に慣用語句を盛り込んだことに特色があり、これは斎藤の idiomology の反映である（大村 1960: 185）。

大村（1960: 184）は「実際日本における School Grammar の内容と形式はこの「実用英文典」が定めたものであると言うことが出来る」と述べている。その発言の通り、この文法書の構成や内容を見ていると21世紀に生きる我々にもなじみのあるものとなっている。『実用英文典』の影響が今日まで残っていることの証拠に他ならない。例えば p. 438 に Idiomatic Uses of the Gerund（動名詞の慣用表現）という項目があるが、挙げられている例は There is no saying what may happen. / It is no use trying. / I felt like

---

[3] 筆者が見たのは1932年発行の One-volume edition である。以下引用のページ番号はその一巻本のもの。『実用英文典』の評価や価値については、大村（1960）や、2015年に開拓社より完訳復刻出版された『実用英文典』（2015）に追記された中村捷氏の解説を参照されたい。

crying. と受験生にはおなじみのものである（伊藤 2000: 118）。p. 443 では、forbid は to 不定詞を取り、prohibit は古くは to 不定詞を取っていたが、今では from V-ing を取るといった、類義語のパタンの違いに触れている。p. 322 では「ここに以前に来たことがありますか」の意味では、Have you been here before? が正しく Have you come here before? は間違いであるといったことを述べている。p. 323 に When I arrived, he was dead. He had died only the day before. He seems to have died a quiet death. という例文がある。この例で、be dead と die の違いのみならず、die a quiet death といった同族目的語、〈seem＋to have 過去分詞〉などまで教える形になっている。慣用表現、類語の使い分け、日本語に引かれた誤りへの注意など、確かに日本の学習英文法の形はここで完成しており、これが今日まで踏襲されてきたことがわかる。

　『実用英文典』に含まれる規範文法の事項については、伊藤(2000: 127ff.) が一部触れている。『実用英文典』で言及されているものは、少なからず後発の英文法書に見られるようであり、規範の継承がうかがえる。

### 市河三喜『英文法研究』（1912）

　この書は、日本における科学的な英文法の嚆矢とされる。「英文法研究」と銘打っているが、日本人の目から見て興味のある語法を取りあげて種々論じている。その序を読むと「規範文法からの脱出、科学文法への出発、なぜそうなるのかという説明を追求する姿勢を読み取ることができ」る(八木 2007: 57)。

　科学的な英文法であり、一般に対する影響は大きくないかもしれないが、第 1 章末尾で引用した宇賀治(編) (2010)の言葉でも触れられているように、日本における語法研究の伝統はここから始まった。文学作品から広く例を集めて、諸家の見解と比較検討しながら、英語の「なぜ」に日本人の視点から答える。斎藤が日本における学習英文法の土台を作った人物であるならば、市河は日本の語法研究の形を作ったと言ってもよいだろう。

### 細江逸記『英文法汎論』(*An Outline of English Syntax*) (1917)[4]

日本初の、統語論中心の英文法書である。有名作家から例を引き、歴史的な説明も加えて、英語の構造を説明する。C. T. Onions の著書 *An Advanced English Syntax* (1904) に大きな影響を受け、いわゆる5文型を日本に導入したことや、「相当語句」といった概念を導入したことに特徴がある。歴史的な視点を交えながらの説明はたいへん参考になる。

### 大塚高信・岩崎民平・中島文雄（監修）『英文法シリーズ』(1954–1955)[5]

全25巻に別冊1巻を加えた大部なもので、戦前の伝統文法から戦後の構造主義言語学までを射程に入れている。Jespersen をはじめとする伝統的科学文法の知見をふんだんに盛り込みながら、歴史的な視座に立った解説も含み、今読んでも学ぶことは多い。

当時の科学的英文法研究の集大成であるので、規範的な言説については、事実の裏づけをもってそれが必ずしも実態を反映していないことにも触れられている。

### 大塚高信・岩崎民平・中島文雄（監修）『現代英文法講座』(1957–1959)

全10巻と別巻で構成される。前半の巻で品詞を中心に英文法全般を扱い、後半の巻で品詞によらない個別のテーマを扱う。注目すべきは、第7巻『現代口語文法』（原沢正喜）、第8巻『現代米語文法』（尾上政次）のように、口語英語を扱った巻や地域差を考慮した巻が含まれていることで、このようなテーマ設定はそれまでの時代には見られなかった。英語の多面性が認識されてきた時代でもあったのだろう。

全体的には科学的文法であり、規範にも触れられることはあるが、実例をもってそれが必ずしも唯一の表現でないことに触れており、規範の呪縛からはかなり解き放たれていると考えてよい。

---

[4] 現代かな遣いに改められて1971年に出版された新版を参照した。
[5] 1959年に出版された特製版で、全25巻を3巻本にまとめたものを参照した。

別巻は『語法の調べ方・総索引』となっており、後半の、具体的な事象を取りあげる語法調査の実践編は今読んでも学ぶことが多い。

**井上義昌（編）『英米語用法辞典』（1960）**

「usage からみた文法とは論理 (logic) よりは文法的な事実 (facts) に重点を置くものである」(p. xxii) と述べていることからもわかるように、この書は規範よりも実例を重んじている。ただし内容を読むと「一般的には誤りとされているから用いてはいけない」などの記述が見られ、規範的な判断をしていることも多い。

この書の特徴として、例外的な用法がなぜ生じたのかをできるだけ説明しようとする姿勢がある。例外に一つひとつ触れることは英語学習を妨げてしまう可能性があることを正しく認識しながらも、「例外とみられる用法については文脈やリズムの関係から、また論理的・心理的あるいは生理学的のなんらかの理由がある」(p. xxix) として説明を試みている。The reason he stops is that ... が正しいとされるが、時に The reason he stops is because ... となるのは The reason he stops is that ... と He stops because ... の混用 (confusion) であるといった説明がなされている。このような説明は、3.3.2 で見た構文の混淆で新しい形が生まれることの説明と通じるところがある。

また、辞書に掲載された語句の意味は静的 (static) であり、実際に用いられた語句は動的 (dynamic) であるという指摘も興味深い (p. xxxv)。口語体と文語体の区別に注意を払ったのも慧眼であろう。

**大塚高信（監修）『英語の語法』（1967–69）**[6]

表現編分冊 11 巻と語彙編の辞書 1 冊からなるシリーズで、従来の、形から意味へという解釈的な英文法の記述ではなく、表現したい意味から形を求めるという、当時としては斬新な発想で編まれたものである。話し手や書き手といった発信者の立場で、ある意味を表すにはどのような統語形

---

[6] 1975 年出版の合本特製版を参照した。ページ番号もこれが典拠である。

式が選択肢としてあり得るのかという視点で書かれ、品詞別の巻立てにはなっていない。タイトルは「英語の語法」となってはいるが、実際は「表現文法」である。

　表現者の立場からの文法であるので、規範についてもかなり柔軟な態度を取っており、「There's ... が後続の名詞の数を意識する前に、口をついて出てしまうほどに固定化したためか、次の名詞が複数でも There is (was) が使われることがある」(p. 119) といった記述がある。一方で、疑問がある記述もないわけではない。none 単独で「人を指すときは常に複数扱い (e.g. None were left when I came. (私がやって来たときには誰も残されていなかった))」(p. 124) とあるが、英語の実態として、none が「人を指すから常に複数扱い」ということはない。

**荒木一雄(監修)『講座・学校英文法の基礎』(1982–1985)**
　全8巻と別巻1冊から構成される。シリーズタイトルには「学校英文法」とあり、別巻のまえがきに「学校における英語教育の目標は、第一義的には(中略)現代英・米語の「語法」を生徒にできるだけ習得させることにあるとすることには、余り異論はなかろう」(p. iv) とある。
　中身を見ると、当時の生成文法の影響をかなり受けていることがわかる。巻によっては引用例がほとんど研究書からのものになっており、これまで見られたような文学作品からの例は極端に少なくなっている。また、アスタリスクをつけた非文情報が提示され、このころから新しい規範が教育現場にも持ち込まれる素地が生まれてきたこともうかがえる。60年代、70年代に大学で生成文法を学んだ学生が教員などになり、一般にもこのような内容が受け入れられるようになったのだろう。このシリーズが出版された80年代には、英和辞典の中にもいわゆる「非文」に×をつけて掲載するものが現れ始めた。
　別巻『語法研究法/総索引』には、「多くの伝統英文法書が共有する欠点の一つは、その原理を余り教えてくれないことである。現代文法理論に基づく英文法書の中には、その原理にも詳しいものが少なくない。また新しい文法理論に基づく英文法書は、律している原理や文法規則は不明ではあ

るけれども、英文法に属する従来知られなかった言語事実もしばしば提供してくれる。そのゆえに、教授者は、伝統英文法書だけでなく、新しい文法理論に基づく英文法書も読まなくてはならないことになる」(p. 42) とある。そのような文法理論にもとづく英文法書などを通して、教育現場に新しい規範が浸透していったのだろう。

**大塚高信(編)『英語慣用法辞典』(1961)、大塚高信・小西友七(編)『英語慣用法辞典』(改訂版)(1973)、小西友七(編)『現代英語語法辞典』(2006)**

　日本における科学的な語法研究の成果の総まとめを担う辞典である。時代に応じて収録されている項目には変化が見られ、特に第三版には日本の英語語法研究の成果が多く盛られた。「初版から第三版までをたどると、日本の実証的な英語研究の成果をたどることができる」(八木 2006: 64)。

　第三版では、日本人に必要な項目や新しい発見のある事項の追加、談話辞などの項目の追加、英語の多様性に関わる項目の追加など、単なる海外の知見の導入だけではない記述が見られる。

　初版から第三版まで見てみても、それほど規範的な判断に偏っているわけではなく、バランスのとれた記述になっているようである。このような優れた語法書があったにもかかわらず、教育現場における規範文法は訂正されることなく長年継承されてきたという事実がある。


**小西友七(編)『英語基本動詞辞典』(1980)、『英語基本形容詞・副詞辞典』(1989)、『英語基本名詞辞典』(2001)**

　代表的な動詞、形容詞、副詞、名詞を取りあげて「語の文法」を記述したものである。特徴としては、理論言語学の成果を取り入れつつも、「正文・非文(中略)を鵜呑みにして全体をつなぐというのではなく、広く実際の用例や慣用に当たり、またインフォーマントを極力利用して(中略)考察を示そうとつとめ」、「性急に理論化、一般化を図るのではなく、言語学の所産と実際の語法を等分に取り入れ」たものである(小西(編)1980: xiii)。進行形や命令形の可否、選択制限の明示など、生成文法で発掘された手法も取り入れながら、実際の用例で慣用を示し、日本人の研究者の手で独自の

見解を示した価値は大きい。

このような理念のもとに編まれているため、伝統的な規範についての記述は多くないが、実例の裏づけがある場合は言及がなされている。例えば〈accept＋that 節〉の形は一部の伝統的規範文法で非難されているが、実例とともに問題ない形であることを示している(小西(編)1980, s.v. *accept*)。

一方で、伝統的な規範をそのまま引き継いでしまっている記述もある。例えば、「not only A but also B の A と B は統語上同じものでなければならない」といったものである(小西(編)1989, s.v. *also*)。

ある形について文法性の判断が違う場合も積極的に言及がなされている。例えば explain の二重目的語構文については、通例 explain はこの形を取らないが、間接目的語が代名詞の場合に Tactfully he would explain me what was what. のような形が可能と判断される場合があることを Quirk et al. (1972: 347) から引いている(小西(編)1980, s.v. *explain*)[7]。explain の二重目的語構文は学習英和辞典では決まって不可とされるものである。

これら 3 つの基礎語彙文法は、理論言語学の知見も取り入れながら実例に裏打ちされた記述をしており、理論言語学の論考に見られる非文情報が新しい規範として成立することを防ぐという役割を果たしてきたように思

---

[7] Taylor (2012: 28ff.) も、Can someone *explain me how* PHP interacts with Java? / *I was explained that* the item was out of stock. のような実例を引用し、彼の直観ではこれらは Explain me it. ほど悪いようには聞こえないと述べている。このような許容できる例を直観ですべて引き出すことが難しいことは、第 3 章で述べた。小西(編)(1980)が引用する Quirk et al. (1972)の例も、explain に wh-/how/that 節が後続しているが、こういった統語環境がこの形を許容する要因の 1 つであることは間違いないだろう。Taylor 自身も Can {someone/anyone/you} (please) explain me *wh-S*? (S は節のこと——筆者注)のような連鎖の存在の可能性を指摘している (p. 31)。ある種の連鎖で、ある特定の構造を取るようになるというのは、第 5 章で見るフレーズ化との関連でも興味深い。また、厳密に文法に従っている I was explained to that it would be a three or four month course. のような例を、Taylor は totally ungrammatical と判断している。これは、文法規則に従って作られた形が必ずしも容認されるわけではないことを示しており、規則と実態の関係を考える上で大きな意味を持っているように思われる。

う。小西(編) (1989)のまえがきで probably の生起位置について、Jackendoff の判断に問題があることが指摘されており、本文の中で小説からの具体例が引かれている。

**荒木一雄(編)『英語正誤辞典』(1986)、『現代英語正誤辞典』(1996)**

　主に生成文法の論文や研究書の中で取り上げられた文法規則や制約の集大成であるが、第 3 章でも触れたように、研究者の意見をそのまま提示しているだけなので、正誤の判断に食い違いがある場合も多く、読者の混乱を招く。何より上で取り上げた小西(編) (1980)などと違い、実例による裏づけがないため、英語の実態の把握という点については心もとない。*I explained my mother the situation. といった「非文」を挙げるだけのスタイルでは、小西(編) (1980)の explain の記述のような深みは期待できない。しかし、ある形を不可とするような単純な記述は一面的ではあるが、わかりやすい。学生の誤りを正すために教師が非文情報を身につけておく必要がある(荒木(編) (1996)はしがき)とするこの 2 つの辞典は、新たな規範の土壌となった面があることは否定できない。

**一般向けの学習英文法**

　これまで触れたのは、主に科学的な英語の研究成果を一般に還元することを意図した著作であった。これらとは別に、おびただしい数の、受験生や一般向けの英文法書が書かれた。中には数十年にわたって命脈を保った参考書がある。そのような英文法書の記述は、上で触れた科学的な英文法研究の成果もおそらく参考にしているであろうが、教育的な目的を持ったものであるので、どうしても規範に傾きがちである。

　受験生・一般英語学習者向けの代表的な英文法書に、小野(1952)、田中(1953)、山崎(1963)、木村(1967)、高梨(1970)、江川(1991)、安井(1996)、杉山(1998)、綿貫(他) (2000)、安藤(2005)、石黒(監) (2013)などがある。日本で刊行された受験英語参考書は、江利川(2011)に詳しいが、明治以降に発刊された英文法書を一つひとつ検討し、盛られている情報をすべて検討の俎上に乗せることは、現時点ではきわめて難しい。

そのような参考書は、受験の場や教室、英語学習で使用され、一般の英語学習者の「英語」を形作っていく。あまりにも影響が大きいため、自分が学習した内容が絶対的に正しく、その他の使い方は間違いであると考えてしまうことがあるのはやむを得ないのかもしれない。八木(2006)が「対話」の文法として挙げる『英語語法大事典』シリーズ(大修館書店)でも、第1集(1966)、第2集(1976)、第3集(1981)、第4集(1995)を見ると、「学生のころXと習ったが、Yの例に出くわした。このYは正しいのか」といった趣旨の質問が多く見られる。

## 4.2 日本における規範の継承の実態

前節で述べたような文献で引き継がれてきた「定説」はさまざまであるが、そのような「定説」がいかに根強く残るのかを見るために、ここで具体的に X as well as Y の呼応の問題を取りあげる。

第2章で Priestley の英文法書に触れたときに、「X as well as Y が主語になると、動詞の数は X と呼応する」という規範について述べた。Quirk et al. (1985: 761) でも The captain, as well as the other players, was tired. という例文を示してこれについて触れており、英米の文法書でも「動詞の数はXと呼応する」という考えは根強い。一方、Biber et al. (1999: 190) では An old man as well as several women were at home. という小説からの実例が紹介されており、ここでは直前の women に引かれて複数呼応になったと説明されている。記述的英語研究としては、「X as well as Y では本来、動詞の数は X の数と一致するが、X に Y を追加する複数の意識に引かれて複数呼応することがある」と判断するのが妥当であろう。*Merriam-Webster English Usage Dictionary* (s.v. *as well as*)では、「動詞を単数にするか複数にするかは本能に従ってよい」と述べている。これは「複数の意識を持っていれば複数にしてよい」ということである。

日本の英文法書・語法書では、小野(1952: 271)、田中(1953: 424)、大塚(監)『英語の語法』(第1巻、p. 115)、高梨(1970: 364)、江川(1991: 377)、安井(1996: 439)、綿貫(他)(2000: 722)などが動詞の数はXに呼応するとして

いる。X が単数名詞でも動詞の数は複数呼応することがあるという記述をするものには、細江(1917: 238)、大塚他(監)『英文法シリーズ』(第 7 巻、p. 67)、山崎(1963: 271)、井上(編)(1960: 808)、杉山(1998: 201)、安藤(2005: 685)などがある。木村(1967: 296)は、as well as を and と同じようにとらえて動詞が複数呼応することがあるが、避けるほうがよいとする。

『英語慣用法辞典』(1961)は「A as well as B は(中略)A に重点が置かれて動詞も A に一致する」(p. 170)とする。その改訂版(1973)は「A に主眼があるので動詞は A に一致させるのがよい」(p. 86)と少し規範を緩くした。最新の『現代英語語法辞典』(2006)は A が「単数なら動詞も単数で呼応するのが普通」だが、直前の名詞 B の複数に牽引されて複数になることがあるとしている。

このような記述にもかかわらず、X as well as Y に続く動詞は「必ず」X と呼応しなければならないという意識は根強く残っている。佐藤(2014a)は大学受験に見られる英語の文法問題を取りあげて、英語教育関係者の認識を改める必要性を説いている。この佐藤が扱った試験問題の中に、Tom as well as I (　) ignorant of the matter. のかっこに入る be 動詞の形は何かというものがある。佐藤は「is が正解だというのなら、出題者の英語感覚を疑わざるを得ません。I is という言葉の響きに違和感を持たない人に、まともな英語は使えないでしょう。ネイティブはもちろん are を選びます」と述べている。この記述は、のちに読者から不適切であるとの反応があり撤回された(佐藤 2014b)。実際問題として複数でも間違いではないにもかかわらず、日本の英語関係者の中に X as well as Y が主語になると動詞は X と呼応するのが「正しく」、それが唯一の選択肢であると考えている人がいるのがよくわかる。しかし、八木・井上(2013: 17)でも述べられているように、実際のコミュニケーションにおいて He, as well as Mary and John と来れば、likes/like のどちらを選択してもそれほど大きな問題ではない。そして上で触れたように、それが英語の実態でもある。

また、Swan (1995: 76) は、X や Y に代名詞が立つ時に、He, as well as I/me, is ill. のような形は普通ではないと述べている。この記述は Swan (2005) では削除されているが、日本の英文法の試験問題が上に示したような Tom as well as I (　) ignorant... 式の形が多いことを考えると、「X as well as Y は X と動詞が呼応する」という規則を問うこと自体を考え直す必要があるのではないだろうか。また、唯一的にある形が正しいとするような記述が日本の英文法書に残存することの是非も検討する必要があろう。

　最後に、いわゆる受験英語参考書と言われるものの中にも、この問題点を的確にとらえていたものがあることは記しておかねばならない。『原仙』と称された原の著作 (1974; 1984; 1992; 1999) には、「A as well as B では意味上 A が主になるので、動詞は A と一致するが、I as well as he am to blame. のように he am と続くのは好ましくない。I am to blame as well as he [is]. としたほうがよい」という趣旨の記述がある。時代を考慮すれば、このような記述は出色であると思う。

## 4.3　良質な英語記述研究の必要性

　何よりも必要なのは、十分なデータにもとづいた良質の記述文法である。記述文法は、ある形が普通であるかどうか、それがどのように用いられるか、英語の最大公約数に含めるべきものは何か、ある形がなぜそのように振る舞うのかに答えるものである。そのような、実態に即して丁寧に記述された英文法があれば、教育のための無理のない規範文法はそこから生まれてくるであろう。

　Quirk (1968: 109) は次のように述べる。

> It is not for their prescriptivism as such that the older teaching grammars stand condemned （中略）[i]t is for the fact that their prescriptions have not been based upon a sound foundation of description.
> （これまでの、教育のための文法書が批判の矢面に立たされたのは、その規範主義のためではなく、(中略)規範事項が十分な記述にもとづいていなかったからである）

　それぞれの規範事項が十分なデータにもとづく英語の記述から生まれたものであれば、それはもはや根拠のない「規範」ではなく、「実際の英語」と

同義である。そしてそれこそが教育に求められるものでもある。さらにこのような良質の記述文法の内容を、「歪めることなく」一般に還元していくことが求められる。そのためには、英語関係者の意識改革も重要である。規範からの解放は、文法語法の内容、教授者の考え方の両方に必要なことであろう。

第**5**章

# 本書の立場

　この章では、第6〜13章の個別研究の土台となる、本書の立場や考え方を述べる[1]。

## 5.1　語法とは

　日本における英語研究の歴史は八木(2007: 36ff.)で概観されている。そこでは、日本の英語研究の歴史に見られる4つの大きな柱が言及されている。第一に、明治時代後半から斎藤秀三郎を中心に形成された学習英文法。第二に、イギリスを源流とする規範文法。第三に、斎藤以後の、市河(1912)を源流とする科学的英文法研究。第四に、『英語教育』誌上で続いている「クエスチョンボックス」に見られる、主に英語教育の現場からの質問に答える「対話式の英文法」。八木(2007: 37)は、「第一、第二の流れの中に多くの問題があり、第三がそれに対抗し、第四が第三の成果をまじえながら、英文法書や辞書に書いていないことを含めて広く一般に解説してきた」構図があると述べている[2]。

　第三の流れは、市河三喜から大塚高信へと受け継がれた(八木 2007: 57ff.)。

---

[1]　本章の内容の一部は、筆者のこれまでの研究で断片的に触れたことがある。本書をまとめるにあたって、新たな材料や見解を加えて、できるだけ体系的に整理して提示したのが本章である。
[2]　もちろんこれは語法文法研究に限定した話であり、細かく見れば史的な研究や社会言語学的英語研究など多岐に渡る。

## 5.1 語法とは

戦後この流れは支流をいくつかに分かち、大きくは「理論派」と「実証派」に分かれたと言える。「実証派」の代表的研究者の著述で扱われるのは個別項目が中心であり、いわゆる語法研究であった。書名に「英文法」と銘打っていても、その内容は「語法から見た英文法」ということであり、言語事実を重視する立場であった。本書もこの流れを引き継ぐものである。次の引用は筆者の語法に対する考え方を示している。

> 語法研究というのは、基本的には伝統文法の流れを汲み、市河三喜、大塚高信らが実践した、英語をよりよく理解したいという研究の形を変えた継承だともいえます。その特徴は、特定理論によらず、事実から帰納的に法則を導き出すというところにあります。実例による例証、英語母語話者を活用した調査などを駆使しながら、新しい事実の発掘、微妙な用法の違い、意味的な差異など、多様な言語現象をその射程に含めています。 (住吉 2007: 135)

「英語をよりよく理解する」というのは、典型的な形だけでなく、変則的な形を含めて英語の全体像を明確にするということに他ならない。「英語の現象が明示的な形で認識されていないことはまだまだ際限なく存在する。明示的な事実認識があってもなぜそのような現象が起こるのかという説明になれば、ますます今後の研究に待たねばならないことが多い」(八木 1999: 3) のが現状である。

語法研究は個別の事項について明らかにするだけでなく、辞書などを通じて英語研究の成果を一般へ還元する、日本人英語学習者が抱く疑問に対して回答の提示をするといった役割を負う。また日本で引き継がれてきた種々の英語についての「定説」を一つひとつ点検する役目も負っている[3]。それらの過程で新たな事実を発掘したり、別の観点からの説明を提示したりする。

このような「実証派」は細い支流であり、戦後の主流は「理論派」であった。生成文法をはじめとする「理論言語学」が「英語学」の同義語となり、

---

[3] その一つの具体化として、本書第 12 章で notice の補文パタンを扱った。

これに身を置いた研究者は、海外の理論の発展と歩みをともにすることになった。彼らは、理論的・抽象的な志向を強めた海外理論の応接に忙しく、市河、大塚の流れからは離れていくことになった。

もちろん理論志向型の研究は、英語について多くのことを明らかにした。しかしながら理論的研究者が提出した興味深い「事実」は、第3章でも述べたように多くの問題を含んでいる。また、理論的な研究は、理論という「道具立て」を共有すればよいので、英語学でありながら、日本語の例文を扱うこともあり、英語についての理解を深めているとは言い難い面があった。

さらに、市河以前の斎藤秀三郎の膨大な著述も日本の英語教育の中に多くの影響を残している。語法研究が担う、英語についての「常識」の点検は、八木の一連の著作(1987; 1996; 1999など)で行われてきた。そのような点検の結果を見ると、日本の中で形成された英語についての(誤った)「常識」を訂正することがいかに難しいかを痛感することができる。

ここで一例を挙げてみよう。斎藤秀三郎『英文法精義』(*Saito's Advanced English Lessons*)[4] (p. 1040) に次の記述がある。

**Preposition and Gerund after Adjectives:** —Some adjectives may be followed either by a Preposition and Gerund or an Infinitive:—

(中略)

**Glad:** —I shall be glad *of obtaining* (or *to obtain*) the position.

これは glad が前置詞補部と to 不定詞の両方を従えることができることを示すものであるが、「前置詞の後では動詞は動名詞となる」という文法規則を be glad of X / be glad to V の個別の違いを考慮せずに機械的に適用した結果生まれた書き換えである。しかし、実際の英語では be glad of の後に動名詞がくることは普通ではない。そのような違いは、やはり glad の意味、さらにそれぞれの前置詞が持つ意味的な個性に由来する(Osmond 1997)。上記のような記述の影響を受けてか、ある時期まで The Japanese were glad that the war was over. を The Japanese were glad of the war being over. と

---

[4] 筆者が参照したのは、名著普及会により 1982 年に出版された復刻版。

いう形に書き換えさせる問題が大学入試で出題されていたという (河上 1991: 99)。今では、いくつかの英和辞典の glad の項で「of 以下に動名詞は来ない[5]」といった注記が施されている。このような単純な問題を見ても、ある事項が一度定着してしまうとそれを訂正するのに並々ならぬ努力が必要であることを痛感する[6]。

## 5.2 データ

本書後半の個別事例研究で使用するデータは、主に筆者が読書の際に集めたもの、Voice of America で公開されているトランスクリプトを筆者がデータベース化したものなどである。それに加えて、さらに大量の例が必要になるため、ウェブ上で公開されている大規模コーパスを利用した。それぞれのコーパスについての説明はウェブサイト[7]を参照されたい。

- Corpus of Contemporary American English（COCA）[8]
- Corpus of Historical American English（COHA）[9]
- TIME Magazine Corpus（TIME Corpus）[10]
- Corpus of American Soap Operas（SOAP）[11]

また、公開当初に CD-ROM で配布された BNC（World edition）も利用した。本書がターゲットとする変則的な表現や構文はそれほど頻度が高くない

---

[5] もちろんこのような語法指示も事実に照らし合わせて検証することが必要である。

[6] 第 2 章で述べたように、斎藤文法にはこのようなマイナスの遺産ばかりでなく、多くのプラスの遺産が含まれている。語の連鎖を重視する斎藤の idiomology という考え方は、その後のコロケーション研究やフレイジオロジー研究の土台をなし、大きな影響力を持つに至った。

[7] http://corpus.byu.edu/

[8] http://corpus.byu.edu/coca/

[9] http://corpus.byu.edu/coha/

[10] http://corpus.byu.edu/time/

[11] http://corpus.byu.edu/soap/

ため、上記のようなコーパスを使用しても期待するほど多くの例が手に入るわけではない。そのような頻度が高くない表現や構文を扱うことにいかほどの意味があるのかという疑問を持たれることもあるだろう。しかし、変則的な形がまれであるとか直観に合わないという理由で検証の対象から外されたのでは、英語の全体像を理解するのは道半ばということになろう（1.5 節）。

A single instance of an aberrant feature in a large corpus can be set aside as not part of the language: it might be a mistake, a typo, a slip of the tongue or the pen. On the other hand, a set of aberrant examples, especially if occurring systematically, even though in small numbers, may be sufficient to outweigh the analyst's intuition. (Leech 2011: 161)
（大規模コーパスの中に見られる、変則的な特徴を持った1つの例は英語の一部ではないと除外することも可能である。それは間違いかもしれないし、タイプミスかもしれないし、言い間違いや書き間違いかもしれない。しかし一方で、一定数の変則的な例が、たとえ頻度は高くないにせよ、特に体系的に生じるのであれば、それらは分析者の直観よりも重要なこともある）

コーパスの中に現れた「例外」を単なる間違いだとして無視してしまわない態度が大切である。

Corpus evidence shows in study after study that the exceptions to the rules are so numerous, and so obviously well-motivated, that they cannot possibly be dismissed as mere 'performance errors'. Something else is going on. (Hanks 2013: 416)
（次々に発表される研究において、コーパスのデータは規則の例外が非常に多いこと、そして、明らかにきちんとした動機づけによってそのような形が生じていることを示しているので、そのような例外を単なる「言い間違い」として捨て去ることはできない。何か別のことが起こっているのである）

本書において、他の研究者がアスタリスク（非文の印）をつけた例や、他の研究者の「この形は容認されない」といった意見を引用する場合は、手を加えずそのまま引いている。このような判断が事実と異なる場合が多いことは、議論の過程で明らかになる。また筆者自身がある形に対して、「この

ような使い方は普通ではない」というような説明をつけることがあるが、これは決して「その形が不可である」ということを意味していないことには留意されたい。ここで意図していることは、筆者が調べた範囲内でそのような形が「普通に使われる」と言える程度まで確認できなかったということであり、今の段階で「英語の最大公約数」に含めることができないということである。すでに述べたように、「普通」というのは「高頻度で」ということではなく、「(頻度にかかわらず)問題なく」ということである。

## 5.3 道具立て

ここでは、「語」をどう考えるかということについて述べる。また、本書後半の個別事象研究を支える2つの道具立てとして「フレーズ化」と「意味的な動機づけ」という考え方について見ておこう。

### 5.3.1 「語」をどう考えるか

語法研究はその名の通り「語」の振る舞いを研究対象とする。では語法研究が対象とする「語」とは一体何であろうか[12]。

語は単独で使用されるよりもむしろ、多くの場合他の語と何らかの、時にかなり密接な統語的・意味的関係を保ちながら使用される。もちろん datum の複数形が data となる、yield が yields, yielded, yielding と屈折するといったことはそれぞれの語が決めることで、他の語との関係は影響しない。しかし一方で、そういった形態論的な範疇の問題を超えて語の使用実態を見てみると、それぞれの形が別の語とある関係を保ち、結果的に「連鎖」として独自の振る舞いを見せることも多い。yields, yielded, yielding は辞書記述の上では yield という語の変化形として扱われ、yield の意味や統語的振る舞いをそのまま引き継ぐと考えられるのが一般的である。しかし、その具体的な使用においては、yielded や yielding がそれぞれ、ある一定の意味的特徴を持った他の語と独自の関係を持つ(Sinclair 1991: 53ff.)。

---

[12] 「語」をどう考えるかについては、Hanks (2013: 25ff.) も参照。

例えば、三人称単数現在形の yields は特徴的に「生み出す」の意味で使われることが多く、目的語には「生み出されるもの」が来る。語の振る舞いや意味というのは、このような他の語との関係、すなわち連鎖の中で決まっていく。

古くは斎藤秀三郎が似たようなことを述べていた。

Words are nothing in themselves, and everything in combination. In the case of words, combination comprises construction and association. A verb without its constructions is no verb (動詞ハ不動詞); and association is what makes the most significant words what they are. By association are meant the idiomatic, proverbial, and conventional expressions in which each word usually occurs. (斎藤 1915: i)
(語はそれ自体では無であり、他の語との結合がすべてである。他の語との結合が構造や連結を成す。動詞は構造がなければ動詞ではない。連結は重要な語を重要たらしめる。連結とは、それぞれの語が通常生じるイディオム、ことわざ、慣用表現のことである)

語法研究における「語」の研究は、単独の語というよりも、語とそれと関係を持つ語の連鎖の研究というほうが現実に近い。ある動詞がどのような補文構造を取るかといった、文法の範疇と考えられるような言語現象においても、結局は具体的な動詞と具体的な補文の連鎖の関係を見ていることになる。昔からそうであったと思うが、近年のコーパス言語学の発展により語の連鎖が見えやすくなったことで、こういった語法研究の性格はより明確になった。

したがって、語の研究はそれが使われる連鎖パタンの研究ということと同義である。as far as I know という連鎖全体がそれ独自の存在であり、それが1つの語と同じようにまるごと選択されるのであれば、その固まり全体は1つの「語」と同じように考えることができる。このような連鎖から取り立てて know を取り出して考察の対象にするということはない。

このように考えていけば、当然ながら、単独の語だけでなく、fire engine といった複合語、take off といった句動詞、a heavy rain といったコロケー

ション、by the way といった成句、not only X but also Y という相関表現、apologize for X / be sorry that ... といった動詞、形容詞、名詞などが取る補文パタンといった、より大きな「固まり」が語法研究の対象に含まれることになる。従来の研究で「固まり」と認定されてきたものだけでなく、第6章で扱う have until X (to V) といった連鎖も1つの「固まり」である。そういった「語」の使用実態は、豊かな人間の営みを反映していることは間違いないだろう。そういう意味で語法研究も、理論的な研究に負けずとも劣らない人間の営みの研究である。

### 5.3.2 フレーズ化

昨今のコーパス言語学の進展により、言語は大部分がこのような「固まり」で構成されていること、多くの「固まり」は文法規則に従って形成されるのではなく、内部構造を意識しないまま選択・使用されていることなどが明らかになってきた。そのような言語の定型性に触れた発言には、以下のようなものがある。

> Estimates vary, but it is possible that up to 70% of everything we say, hear, read, or write is to be found in some form of fixed expression.
> (Hill 2000: 53)
> （推定はさまざまであるが、我々が話し、聞き、読み、書くことの 70% までが、何らかの定型表現である可能性がある）

> ... the essentially phraseological nature of language (Siepmann 2008: 185)
> （言語の、本質的に定型的な特性）

> ... a very great deal, perhaps even the totality, of what occurs in a language can be rightly said to be 'idiomatic'. (Taylor 2012: 282)
> （言語表現の大部分、おそらく全部が、「定型的」なものであると言ってもよい）

このような定型的連鎖をどのように呼ぶかは研究者によってさまざまである[13]が、本書では「フレーズ」(phrase) と呼んでおく。Jespersen (1924:

---

[13] Wray (2002: 8ff.) では、このような連鎖を指す 58 の用語が紹介されてい

24)が定義するように「通常の表現のようにさらに分析できないもの」だけでなく、たとえ文法的に分析できる表現であっても、1つの定型連鎖として用いられるのであれば、それは「フレーズ」として認めることができる[14]。このようなフレーズを扱う分野はフレイジオロジーと呼ばれている。

ではどのような連鎖をフレーズと考えることができるのであろうか。Gries (2008) は、連鎖をフレーズとみなす基準として、頻度、語彙的・統語的柔軟性、意味的合成性などの6つのパラメーターを提案している。そのなかでももっとも重要視されているものが、「合成性」(compositionality) である。Moon (1998: 8) では、この合成性に2つのレベルを認めている。1つは、連鎖全体の意味がそれを構成する各要素の意味を足しても導き出せない「意味的非合成性」である。もう1つは、連鎖が従来の文法規則から考えると明らかに逸脱した形をしている「文法的非合成性」である。例えば by and large というフレーズは、それを構成する by と and と large のそれぞれの意味を足しても全体の「一般的に」という意味は出てこないので、意味的に非合成的である (semantically non-compositional) と言える。また、通常同じ品詞をつなぐ等位接続詞の and が品詞の異なる by と large を結ぶので、文法的に非合成的 (grammatically non-compositional) である[15]。フ

---

る。Barlow (2000: 342) では、idiom, fixed expression, prefabricated units といった用語を区別なく使用している。本書では、「フレーズ」とは「定型として生じる、ある語と他の語の連鎖」を指して用いていると理解すれば十分であると思う。

[14] Skandera (ed.) (2007: v), Granger and Meunier (eds.) (2008: xix–xx), Granger and Paquot (2008: 29) などを参照。フレイジオロジーで扱う事項を、イディオムなど一部の現象に限定するのは東欧的な伝統であり、コロケーション、コリゲーション、定型表現といった連鎖にまで対象を拡大したのはイギリスの Sinclair の系譜に連なる。

[15] もともと by and large は海事用語であり、by は副詞で「風上に」(to the wind) を意味し、large も副詞で「風下に」(off the wind) を意味する (OED[2], s.v. by)。したがって、語源的に考えれば by and large は「文法的に非合成的」ではない。しかし、現代英語の母語話者がこのような語源的な知識をもってこれを使用しているとは考えにくく、ここでは Moon (1998: 4, 81) や Wray and Perkins (2000: 1) にしたがって、このフレーズを文法的に非合成的と考えておく。

レーズは文法規則に従って単語を結びつけながら組み立てられているわけではなく、一つの固まりとしてまるごと選択される。

　Sinclair (1991: 109) は文法規則に従って合成的に文を作っていくことを the open-choice principle と呼び、フレーズ全体をまるごと選択することを the idiom principle と呼んだ。フレーズは、その内部の文法構造を意識しないまま選択されるので、表面上は文法的な規則から逸脱したような形になることが多い。

　一方で、たとえ文法的に解析が可能な、通常の文法規則に従った構造の連鎖であっても、それがまるごと選択されるのであればフレーズとして成立する。例えば、with this in mind という表現はフレーズとして考えることができる (Siepmann 2008)。これは文法的にも意味的にも合成的である。kick the bucket というフレーズは、統語的には〈動詞＋目的語〉であり文法的に合成的であるが、全体が表す意味(死ぬ)はそれぞれの要素の意味の足し算(バケツ＋蹴る)では導き出せないので、意味的に非合成的である。

　このような特徴を持ったフレーズを扱うフレイジオロジーの射程に含まれる言語現象は多岐にわたるが、例えば Granger and Paquot (2008: 42) は次ページの表1のようにまとめている。彼らは本書で言うフレーズをフレーズ素 (phraseme) と呼び、機能に応じて大きく3つに分け、それぞれに含まれる言語現象を提示している。

　これはあくまでも Granger and Paquot が提案するものであり、フレイジオロジーで扱われる言語現象はここで示されている以上に多様である。上で触れたように、たとえ合成的な連鎖であっても、研究の対象になり得る (Granger and Meunier (eds.) 2008: xix–xx)。コーパス利用により、連鎖が発掘しやすくなった昨今、従来フレイジオロジーの範疇外にあると考えられていたような表現がその対象に含まれるようになった (Granger and Paquot 2008: 27, 29 ; Lindquist 2009: 91)。実際の具体的な研究を見ると、表1で挙げられているようなもの以外にも多くの連鎖がこの分野で扱われている。必ずしも隣り合った単語の連鎖だけでなく、単語と単語の間にフレーズとは直接関係しないスロット X が存在する場合もある。

　Granger and Paquot は 表1の grammatical collocations の中に〈be afraid

表1: フレイジオロジーの分野で扱われる事項(Granger and Paquot 2008: 42)

```
                            Phrasemes
        ┌───────────────────────┼───────────────────────┐
Referential function      Textual function          Communicative function
Referential phrasemes     Textual phrasemes         Communicative phrasemes
(Lexical) collocations    Complex prepositions      Speech act formulae
Idioms                    Complex conjunctions      Attitudinal formulae
Irreversible bi- and trinomials   Linking adverbials    Proverbs and proverb
Similes                   Textual sentencestems        fragments
Compounds                                           Commonplaces
Phrasal verbs                                       Idiomatic sentences
Grammatical collocations                            Quotations
```

＋of〉のような前置詞が後続する形のみを含め、〈be afraid＋that 節〉や〈be afraid＋to 不定詞〉のような補文パタンは対象外としている。一方で、このようないわゆる補文もフレーズの中に含める研究者も存在する。例えば、八木・井上(2013: 3)がそうである。他にも Faulhaber (2011: 6) は、A valency pattern can be defined as the simultaneous choice of one or a number of complements in combination with a verb functioning as valency carrier. (動詞の取るパタンは、パタンの中心となる動詞と一緒にいくつかの補部がまるごと選択されたものと定義できる)と述べているが、これは補文のフレーズ的な特徴を指摘したものである。本書もこの立場に立ち、このようなパタンを含めた変則的な形をどのように説明していくかということを後半で考える[16]。

**フレーズ化による構造の多様性**

フレーズ化という考えを取り入れることで、本書がターゲットとする規範と異なるような変則的な形に説明を与えることができる。ここで簡単な例を挙げておこう。〈How about＋X?〉は副詞と前置詞が連鎖をなし、1つ

---

[16] 本書で言うパタンを、動詞 check を例にして述べれば、〈check＋that 節〉、〈check＋wh 節〉、〈check＋for 句〉、〈check＋on 句〉、〈check＋with 句〉、〈check＋against 句〉、〈check＋about 句〉といったものになる (Herbst et al. 2004: 129)。

のフレーズと考えられる。しかし、about が前置詞であることから、後続する X には(代)名詞か動名詞がくる旨の注記をする英和辞典がある。このような注記は、個々の構成語の品詞規範(前置詞は名詞、動名詞を従える)にもとづくものであり、ここから how about は how と about が合成的に結合したと考えていることがうかがえる。しかし実例を検討してみると、フレーズ how about の後の X に来る要素は、about との関係で(代)名詞、動名詞に限定されるものではない[17]。以下すべて COCA より引用する。

(1) ［＋副詞］How about a little later?
　　（もうすこし後でどうですか）
(2) ［＋wh 節］How about when I'm 40 and you're 80?
　　（私が 40 歳に、あなたが 80 歳になるときはどうですか）
(3) ［＋if 節］So how about if I give you a few days and then I call you?
　　（もし私があなたに 2，3 日の猶予を与えて電話した場合はどうですか）
(4) ［＋節］How about I tell a story of my own?
　　（私が自分の話をするのはどうでしょう）

このような例を見ると、連鎖の最後部に現れる about が前置詞であるということは意識されず、how about 全体が品詞の呪縛から解き放たれて、「提案」の意味をさまざまな形の後続要素に付け加えていることがわかる。「前置詞 about は後に名詞を従える」という規範はフレーズ化した表現の説明にはまったく用をなさない。

このように、フレーズ化という考えの裏には、従来の規範で重要視されてきた「品詞」の呪縛からの解放を促すという意味がある。品詞分析は確かに文構造を理解する上で重要である。しかし、品詞に拘泥してしまうことで、実際の英語の理解を阻んでしまう場合も多い。1 例だけ簡単に見ておこう。Your hair needs cutting. という形に代表される、遡及動名詞構文

---

[17] 類似の〈what about＋X?〉もフレーズである。Taylor (2012: 87) では、X に since / because / although / unless といった節が生じにくいことが触れられている。このような振る舞いの理由も今後の検証に俟たねばならない。

と呼ばれる構文がある。この遡及動名詞構文は、文の主語 (Your hair) が V-ing 形 (cutting) の意味上の目的語になっていることに特徴がある。あまり指摘がないが、次例のように take もこの形を取る。

(5) He took a lot of convincing that it was, indeed, the same fish.

(住吉 2009b: 82)

(それが同じ魚だと彼を納得させるのはかなり難しかった)

この take の遡及動名詞構文において convincing の品詞は何であろうか。a lot of に後続することから考えると名詞と考えられるかもしれない。しかし、意味を考えれば、動詞 convince を -ing 形にして、目的語名詞を主語に繰り上げたとも考えられる。この場合、残った convincing that 節の部分を「名詞」と考えるのは難しい。結局のところ、このような形については、品詞分解は無用であり、〈take＋数量詞＋V-ing〉というフレーズをなして「...するのが難しい／時間がかかる」という意味を表すと理解したほうがよい。もともと動詞 convince が目的語を表出せず直接 that 節を従えるのは一般的ではない[18]が、このフレーズでは目的語が主語に繰り上がっているのでそれが許される。このように、フレーズ化は品詞から解放された多様な構造を生む。

**フレーズ化による冗長性**

フレーズ化は時に「冗長性」と結びつく。ある連鎖を便宜上〈X＋Y〉と表してみよう。内部構造を意識せずにまとめて〈X＋Y〉が選択されると、その連鎖の中の構成要素 Y の存在が意識されなくなり、さらに連鎖外に Y をつけてしまうことがある。すなわち〈〈X＋Y〉＋Y〉という冗長な表現形式が生まれる。

例えば〈give me＋X〉という表現では、give と me がまとまって連鎖を構成し、さらに音声的な融合が進んで gim となる。このようなフレーズに

---

[18] *John convinced (that) he was right. (Quirk et al. 1985: 1212) のように目的語のない形は不可とされる。

なると、gim に me が含まれていることが意識されなくなるため、さらに me を付加するということが起こる。以下の例は COCA の例である。

(6) Gim me more.
　　（もっとくれ）

(7) Gim me your phone.
　　（電話を貸せ）

これは Let us から生じた Let's にさらに us をつけて Let's us try it out. のような形を使用する話者がいる[19]のと並行的な現象である。

もう1つ例を見てみよう。the thing/the problem is といった表現は、話題を導入するフレーズとなる。こういったフレーズでは、構成要素に is が含まれていることが意識されなくなり、さらに is を追加して〈〈〈トピックラベル〉+is〉+is〉という冗長形が生まれる (O'Keeffe et al. 2007: 134ff.)。以下も COCA の例である。

(8) ...the problem is is that you're teaching your kid,...
　　（問題は、あなたは自分の子供を教えているということです）

(9) The rumor is is they're going to attack us with over 300 fighters.
　　（噂では、あいつらは 300 人を超える軍勢で我々を襲ってくるらしい）

(10) So what you're saying is is that this is junk science?
　　（つまり、おっしゃっているのはこれはエセ科学だということですね?）

**フレーズの変異性**

一度連鎖が固定し、フレーズ化すると、それらの一部が別の語に入れ替わったり、一部が欠けたりする。すなわちフレーズは「変異性」を持つ。この変異性は主に2つに分けられる。1つはフレーズ構成要素の「置換性」、もう1つはフレーズ構成要素の「磨滅」である。

置換性は、send X into raptures の send が類義の throw に置き換わると

---

[19] 安藤 (2005: 882)

いった単純なものから、〈the ＋比較級＋ the ＋比較級〉といった、多くのバリエーションを持つものまでさまざまに見られる (Moon 1998)。フレーズは「定型」ではあるが、かなりの程度に変異形を持っている。これは〈X＋Y〉という一つのフレーズが確立した後で、さらに別の意味を重ね合わせたり (〈(X＋Z)＋Y〉)、別の語で一部の意味を置き換えたりする (〈Z＋Y〉) ことによる。

フレーズが確立すると、その構成要素の一部が磨滅して表現されなくなることがある。例えば、次例のように、〈a couple of ＋X〉の of が落ちて〈a couple＋X〉となる、〈as soon as S＋V〉の始めの as が落ちて〈soon as S＋V〉となる、if it had not been for X / if it were not for X が意味解釈に必要な部分だけを残してどちらも if not for X の形になる、といったことがある。

(11) I thought about stopping altogether <u>a couple times</u> because I just wasn't getting better. (*The Lumberjack*, April 3–9, 2002)
(回復しそうになかったので、辞めてしまうことも何度か考えました)

(12) <u>Soon as</u> he gets a little money, he starts screwing around on me.
(米映画 *Orange County* (2002) の女優キャスリン・オハラのセリフ)
(あの人はお金ができるとすぐによそに女を作りはじめるの)

(13) a. <u>If not for</u> Mabel, she might have run away a dozen times over ... (COCA)
(マーベルがいなかったら、彼女は何度も逃げ出していただろう)

b. <u>If not for</u> my job in Vinings, I really wouldn't even need a car. (COCA)
(バイニングスでの仕事がなければ、私は本当に車さえも必要ないでしょう)

このような磨滅においては、of the clock が o'clock となったような音声的な磨滅も同時に起こることがある。また、on account of の多様なバリエーションにも磨滅が関わっている (第 7 章)。

「品詞からの解放」「冗長性」「置換性」「磨滅」など、フレーズは従来の

文法規則や規範規則から逸脱するような多種多様な姿を見せる。このように、「フレーズ化」は英語の変則性を考える上で重要であるが、あるフレーズがどのように形成されるのか、それぞれのフレーズがどのような変則性を持つのか、それはなぜかといったことは、それぞれのフレーズの実態を検討して初めて理解できる。

### 5.3.3　意味的な動機づけ

　本書は従来の研究で補文、パタンなどと呼ばれてきた連鎖もフレーズと考える立場に立つ。他のフレーズと区別するため、このようなものを一括してパタンと呼ぶことにする。後半の個別事例研究でこのようなパタンを扱う[20]。

　パタンがどのような形をとるかについては、そのパタンの中心となる動詞、名詞、形容詞の意味が大きく関係する。例えば、Levin (1993) は、動詞の振る舞いはかなりの程度までその意味が決定すると主張する。意味がわかればその動詞の振る舞いがわかる、すなわち「意味が形を決定する」という考えである (Bolinger 1977)。統語構造に意味的動機づけがあるという考えは Levin 以外にも Dixon (2005) などに見られる。このような考え方の当然の帰結として「似たような意味を持つ語は似たような統語構造で使用される」という主張につながっていく。事実、英語の類義語の振る舞いを検討すると、類義語の多くは類似した統語構造に現れることが多い。例えば hit に意味的に類する beat や strike (*Hit* 動詞) は次のような形を共有するとされる (Levin 1993: 148f.)。

(14) a. Paula hit the stick against/on the fence.

---

[20] Hornby の *Idiomatic and Syntactic English Dictionary* (ISED) 以来、従来の学習辞典はこのような補文構造やパタンを詳しく取り扱ってきたが、辞書はもっと「フレーズ中心」(phrase-centred) (Béjoint 2010: 318) や「パタン駆動的」(pattern-driven) (Hanks 2008: 103) になる必要があると一部の辞書学者から主張されている。その理由として、従来の辞書のパタンの扱いが不十分であることが挙げられている (Béjoint 2010: 318)。

b. Paula hit Deirdre on the back/Deirdre's back.

c. Paula hit the fence with the stick. / The stick hit the fence.

　一方で、類義語に分類されるすべての語が、すべての点で同じ振る舞いをするかどうかは、一つひとつ検証せねばならない。例えば八木(1999: 68)では、Hit 動詞に含まれる batter は普通は(14c)の交替形を取らないとされる。

(15) a. The stepfather battered the child with the stick.

b. *The stick battered the child.

ここで留意しなければならないことは、類義語の中に完全に同じ意味の語は存在しないということである。hit や batter は「何かをたたく」という意味においては類義語であるが、batter には hit にはない「連打する」という継続性の意味が含まれている(八木 1999: 68)。このような、それぞれの語の持つ個性が、それぞれの語の振る舞いに反映されることは想像に難くない。すなわち、類義語が似た統語構造に現れるということだけでなく、違う構造に現れるという事実も「意味が形を決める」ということの反映であると言える。

　〈X＋that 節〉、〈X＋with 句〉といったパタンを検討する場合、「意味が形を決める」という考えの帰結として、X に生じる語と that 節はある種の親和性を持つという考え方につながっていく。Hunston and Francis (2000: 3) は以下のように述べている。ここで彼女たちが pattern と述べているものは、本書でいうパタンとほぼ同じものを指すと考えてよい。

> Briefly, then, a pattern is a phraseology frequently associated with (a sense of) a word, particularly in terms of the prepositions, groups, and clauses that follow the word. Patterns and lexis are mutually dependent, in that each pattern occurs with a restricted set of lexical items, and each lexical item occurs with a restricted set of patterns. In addition, patterns are closely associated with meaning, firstly because in many cases different senses of words are distinguished by their typical occurrence in different

patterns; and secondly because words which share a given pattern tend also to share an aspect of meaning.

(パタンとは、ある語(のある意味)と頻繁に結びついて使われる定型表現であり、特に後続する前置詞、句、節といった点から考えることができる。パタンと語は相互依存の関係にあり、あるパタンはある種の決まった語彙と共起するし、ある語はある種の決まったパタンと使われる。加えて、パタンは意味と密接に関係している。というのは、第1に、多くの場合、複数の意味を持つ語は典型的に生じるパタンでその意味を区別できるし、第2に、あるパタンを共有する複数の語はある意味を共通して持つ傾向にあるからだ)

パタンによって多義語の意味が区別されるということを考えてみよう。例えば、observe は「観察する」「気づく」「述べる」「従う」などの意味を持つ。これらのうち、「気づく」と「述べる」の意味では that 節と共起し〈observe＋that 節〉というフレーズをなすが、パタンによってそれらの意味は識別され、曖昧性が除去される。(16a)では「気づく」の意味を表し、〈to＋〈聞き手〉＋that 節〉というフレーズに生じた(16b)では「述べる」の意味になる。

(16) a. We observed that you were travelling excessively slowly on a wide road, unimpeded by any other traffic. (BNC)
(我々は、あなたが他の車に邪魔されずに、広い道路を非常にゆっくりと運転しているのに気づいた)

b. He commonly observed to his students that it was doubtful whether there was as much joy in heaven as in some places on earth ... (BNC)
(彼がよく生徒に言っていたのは、地球のいくつかの場所と同じくらいの喜びが天国にあるかどうかは疑わしいということでした)

Hunston and Francis の言う第2の点は、ほぼ Levin などの主張と同じである。すなわち、似た意味の語は似たパタンで使用されるということになる。この考え方は、例えば類推によって生じる〈apologize＋that 節〉といった変則的なフレーズを考える際に有効な考え方となる(第11章)。

語と補文パタンは意味的に動機づけのあるフレーズである。しかしなが

ら、このような、パタンに有意味な動機づけがあるという主張には反論もある。現に、各語がとる補文パタンの実態を見てみると非常に多様であり、実際問題として意味的な説明がつきにくいものがある。例えば、認識動詞の範疇に属する動詞は、表2のように実にさまざまなフレーズで使われる。

表2: 認識動詞のパタン (Herbst 2009: 60)

|  | +N+Adj | +N+N | +N+as N | +that-CL | +N(+)to-INF |
|---|---|---|---|---|---|
| believe | + |  |  | + | + |
| consider | + | + | + | + | + |
| expect |  |  |  | + | + |
| imagine | + | + | + | + | + |
| judge | + | + | + | + | + |
| recognise |  |  | + | + | + |
| regard |  |  | + |  |  |
| remember |  |  | + | + |  |
| think | + | + |  | + | + |

このような多様性を勘案し、Klotz (2007: 127) は、動詞がどの補文を取るかは意味的に動機づけられるものではなく、動詞と補文の連鎖がそのままフレーズとして脳内の辞書に蓄積されているという見解を提出している。特に近年コーパスの大規模化が進み、語の補文パタンの実態が明らかになるにつれて、このようなパタンはそれぞれの語の個別的な (item-specific) 特徴であり、一般化が難しいと主張されることがある (Klotz 2007; Herbst 2009; Faulhaber 2011)。

確かにパタンの実際を見てみると、意味的な説明が難しいことがある。share と have in common は類似の意味を持っている。ところが、share は一般的に that 節を取ることはないが、have in common の場合、that 節との共起は問題ない。

(17) They have in common that a communicative act is effected using one or more internally complex, predetermined units of form.

(A. Wray, *Formulaic Language: Pushing the Boundaries*, 2007)

(それら(=イディオムや慣用表現——筆者注)は内部構造が複雑な、既成の

連鎖を使いながらコミュニケーションを行うという共通性を持っている）

(18) . . . we have in common that we were both deprived because he was poor and I was black. (COCA)
（我々は2人とも恵まれていなかったという共通点を持っている。彼は貧乏だったし、私は黒人だった）

(19) All the texts mentioned have in common that equality and sameness are not determinant factors of friendship, . . . (COCA)
（ここで触れたすべてのテキストに共通することは、平等やみんな一緒といったことは友情を決める要因にならないということです）

　結局のところ、このようなパタンには、意味的な動機づけがある場合と意味的な動機づけがない場合の両方があると考えざるを得ない。意味的な動機づけがある場合、上で述べたように、「意味は統語構造に反映し」、似た意味を持つ語は似た統語構造に生じるし、また、意味の違いは統語構造の違いにつながっていく。意味的な動機づけのない連鎖は、そのままの形で脳内辞書にストックされているということになる。意味的動機づけの有無にかかわらず、これらのパタンはフレーズである。つまり、文法的・意味的に合成的なパタンと非合成的なパタンがあるということである。
　意味的な類似性のために統語形式も類似するというのは、なにも動詞などがとるパタンに限ったことではない。第7章で on account of の接続詞化について考えるが、この表現も because が歴史的にたどった足跡をある程度まで後追いしている。そこまでは意味の類似性が統語的振る舞いを決めていたと言える。しかしその後、on account of は because と違う発達をし、独自の振る舞いを見せている。これについては on account of のフレーズ化に伴う独自の特徴であると考えられる。
　本章で触れたフレーズ化や意味的な動機づけによってどのような問題が扱えるのかは、第6〜13章で具体的に見てみよう。

第 2 部　　　個別事例研究

# 第6章

# have until X to V への
# フレイジオロジー的アプローチ

## 6.1 他動詞の目的語は「名詞」でなければならないか

　他動詞の目的語になるのは名詞であるという考えが一般にある。例えば Quirk et al. (1985: 726) では「目的語は通常名詞句または名詞節である」と述べているし、Aarts (2007: 173) は、他動詞構文を NP-V-NP という形式で示していることから、名詞句(NP)が目的語になるという考えに立っていることがわかる。

　しかしながら、必ずしも常に名詞句が目的語に立つわけではない。原沢 (1979: 81) は次例を挙げ、動詞 think が outside her garden という副詞句を「目的語」にとっていると述べている(引用の仕方はママ。訳は筆者)。

(1) She refused to *think outside her garden*. —D. H. Lawrence
　　(彼女は庭のこと以外考えようとしなかった)

　次例を見てみよう。ここでも本来は時を表す副詞類である after/before 句が、動詞 include の「目的語」になっている。

(2) Experts say people around the world wash their hands but very few use soap at so-called critical moments. These include after using the toilet, after cleaning a baby and before touching food.

　　　　　　　　　　　　　　　　　　(*Voice of America*, Oct. 14, 2008)
　　(世界中の人たちが手を洗うが、「使うべき時に」石鹸を使う人が少ないと専

[ 92 ]

## 6.1 他動詞の目的語は「名詞」でなければならないか

門家たちは言う。「使うべき時」というのは、トイレ使用後、幼児の排泄物の処理をした後、食品に触れる前などである）

(1)や(2)の例はたいへん興味深いが、include after といった形が定型で頻繁に使用されるということではないだろう。

一方で、until 句が他動詞の目的語の位置に生じる形がある。実例を挙げよう。この形は(1)や(2)の形よりも頻繁に生じる。

(3) a. Americans in a number of states had until this week to sign up to vote. Others have more time to register.
　　　　　　　　　　　　　　　　　　　　(*Voice of America*, Oct. 14, 2008)
(一部の州のアメリカ人は今週までに投票の届け出義務がある。他州のアメリカ人はもっと時間的余裕がある)

b. Under the terms of last month's unanimous Security Council resolution, Iraq has until Sunday to declare all of its biological, chemical, and nuclear weapons work, as well as its long-range missiles. 　　　　　　　　(*The Voice of America*, Dec. 03, 2002)
(先月の安全保障理事会の全会一致の決議に従って、イラクは日曜日までに生物兵器、化学兵器、核兵器のすべての施設、および長距離ミサイルを申告せねばならない)

(4) . . . he expected it to take until next summer to reach final agreement . . . 　　　　　　　　　　　　　　　　　　　　　　　　　(BNC)
(最終合意に達するのは来夏までかかると彼は予想していた)

(5) . . . he had been given until Sept. 17 to explain himself, . . .[1]　(BNC)
(彼は釈明する猶予を9月17日まで与えられていた)

目的語になるのは名詞句または名詞節であるとする英文法の「常識」からすれば、このような形はきわめて変則的である。特に(3)の have とともに使われる例は、基本的には to 不定詞を後続させた形で使われ、たいへん興味深い振る舞いを見せる。この章では、(3)のような変則形を have until X

---

[1] 〈give＋until〉の例は鈴木・三木(2011: 45)でも指摘されている。

to V と呼び[2]、統語的・意味的観点からその実態を考察してみよう。

## 6.2 頻　　　度

まずは 3 つのコーパスを使用し、この have until X to V の連鎖の頻度を確認してみよう。この検索では、had, having などを含めた have の異形、および until の代わりに till が使用されている例を検索し、ヒットした例すべてを一つひとつ手作業で確認した。表 1, 2 はそれぞれ COCA[3]、BNC (World edition) での当該連鎖の頻度である。

表 1: COCA における have until/till X to V の頻度 (回)

| | |
|---|---|
| have until X to V | 322 |
| have till X to V | 5 |

表 2: BNC (World Edition) における have until/till X to V の頻度 (回)

| | |
|---|---|
| have until X to V | 51 |
| have till X to V | 0 |

どちらのコーパスでも until が優勢であることがわかる。この理由については 6.9 節で検討する。

次に TIME Corpus を使用して、1920 年代から 2000 年代にかけて 10 年ごとの頻度を見てみよう。

---

[2] to 不定詞が後続しない形も時に見られるが、多くの例で to 不定詞が続くのでこの呼び方を使う。

[3] 検索ワードは [have] until と [have] till で行った。[　] に入れた場合、当該の語の変異形がすべて検索される。検索時期は、2010 年 3 月である。

表3: TIME Corpus における have until/till X to V の頻度(回)

|  | 1920s | 1930s | 1940s | 1950s | 1960s | 1970s | 1980s | 1990s | 2000s |
|---|---|---|---|---|---|---|---|---|---|
| +until | 2 | 4 | 8 | 11 | 15 | 25 | 14 | 13 | 9 |
| +till | 0 | 0 | 0 | 0 | 0 | 0 | 0 | 0 | 1 |

1920年代から例が確認されるが、40年代以降に多く使われるようになっている。表1同様、till の例はきわめて少数と言ってよい。多くの文法書では通常 till と until は同じように使用されるとの記述が見られる (Quirk et al. 1985: 1080) が、少なくともこの連鎖では、until が圧倒的に出現頻度が高い。

参考までに COCA で検索されたコンコーダンスの一部を挙げておこう。

表4: COCA における have until X to V の例(一部抜粋)

| 1 | They have until June 8th, I believe it is, to file paperwork in this case. |
|---|---|
| 2 | Parents have until Thursday to get them their shots or file waivers, |
| 3 | He would have until June 15 to withdraw from the draft. |
| 4 | school system have until June 1 to request a transfer if they want their child |
| 5 | Other banks have until March 31 to join the plan, |
| 6 | All contenders have until Friday to register for the election. "Un |
| 7 | You have until the end of the day to come up with a whole bunch of |
| 8 | backers would have until Oct. 2 to withdraw it |
| 9 | and students have until May 1 to decide. |

till が使われた例は数少ないが、以下のような例が見られる。

(6) You have till the Day of Atonement to get out of our country, and if you ...  (COCA)
(あなたは贖罪の日までに我が国を脱出しなければならない)

(7) Task Force has said it will seek a rehearing by the full court and has till Sept. 14 to do so.  (COCA)
(特別調査委員会は大法廷の再審理を9月14日までに請求する旨述べた)

また、この連鎖の特徴として、do not have until X to V のような否定形が生じないということがある。コーパスに生じたすべての例が肯定形である。もし、この連鎖が通常の文法規則に則って合成的に組み立てられるものであるならば、I have three days が I do not have three days となるよう

に、have until X が do not have until X と否定形になる場合があってもおかしくない。しかし、そのような例は観察されない。この事実は後でも議論するように、この連鎖が合成的に組み立てられていない、すなわち全体がまるごと選択される非合成的フレーズであるということで説明できる。

## 6.3　先行研究

　この形に触れた先行研究はあまりないが、Jespersen (1927: 5) に記述が見られる。彼は、前置詞句が一次要素 (primary) として主語や目的語になる例を挙げ、till X は the time till X の意味で主語や目的語になると述べている。彼が挙げる例で have 以外の動詞が使われているのはたいへん興味深い。

(8) a.　I *desired till the next day* to consider it
　　b.　You *have till ten to-night*
　　c.　Will you *allow me till then*?

Jespersen は例を示してはいるが、詳しい分析は行っていない。(8b) の例は Robert Stevenson の *The Treasure Island* (『宝島』) (1883) の第4章に見られる。原典を見ると、この例の後に He *has till ten*. と続く。コーパスでは till の例はきわめて少数しか確認されないが、19世紀末から have till X の形が存在していたことがわかる。一方、Jespersen は until X の例は挙げていない。

　本章では、これらはそれぞれの動詞が till X という「目的語」を取って合成的に生じたという考え方を取らない。このような形は、〈動詞＋until X＋to V〉という連鎖がそのままフレーズとして選択されたと考えるほうが現実に近いことを提案する。また have 以外の動詞が見られることについては、have until X (to V) のフレーズが基本にあり、多様な意味を表す必要性から別の動詞が選択されると考える (5.3.2 フレーズの置換性)。

## 6.4 have until X to V の持つ変則性

「他動詞の目的語になるのは名詞である」という考えが一般にあるため、他動詞 have の目的語は名詞であるという考えにつながる。例えば Fillmore (1988: 50) は、構文文法の考え方を説いたものであるが、その中で次のような図を提示している。図の詳細を説明する余裕はないが、ここでは N＋ という記号で、have (lex HAVE) の主語 (subject) も目的語 (object) も名詞であるということを示している。

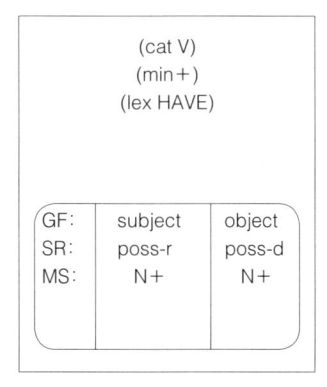

```
        (cat V)
        (min+)
       (lex HAVE)

  ┌─────┬─────────┬─────────┐
  │ GF: │ subject │ object  │
  │ SR: │ poss-r  │ poss-d  │
  │ MS: │  N+     │  N+     │
  └─────┴─────────┴─────────┘
```
（Fillmore 1988: 50）

このような考え方に立てば、have until X の形においても until X は名詞であるということになる。しかし、典型的な名詞の特徴を持たない until X が名詞であるという主張は説得力に欠ける。

第 5 章で触れたように、いくつかの語の連鎖がフレーズ化する場合、通常の文法から逸脱し変則的な振る舞いを見せるものが多い (Wray 2002: 49)。come a cropper (「失敗をする」) というフレーズは、「自動詞＋名詞句」という形になっている。この連鎖をフレーズと考えれば、a cropper を取り立てて目的語であるとする必要はなくなる。have until X の連鎖もフレーズであると考えればよい。

一方で、have to V until X から文末の until X 句が have の直後に移動して have until X to V という形になると考えれば、フレーズという考えを持

ち出す必要もないという主張があるかもしれない。ここで、当該連鎖はそのような語順の入れ替わりの結果ではないことを見てみよう。

(9), (10)で示すように、until は共起する動詞について by と対照的な振る舞いをする (Quirk et al. 1985: 690f.)。

(9) My girlfriend {worked / *arrived} there *till* Christmas.

(10) She {*worked / arrived} *by* Christmas.

till は arrive とは共起せず work と使用されるのに対し、by は work と共起せず arrive と使用される。この違いは、「...まで」という期間を表す till は継続動詞 (durative verbs) と、「...までに」という期限を表す by は瞬間動詞 (momentary verbs) と共起するということに起因する。

もし have until X to V が have to V until X から移動によって生じたものであるならば、V には(9)のように継続動詞が生じるはずである。では当該連鎖において V にはどのような動詞が現れるのであろうか。表5 は BNC に現れたこの連鎖の V 位置に生じた動詞の一覧である。カッコ内の数字は表れた回数を示している。

**表5: have until X to V の V に現れる動詞** (BNC (World edition))

| |
|---|
| achieve (1), adjust (1), agree (2), air (1), appeal (1), apply for X (1), ask (1), be nominated (1), become (1), commence (1), comply (2), contact (1), decide (3), elect (1), eliminate (1), find (6), free (1), gain control (1), get X in (2), hand X over (1), make one's bed (1), make a decision (1), make up one's mind (1), meet (1), persuade (1), prepare (1), procure (1), put X in (1), register (1), remember (1), raise (1), reveal (1), sell (1), slim down (1), sort out (2), submit (1), switch (1), think about X (1), win control (2) |

この表から分かるように、V に現れる動詞は until と意味的親和性をもつ継続動詞ではない。つまり、例えば have to decide until Monday という普通でない形から、until 句が have の後に移動して have until Monday to decide という形が生まれたのではないと主張できる。

## 6.5　前置詞句主語文との比較

目的語の場合と同様に、主語になるのは名詞であるという考え方があるが、(11)に見るように、前置詞句が主語に生じる例がある。このような前置詞句主語文は理論的な観点からさまざまに論じられてきた。本章との関係で重要なことは、前置詞句主語文は、名詞が生じるはずの位置に前置詞句が立つという点において、have until X の連鎖と共通する部分があるということである。

(11) a. On Tuesday will be fine.
　　 b. In March suits me.
　　 c. Between 6 and 7 may be convenient.　　(Quirk et al. 1985: 658)

このような前置詞句主語文の分析に際して提示される説明に、要素の省略という考え方がある。例えば(11a)では (The proposal that we meet) on Tuesday will be fine, (11b)では (To meet) in March suits me といった具合に、文脈から理解される要素が省略され、結果的に前置詞句が主語として現れるとする (Quirk et al. 1985: 736)。このような、省略要素の復元は、主語は名詞でなければならないという考えがもとになっており、名詞句でないものを名詞句にするための一つの方策である。

松原(2009)は、「前置詞句主語は、「時間」「場所」を表す主要部が文脈上省略された名詞句である」という Bresnan の説を検討している。Bresnan は [(A PLACE) [under the bed]] [(A TIME) [between six and seven]] といった形を想定する。(12)の例で、have until X to V の後に、have more time to register という形が使用されていることから考えて、例えば until X の前に the time, three months, the period といった名詞の省略を想定することが確かに可能かもしれない。

(12) Americans in a number of states had until this week to sign up to vote. Others have more time to register. (= (3a))

しかしながら、筆者が調査した限り、BNC では have the time until X / have

three months until X / have the period until X といった形が見出せない。このような使用されにくい形から、the time などが省略されて当該の形が生じたと考えることはできない。

また、たとえ have three months until X のような形があったとしても、これはあくまで「X まで3ヵ月ある」という「期間」の意味を表しており、後で見るように have until X が「期限」の意味を持つのとは異なる。省略とは、全体の意味を変えないという前提で、文脈から理解できる要素を省くものである。名詞要素が省略されて意味が変わってしまうのであれば、have until X と have three months until X などの形は別物であるととらえるべきであろう。

## 6.6　前置詞句目的語文との比較

Haegeman and Guéron (1999: 126) では次例を挙げる。

(13) a.　They considered [[$_{PP}$ *on foot*] to be too slow]].
　　 b.　I consider [[$_{PP}$ *after four*] the best time to meet]].
(14) %They planned *until Christmas* in detail.

ここでは、前置詞句が目的語位置に生じている。興味深いことに、(13)の2つの例はまったく問題ないと判断されているのに対し、(14)の例は、英語母語話者の間で容認度に差があることを示す印(%)がつけられている。(13)は表面上前置詞句が consider の目的語になってはいるが、この前置詞句は consider の補文の主語である。すなわち、補文の部分は After four is the best time to meet. (4時以降が会うのに一番都合がいい)を意味し、after four は意味上の主語である。(13)は通常の前置詞句主語文が consider の補文に埋め込まれた形になっており、まったく問題はない。これと違って、(14)では前置詞句が目的語位置に立つため容認度に差が出てくる。Haegeman and Guéron (1999: 126) によれば、(14)を容認する英語母語話者は(15)も容認するという。

(15) %*Until Christmas* was planned in detail.

受身にできるかどうかは措くとしても、このような事例は、いかに前置詞句が目的語位置に立つことが難しいかを示している。ところが have until X to V については多くの実例からわかるように、普通に使用される形であり、この連鎖が定着していると考えてよい。

Huddleston and Pullum (2002: 647) では以下のような例を挙げ、場所や時間を表す前置詞句が目的語に生じることを指摘している。

(16) a. We must prevent under the desk from getting too untidy.
b. We asked where to put it, and the man recommended just above the front door.
c. They consider after Christmas, of course, to be soon enough.

彼らは、これらの前置詞句目的語はそれぞれ the area under the desk / the area just above the front door / some time after Christmas のような解釈が可能であると述べ、これらの前置詞句は名詞句と同様の振る舞いをすると主張する[4]。

前置詞句主語文にしろ、前置詞句目的語文にしろ、要素の省略を想定したり、名詞句と同じ振る舞いをすると主張したりすることの根底には、やはり、主語や目的語は名詞でなければならないという考えがある。また動詞は名詞の目的語を合成的に取るという考えがある。

前置詞句が目的語位置に生じる際に、これらを名詞相当と考えて動詞が前置詞句を合成的に取るというような考えに立つと、6.2 節で見たように、この have until X の連鎖が否定形に現れないことをどう説明するかを別に考えねばならない。また、till と until はほぼ交代可能であるとされるにもかかわらず、have until X の当該の連鎖においては、till が生じにくいことをどう説明するかという問題が残る。これまで指摘してきた事実は have

---

[4] Aarts (2011: 140) では、作例と断って I gave *under the bed* a good clean. のように、間接目的語に前置詞句が生じた例を挙げている。

until X to V がフレーズ化して内部構造を意識せずに選択されると考えることで解決する。「目的語は名詞である」という考えに立ってこのフレーズを分析しても、have until X to V の本質は明らかにならない。

## 6.7 X 位置に生じる語句の特徴

通常の until の後には、名詞、V-ing、節のいずれかが現れる。例えばコーパスで、今問題にしている have until X to V 以外に生じる until の実例を見てみると、次のようなものがある。

(17) a. *until* last July
　　 b. *until* leaving for Rogers in November
　　 c. *until* his death
　　 d. *until* he died

(17a)は時を表す名詞句、(17c)は出来事を表す名詞句、(17d)は出来事を表す節が続いている。これらが示すことは、時間の一点を表しうるものであればXにはさまざまな意味の語句が生じ、それらは統語的にもいくつかの形で表されるということである。

次に、have until X to V の X に生じるものを(18)に示す。

(18) a. 時間：five o'clock 等
　　 b. 曜日：Monday, next Wednesday 等
　　 c. 日付：1 January 1996, 14 March, October eleven 等
　　 d. 時の表現：tomorrow, tonight, the end of the day / this year, then 等

これらは BNC で確認されたものである。この形において X に生じるのは時を表す表現に限られており、通常の until の場合に見られるような後続要素の「自由度」は制限されている。このようなことからも、この連鎖は〈have until＋〈時間要素〉〉という連鎖が固まってフレーズとして選択されていると考えることができる。

## 6.8　have until X to V の意味論

次に、この形を意味の点から考えてみよう。

(19) Iraq has until Friday to accept or reject the resolution the U.N. Security Council approved unanimously last Friday.　　　(COCA)
（イラクは、国連安全保障理事会が先週の金曜日に全会一致で承認した決議を金曜日までに受け入れるか拒絶するかしなければならない）

(20) Because April 15 falls on a Sunday this year, investors will have until April 16 to make I.R.A. contributions.　　　(COCA)
（今年は 4 月 15 日が日曜日なので、投資者は個人年金退職金勘定積み立てを 4 月 16 日までにすればよい）

(19)は、「〜せねばならない」という義務的な意味を表しており、これだけを見るとやはり have to V と何らかの関係があるのではないかという印象を与える。しかし(20)の例は許可の意味であって、16 日までに支払う義務があるということではない。

このように、have until X to V の形は、have until X の部分で期限を表し、後続する to 不定詞で、その期限 X までに何をするのかを示す。実例を文脈の中で検討していくと、「期限 X までに V しなければならない」という義務の意味と、「期限 X までに V すればよい」という許可の意味の 2 つの意味を持つことがわかる。(21)に挙げる例は義務を、(22)に挙げる例は許可を表す。

(21) a. The law says Blackgoat has until February 1 to leave her house, …　　　(COCA)
（法律では、ブラックゴートは 2 月 1 日までに家から退去せねばならないとなっている）

b. The city requested an extension, but has until Wednesday to answer the complaint.　　　(COCA)
（市当局は延長を申し出たが、水曜日までに訴状に対して答弁しなければならない）

(22) a. "Is it too late for consumers to get coupons for the converter boxes?" "No, consumers have until July 31 to get coupons by calling 888-CALL-FCC."　　　　　　　　　　　　　(COCA)
（「変換器のクーポンを手に入れるのはもう遅いのでしょうか」「7月31日までにこの番号にお電話いただければ大丈夫です（一部訳簡略）」）

b. You have until Jan. 31 to change your answer.　　(COCA)
（返事を変えるなら1月31日までですね）

　義務の意味になるか、許可の意味になるかは文脈による。義務の意味では、前後に、ある権威をもったような団体や履行せねばならない行動などが明示されている場合が多い。

　両者に共通する意味は「期限Xまでに V する」ということである。「期限」というのは、ある動作が行われるべき、または行われてよい最終時点であり、その動作は、6.4節で検討したように非継続動詞が表す点的なものである。では、この形全体が表す、「期限」の意味はどこから出てくるのであろうか。

　until X は「Xまで（ずっと...している）」という状態の継続期間を表し、「...までに」という期限の意味は持たない。期限の意味は本来 by で表されるべきものである。とするならば、この形がもつ期限の意味は have の意味と until X の意味と to V の意味を合成的に足したものではなく、このフレーズ全体で表す非合成的な意味と考えることができる[5]。

## 6.9　リズム交替の原理

　統語的・意味的な観点から、have until X to V はフレーズと考えてよい。

---

[5] 佐藤（2011）では、この have until X to V と allow up to 700 cubic meters of water per second to pass through といったような形を同一視できる旨の意見が提案されているが、住吉（2011b）でも述べたように、このような例の up to は数詞を修飾する副詞類である。これを allow up to X to V のようなフレーズとしてみなすことは無理があるし、ここで議論している have until X to V とは統語的にも意味的にも質の違うものである。

6.2節で見たように、このフレーズでは until が圧倒的に使用されている現実がある。このフレーズにおいて、一般的に till が生じないことをどのように説明できるのであろうか。

Schlüter (2005) は、音韻的な特徴が英語の文法構造に与える影響を考察し、ある環境において、同一の意味を表す2つの形が可能である場合(例えば slow/slowly や a quite X/quite a X)、どちらが選ばれるかはリズム交替によることを主張している。

彼女は、「強勢を置かれた音節と置かれない音節が交替していくのが理想である」という Kager の主張をもとに、この強勢と非強勢の音節の交替を「リズム交替の原理」(the Principle of Rhythmic Alternation) として、(23)のように図式化している。

(23) リズム交替の原理

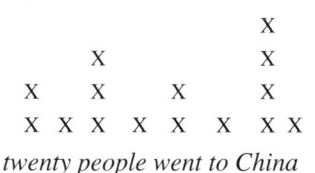

```
                        X
            X           X
   X    X   X           X
   X  X X   X   X   X   X X
   twenty people went to China
```

(Schlüter 2005: 19)

詳述する余裕はないので、本節の議論と関係するところだけを述べる。一番下段の X は音節数を表している。twenty people went to China は下段の X が8つなので、8音節あることになる。これに、それぞれの語が受ける強勢の度合いに応じて、X が積み重なる。twenty では第1音節に強勢があるため X が2つ、第2音節は強勢を受けない弱音節であるため X は1つとなる。この文の中では China の第1音節が一番強勢を受けるので、それを4つの X で表している。X の数が示すように、強勢の度合いは異なるが、この文では「強・弱・強・弱・強・弱・強・弱」とリズム交替が繰り返され、これが一番理想的な形となる。

このような理想的な強勢の配置は、もちろん、時にくずれてしまうことがある。例えば、強勢を置かれた音節が連続する「強勢の衝突」(stress clash)や、強勢を持つ音節間に強勢を持たない音節が2つ以上含まれて間延びし

てしまう「強勢の間延び」(stress lapse)といったものである。

(24) 強勢の衝突

$$\begin{array}{cc} X & X \\ X & X \end{array}$$

*three men*

(Schlüter 2005: 19)

(25) 強勢の間延び

$$\begin{array}{cccc} X & & X & \\ X & X & X & X \end{array}$$

*twenty machines*

$$\begin{array}{ccccc} X & & & X & \\ X & X & X & X & X \end{array}$$

*seventy machines*

(Schlüter 2005: 20)

(24)では、強勢を置かれた音節が弱音節を挟まずに連続し、「強・強」となっている。(25)では、強勢が置かれない音節が複数挟まれることで、「強・弱・弱・強」または「強・弱・弱・弱・強」となる。どちらも、理想的なリズム交替が崩れている。

ここで注目すべきは、Schlüter が、強勢の衝突は強勢の間延びよりも抵抗感を生み、別の方策でそれを避けようとする傾向があると指摘していることである (p. 20)。例えば、a quíte néw house ではストレスが連続するのでそれを避けて、quíte a néw house の語順が選ばれるといった具合である(p. 113)。

have until X のフレーズで till が生じにくいのも、この強勢の衝突が原因と考えられる。until の場合、un- の部分に弱形をもつ。have until ではこの弱形により、háve untíl と「強・弱・強」のリズムが保たれるが、háve tíll では「強・強」の強勢が連続することになる。Schlüter の表記に従えば(26)のようになるだろう。

(26)  a.                        b.

$$\begin{array}{cc} X & X \\ X & X & X \end{array} \qquad \begin{array}{cc} X & X \\ X & X \end{array}$$

*have until* X *to* V          *have till* X *to* V

音韻的な特徴についてはさらに検討が必要であるが、till がこのフレーズに生じにくいのは have と till の強勢の連続を避ける意識が根底にあると考えられる。have until X は音の面からも 1 つの自然なフレーズをなしている。

## 6.10　have until 節 to V

上では until X の X に名詞句が生じた例、すなわち、until が前置詞の例を見たが、コーパスに現れたこのフレーズの例を仔細に検討していくと、非常にまれにではあるが X に節が生じている例がある。

(27) a. "... Do we have hours? Days?" "You have until it happens."
　　　　　　　　　　　　　　　　　　　　　　　　　　　　(COCA)
　　　（「何時間もあるの？ それとも何日もあるの？」「それが起きるまでだね」）

　　b. He had until he reached the upper atmosphere to make up his mind.　　　　　　　　　　　　　　　　　　　　(COCA)
　　　（彼は高層大気に突入するまでに決心しなければならなかった）

　　c. And the children have until they are 19 years old, am I correct on that? To file a lawsuit against their father?　　(COCA)
　　　（子供たちは、19 歳になるまでですよね、それで正しいですか、父親を訴えられるのは）

このような例も、従来の英文法の規則では非常に説明が難しい。そもそも動詞の後に節が来る形は、いわゆる補文と呼ばれ、that 節や wh 節、(whether の意味の) if 節といったものが指摘されてきた。このような従来の説明にならって、(27)のような例で until が補文になっているという説明を提示するならば、それは非常に場当たり的なものになるであろう。

X の位置に来るのが名詞句であれ、節であれ、このフレーズが期限の意味を表すという点は変わらない。このフレーズにおいては、〈until＋〈時間表現名詞〉〉が目的語位置に立つという変則性だけでなく、さらに have の後に〈until＋節〉が生じるという、別の変則性が観察される。このことか

らも have の後に until が続くという変則的な形が意識されていないことがわかる。have until X to V は文法的に非合成的であり、フレーズとして確立していると言える。

## おわりに

have until X to V はフレーズとして確立しており、フレーズであるがゆえに、この章で指摘したようなさまざまな特徴を見せる。

英語には、この他にも have yet to V や have among X to V[6] といった変則的な形がある。have yet to V は yet が目的語位置に生じており、成句扱いされるのが普通である。さらに次のような have far/further/farther to V[7] という形が見られることがある。

(28) a. You won't have far to walk. Less than a mile.　　　(COCA)
　　　(そんなに歩く必要もないよ。1 マイルもないね)

　　b. Gertie Doyle gasped out through her laughter, that they wouldn't have far to carry them after they found them ...　　　(COCA)
　　　(ドイルは、それらを見つけた後はそんなに遠くまで運ぶ必要もないだろうと笑いながら話した)

　　c. I've arrived at the conclusion that the West has far to go to comprehend the complaints of the Islamic world against us.
　　　　　　　　　　　　　　　　　　　　　　　　　　　　(COCA)
　　　(私としては、西側諸国が、イスラム世界が西側に対して持っている不満を理解するには程遠いという結論に至った)

(28a), (28b)は物理的な距離を、(28c)は抽象的距離を表している。このような形でも、目的語位置にある far を名詞扱いするとか、far は a long way

---

　　[6]　have among X to V については、藤川・五十嵐(2012)を参照。
　　[7]　この have far/further/farther to V の形は、COCA の例を見ると否定的文脈で使われていることが多い。not を含めた連鎖でフレーズ化しているとも考えられる。

の代用であるとか、farの前に何かが省略されているといったような不自然な想定をする必要はなく、そのままの連鎖でフレーズとして受け入れればよいであろう。

第7章

# on account of へのフレイジオロジー的アプローチ

## 7.1　前置詞の目的語は名詞でなければならないか

　前置詞の目的語は名詞であるというのは、規範文法だけでなく伝統文法でも言われていた（例えば Curme 1931: 559）[1]。また、PP → P＋NP（前置詞句→前置詞＋名詞句）という展開規則が受け入れられたことからも明らかなように、生成文法の時代になってもこれは変わらなかった。しかし、名詞を従えるとされる前置詞が、略式ではあるが、節を従えて接続詞として使用されることがある。

(1) She explained to us about there's nothing for teenagers to do in the village.　　　　　　　　　　　　　　　　(Quirk et al. 1985: 999)
　　（彼女は、10代の若者たちがその村ですることは何もないと私たちに説明した）

---

[1] 伝統的な「前置詞」「接続詞」の区別を廃し、この2つを1つの品詞として考えるという提案がなされる場合がある（Jespersen 1924: 87; Huddleston and Pullum 2002: 598ff.）。これは傾聴すべき意見であることは認めるが、本書では伝統的な「前置詞」と「接続詞」の区別を認めておくことにする。1つ目の理由としては、伝統的規範を扱う本書の性格もあり、伝統的に使われてきた用語を用いたほうが理解しやすいということがある。また、たとえ1つの品詞にまとめたとしても、結局、節を従える用法を指す用語が別に必要になるというのが2つ目の理由である。Huddleston and Pullum も従来の前置詞、接続詞の区別を廃しながらも、節を従える用法については「従属接続詞」（subordinating conjunction）という語を用いている。

このような柔軟な品詞の転換は、通常の前置詞だけでなく、いくつかの語が連鎖をなす複合前置詞にも見られる。Hopper and Traugott (2003: 185) は、複合前置詞句由来の接続詞があることを指摘し、口語英語で見られる (2)のような例を挙げている。また、Mair (2011: 248) は(3)のような例を挙げる。

(2) They're a general nuisance in terms of they harass people trying to enjoy the park.
（公園を楽しもうとしている人々に嫌な思いをさせるという点からすれば、そういう行為は皆に対する迷惑行為である）

(3) On the basis of what? On basis of it was getting tough. (spoken, broadcast discussion)
（どういう根拠で、とお尋ねなのですか。それがだんだん難しくなってきたからですよ）

これらの例では、〈前置詞＋名詞＋前置詞〉という複合前置詞が節を従えている。従来、現代英語においては〈in＋that 節〉といった一部の例外を除いて、基本的に前置詞は節を後続させないとされてきた。(2)や(3)は明らかにこの規範に合わない例であるが、これらは単に規範文法に合うか合わないかといったレベルの問題ではなく、より一般的な文法化の問題として考察の対象となり得るものである。文法化とは、名詞などの内容語が前置詞などの機能語に展開していくこと、または、ある文法機能を持つ語や表現がさらに別の機能を発達させていく現象のことである。本章で取り上げる on account of の接続詞化は、本書のテーマである規範からの解放という点で考察対象としているが、文法化という観点から見ても非常に興味深い現象である。このことは、個別の現象を扱うとされる語法研究が、より大きなテーマへと結びつく可能性を持つことを示している。

## 7.2　on account of の統語的振る舞い──事実の確認

　Hoffmann (2005) は BNC や OED を利用して、〈前置詞＋名詞＋前置詞〉

からなる複合前置詞について興味深い知見を提示している。Hoffmann は、BNC に現れた頻度の高い上位 30 の複合前置詞に限定した考察を行っているが、on account of はこの中には含まれていない。そこでまず、on account of とその異形が現代英語でどのように使用されているのか、実例で確認しておこう。

### 7.2.1　複合前置詞としての on account of

on account of は典型的には名詞句またはそれに類する語句を従えて複合前置詞として使われる。

(4) 〈on account of ＋名詞句〉
 . . . this failed largely on account of union opposition.　　(BNC)
 (これは、主に組合の抵抗のために頓挫した)

(5) 〈on account of ＋V-ing〉
 Marie took a taxi to the station on account of her bags being so heavy.
 　　(BNC)
 (カバンがとても重かったので、マリーは駅までタクシーに乗った)

(6) 〈on account of ＋wh 節〉
 My legs get all tingly after a bit on account of how I'm sitting, but I don't move.　　(BNC)
 (座り方のせいでしばらくすると足全体がしびれるが、私は動かない)

on account of が節を従えるときは〈the fact＋that 節〉などを使用することが推奨される (Quirk et al. 1985: 1002)。その根底には、前置詞が名詞を従えるという考え方がある。

(7) Not that any of my family could be that certain of the exact day on which I was born, on account of the fact that my old man had spent the night in gaol and my mother had died even before I drew breath.
 　　(BNC)
 (おやじはその晩牢屋で過ごし、おふくろは俺が産声をあげる前に死んだからといって、俺が産まれた正確な日を家族の誰も確信できなかったわけでは

このほかに小西(1981: 338ff.)では、of が落ちた前置詞用法の実例を収録している。

(8) 〈on account＋名詞句〉
If Rothschild's a daughter wants to marry you, would you say on account her age, no? 　　　　(B. Malamud, *The Magic Barrel*, 1958)
(ロスチャイルドの娘があんたと結婚したがっているとするなら、あんたは年齢を理由に、お断りになりますかい)

先行する if 節の中で Rothschild's a daughter (X's＋a＋名詞) という古い英語の形が使用されていることからもわかるように、全体として特異な言葉遣いであることが理解される。標準的とは言えないが、このような形が前置詞用法で使用されているのは認めてよい。

アメリカ英語の方言辞書である Hendrickson (2000) は、account of の項で、非標準形として次の形を挙げている。

(9) 〈account of＋V-ing〉
"He ain't full weight right now, account of his stomach bein' shrunk up." 　　　　(M. K. Rawlings, *The Yearling*, 1938)
(あいつは胃が小さくなってるから、体重が減ってるぜ)

標準的とは認められないかもしれないが、このような形が存在することも事実である。

### 7.2.2　接続詞としての on account of

一方で、on account of が the fact のような名詞を介在させずに、〈主語＋動詞〉の形を直接従えて接続詞として使用されている例が観察される。このような接続詞としての on account of の実例を調査すると、大きく 4 つの形で使用されていることがわかる。

まずは on account of がそのままの形で節を従える例である。

(10) 〈on account of＋節〉

a. ... William Perkin tried to make quinine from coal tar in 1856, on account of England had plenty of coal.

(K. M. Dunn, *Caveman Chemistry*, 2003)

(1856年にウィリアム・パーキンはキニーネをコールタールから製造しようとした。イングランドでは石炭が多く産出されたためだ)

b. So he tried to scan along but the rhythm kept slipping away. Which figured, because he'd been thrown out of high school band—alto sax—on account of he couldn't keep the beat.

(C. Logan, *Absolute Zero*, 2002)

((今にも死にそうな男。病院のベッドの上で、彼には心電図の音だけが聞こえているという場面で) そこで彼はその心電図の音に意識を合わせようとするが、リズムがずれ続けた。無理もないことだった。なぜなら、リズムが取れないということで、彼は高校のスクールバンド——アルト・サックスだったが——から追い出されていたのだ)

c. His mother's there, on account of she couldn't get a babysitter for Lard Ass's little sister, who was only two.

(S. King, *Different Seasons*, 1983)

(まだ2歳になったばかりのホーガン (Lard Ass はあだ名——筆者注) の大きい幼い妹にベビーシッターを見つけられなかったので、彼の母親がそこにいる)

次に on account が that 節、または、that を省略した節を取る形である。OED[2] (s.v. *account*, n. 4c) から例を借りよう。

(11) 〈on account＋(that) 節〉

a. The purser who's different on account he leads a very cynical life. (E. Waugh, *Mr. Loveday's Little Outing*, 1936)

(とてもシニカルな人生を送るため他と違うパーサー)

b. I was feeling kind of down, on account that tooth of mine was giving me the devil. (Wodehouse, *Laughing Gas*, 1936)

(その歯がめちゃくちゃ痛いので私はちょっと凹んでいた)

c. Take your three days off, Mr. Barlow, only don't expect to be paid for them on account you're thinking up some fancy ideas.

(E. Waugh, *The Loved One*, 1948)

(3 日間休暇を取りなさい、バーローさん。でも、何か素敵なアイディアを考えているからといって有給休暇になるとは思わないでくれよ)

次に後でも触れるが、非常に珍しい形として on を落として account of が節を従える例がある。同じく OED[2] から例を借りる。

(12) 〈account of＋節〉

Fred's five foot ten, . . . but I tell him he's still a shrimp, account of I'm tall. (*Horizon*, 1942)

(フレッドの身長は 5 フィート 10 インチ ... でも僕は彼にまだまだチビと言ってやるさ、だって僕背が高いもの)

さらに、account だけが接続詞として用いられている例が報告されている (小西 1981: 340)。この形については because との関連で後述する。

(13) 〈account＋節〉

". . . I'll throw in the ammo, account you're a good customer and all." (G. V. Higgins, *The Friends of Eddie Coyle*, 1970)

(弾丸もいれとくよ、だってあんたはいい客だしな)

ここまで述べてきた on account of の振る舞いをまとめると、次の表のようになる。

表 1: 現代英語における on account of の統語的振る舞い[2&3]

| 前置詞 | (i) on account of . . .<br>(ii) on account . . .<br>(iii) account of . . . |
|---|---|
| 接続詞 | (i) on account of＋節<br>(ii) on account＋(that) 節<br>(iii) account of＋節<br>(iv) account＋節 |

---

[2] 本章の議論で明らかになるように、この表はすべての形を網羅していない。upon を使用した異形や account の a が落ちた 'count などの形もある。

## 7.3 先行研究

　この節では、on account of の接続詞用法について、先行研究がどのようなことを明らかにしてきたかを見てみたい。ただし、それぞれの先行研究で表1に挙げた接続詞用法のすべての形が体系的に調査されたことはなく、いくつかが断片的に触れられてきたのみである。

　これまでの記述的な英語研究においても on account of の接続詞化については指摘がなされてきた (Christophersen 1979: 232; Quirk et al. 1985: 999 など)。これらは接続詞用法の存在に言及はしているが、なぜ複合前置詞である on account of が接続詞として用いられるかは述べていない。「on account of の接続詞用法は俗語である」「接続詞 on account of はアメリカ英語[4]」といったようなスピーチレベルや地域差の指摘に留まっている。このようなスピーチレベルやスタイルについての言及は、記述的な語法書である *Merriam-Webster's Dictionary of English Usage* (s.v. *on account of*), Wilson (1993, s.v. *on account of*) および Burchfield (ed.) (1996, s.v. *account*) などでも見られる。

　on account of の接続詞用法の発生のしくみについて触れたものとしては OED[2] (s.v. *account*, n. 4c) がある。そこでは on account of the fact that 節から the fact that が省略されて接続詞用法が生じたことが述べられているが、これについては検討の余地がある(7.4節)。

　伝統文法の中で on account of の接続詞用法について詳しく述べたものに Curme (1931: 256) がある。彼は、表1の接続詞(ii)の形の発生について触れている。上で触れた OED[2] とは異なり、彼は、この形の接続詞用法は on account of that 節から of と that が省略されて、〈on account＋(that) 節〉

---

[3] 英語研究の成果を一般の読者に還元する役目を負うのは英和辞典であるが、このように細かい事実をすべて盛ることを期待することは望むべくもない。ある英和辞典の記述の変遷を見ると、一時は on account of の接続詞用法を指摘していたが、最新の版ではそのような記述はすべて削除されている。

[4] on account of の接続詞用法は BNC にも見られるので、地域差の指摘については正しいとは言えない。

が生じたとする。7.4 節で見るように、現代英語では〈on account of＋節〉の形がもっとも頻繁に使用されるが、Curme はこの形については何も言及していない。Curme が文法書を書いた 1900 年代前半は、〈on account＋(that)節〉のほうがよく使用されていたことが関係しているのであろう。

　Curme は「文法化」という用語自体は使用していないが、that が落ちて先行する要素が接続詞になっていくというのは、確かに英語の歴史の中で観察される現象である。例えば、〈besides＋that 節〉から that が省略されて besides が接続詞化するといった具合である (Denison 1998: 294)。しかしながら、7.4 節で見るように、こと on account of の接続詞化については、この省略という説明方法を全面的に支持するわけにはいかない。

　on account of の接続詞化について、コーパスを用いて検討したものが Mair (2010) である。Mair は COCA と BNC を用いてこの形を調査しているが、機械的に検索を行ったためか、一部の例が彼の検索結果から漏れており正確な調査になっていない。彼は、BNC には〈on account＋that 節〉の例が見られなかったと述べている (p. 163) が、筆者の調査では BNC には接続詞の例が 6 例あり、そのうちの 1 つは〈on account＋that 節〉の形である[5]。ここで BNC に見られた 6 例を挙げておこう。

（14）a. They're easily taken in, <u>on account of</u> they're so tremendously honest themselves!
　　　　（彼らはバカ正直なので、すぐに騙される）
　　b. I had to sleep in the same room as loads of them <u>on account of</u> we said I was his secretary.
　　　　（私は彼の秘書だと言ってしまったので、大勢の人たちと同じ部屋で寝ることになってしまった）

---

[5]　さらに Mair は BNC に〈on account of＋the fact that 節〉の例が見られないと述べているが、実際には、この章の例文 (7) で引用したように当該のコーパスに存在する。加えて、Mair が示す表 (p. 165) では、on account of の生起数が BNC では 7 回となっているが、筆者の調査では、BNC には on account of の例は 500 例以上存在する (住吉 2005b)。

c. ...then it's shall-we-get-Muscadet-or-the-Chardonnay-again and for-heaven's-sake-get-enough which will get us back to the fridge, on account of last time we got the Chardonnay, I didn't put it in it soon enough.
((自宅では、おしゃべりの話題が教育システムとか新しい冷蔵庫を買うとか次々に変わるという文脈で)私たちが冷蔵庫の話に戻るのは、「またミュスカデを買おうかシャルドネを買おうか」とか「頼むからたくさんワインを買おう」といった話になったときですね。というのは、この前シャルドネを買った時に、私がそれを冷蔵庫にすぐに入れなかったからなんです)

d. ...he'd have passed me by in the street on account I look much better in person than I do on the telly.
(彼は道で会っても通りすぎてしまったでしょう。それは私がテレビで見るより実物のほうがずっときれいに見えるからです)

e. This is genuine Sheraton, Sweetie, except the asshole never made a piece in his life, on account he was into franchising ahead of anybody except the Pope.
((マホガニー材の机を話題にして)この机は本物のシェラトン様式ですよ。まあ、あのくそったれシェラトンときたら生涯自分では一つも作ったこともないようですがね。というのもあいつはローマ法皇をのぞいて誰よりも先にフランチャイズ化に興味を持ちましたからね)

f. People die not so much on account of their age or that they are worn out, but because of the loss of their lifelong associates.
(人間というのは年齢のせいとか、疲弊しきったとかの理由ではなく、生涯付き合える仲間を失うからこそ死ぬのだ)

特に(14f)の例は、等位接続詞 or が on account の後の of 句と that 節をつないでおり興味深い。つまり or が前置詞用法の一部と接続詞用法の一部を結んでいることになる。このような例は、機械的な自動検索では拾い上げることは困難である。やはり一つひとつ例を見ていくことも必要なのである。検索をすべて検索プログラムに任せるのではなく、まずはどのような形で使用されているか実態を把握し、それをもとにできるだけ該当例を拾い上げるための検索の仕方を考えるということが重要である。

on account of が接続詞になる現象は文法化の一種と考えてよいが、いつごろからこのような文法化が始まったのか、なぜ接続詞用法に表1で見たような異形が存在するのかについては、これまでの研究では明らかにされてこなかった。以下ではコーパスからのデータも使用しながら、on account of が品詞の呪縛から解き放たれて、節を従えていく過程を見てみよう。

## 7.4　コーパス調査[6]

　ここでは COHA を使用した調査結果を示したい。COHA は 1800 年代から 2000 年代までのアメリカ英語のコーパスであるが、検索結果が 10 年ごとに示される。表1で示した on account of の異形の多様性を勘案すれば、自動検索によって検討すべきデータをすべて COHA から抽出することは不可能に近い。そこでここでは、次のような2段階のステップを踏んで関係する実例を収集した。なお、表1の接続詞(iv)の形をコーパスから探し出すのは非常に困難であるので、ここでは考察からはずしている。この形については 7.7 節で簡単に触れたい。

　まず account of のすべての例を検索し、ヒットした例の中から手作業で次の5つの異形を探し出す：〈on account of＋that 節〉(今回はこの形は見られない)、前置詞または接続詞としての on account of, および前置詞または接続詞としての account of. 次に、on account の連鎖のすべての例を検索し、次の3つの例をすべて拾い出す：前置詞または接続詞としての〈on account, on account＋that 節〉、〈on account＋節〉。on account の検索では on account of の例も混在するので、この第2段階目の検索でヒットした例から、第1段階目でヒットした同一例(例えば on account of の前置詞用法や接続詞用法の例)をすべて排除する。そうすることで、重複例を省きながら第1段階目の検索から on account of の例を収集でき、第2段階目の検索から〈on account＋節〉などの例を拾い上げることができる。このような作業の

---

　　[6] 本章の頻度データは、Sumiyoshi (2014) 執筆時の検索(2012 年 4 月 29 日)にもとづくものである。

過程で、本章の議論とは直接関係はしないが、upon account of や on the very account of などの異形も収集することができた。その意味において表1も網羅的ではない。

COHA の調査結果をまとめたものが表 2 である。この章の議論と関係する接続詞用法の結果に限って提示する。数字は生起数を表している。

表 2: COHA における接続詞用法 on account of とその異形の頻度

|  | on account of+節 | on account+that 節 | on account+節 | account of+節 |
| --- | --- | --- | --- | --- |
| 1810s | — | — | — | — |
| 1820s | — | — | — | — |
| 1830s | —[7] | 2 | — | — |
| 1840s | — | — | — | — |
| 1850s | — | — | — | — |
| 1860s | — | — | — | — |
| 1870s | — | — | — | — |
| 1880s | — | — | — | — |
| 1890s | — | — | — | — |
| 1900s | 1 | — | — | — |
| 1910s | — | — | 44 | — |
| 1920s | — | — | 3 | — |
| 1930s | 6 | — | 6 | — |
| 1940s | 22 | — | 30 | — |
| 1950s | 17 | — | 2 | 1 |
| 1960s | 51 | — | — | 1 |
| 1970s | 18 | — | 5 | 1 |
| 1980s | 13 | — | 1 | — |
| 1990s | 13 | — | 2 | — |
| 2000s | 19 | — | — | — |

全体的に接続詞用法の頻度は高くない。〈on account of+節〉の接続詞用法が確認されるのが 1900 年代に入ってからである。表からわかるように、その当時は〈on account+節〉のほうが多く使われていた。この〈on account+節〉は 1950 年代に入って〈on account of+節〉に取って代わられはじめる。20 世紀後半は、〈on account of+節〉が比較的安定的に使われ、もと

---

[7] Sumiyoshi (2014) では 2 例としていたが、手元の全用例を改めて検討した結果、構造を読み誤っていたことが判明したので訂正した。

もと優勢だった〈on account＋節〉はほぼ確認されなくなる。紙幅の関係で年代ごとにすべての例を示すことはできないが、COHA の例の一部を示そう。標準的な英語からすれば破格となるような形が含まれるが、そのまま挙げる。

(15) 〈on account of＋節〉

　a. ... I goin' to fix up the cabins for them, on account of they wasn't clean enough. 　　　　　　　　　　　　　　　　(1963)
（キャビンがきれいじゃないから、あいつらに代わって掃除をやってやろう）

　b. ... asking how I enjoyed my courses, on account of they didn't know that I was about to commit a murder. 　　　　(1974)
（私が人殺しをしようとしているとは知らなかったので、彼らは授業は楽しいかなどと尋ねながら ...）

　c. On account of they seen you was beatin' on their friend. (1992)
（お前があいつらの友達を殴っているのを見ちゃったからさ）

　d. I've been promoted to bounty hunter on account of Stephanie just quit. 　　　　　　　　　　　　　　　　　　　　(2005)
（ステファニーが辞めたので、私がバウンティーハンターに昇格した）

(16) 〈on account＋that 節〉

　a. ... whose face they could not discover, on account that he was washing his feet in a rivulet which ran by. 　　　　(1837)
（彼は近くを流れる小川で足を洗っていたので、みんなは顔を見わけることはできなかった）

　b. I had even teased him to let me review it for him, on account, as I said, that he could not appreciate its merits. 　　(1839)
（前にお話しましたが、彼はその利点を理解できていなかったので、彼にせがんでまで代わりにそれを検討させてもらったのです）

(17) 〈on account＋節〉

　a. "No, you pick me up at work." "Why can't I pick you up at your place?" "On account I don't want to go home by bus." (1978)

(「仕事場に車で迎えに来てよ」「なぜ君の家まで車で迎えにいくのはだめなんだい」「バスで家まで帰りたくないからよ」)

b. "What we got ta do," said Pop, "is we got ta kind of reorganize things around here on account I'm not getting any younger . . ."
(1996)

(「やらんといかんのは、このあたりのものを整理しないとね。あとは年をとるだけだし」とポップは言った)

(18) 〈account of＋節〉

a. Going that way, only one I know, we ain't going to be through by light either, account of we can't leave here before dark.
(1958)

(暗くなる前にここを出発できないから、私が唯一知っているその道を行っても、夜明けまでには到着せんよ)

b. And I reckon it's got to be somebody young, account of it's no easy job. (1964)

(それは簡単な仕事じゃないので、誰か若い人じゃないとね)

c. . . . secondly I let you correct my grammer (ママ) and my table manners and change my whole way of doing things that you looked down on and drive off all my friends account of you thought none of them was good enough for you. (1974)

(第2に、君に私の文法とテーブルマナーを直させてあげた。君が見下しているやり方を何から何まで変えるのも許した。おまけに友達をみんな追い払うのも許した。君は、あいつらは君と釣り合わないと思っていたからね)

on account of とその異形の接続詞用法は文献で俗語や非標準的とされている (7.3節)。このような性質は、上の例に散見されるように、they wasn't, they seen, we ain't などといった非標準的な形式と共に使用されていることからもうかがえる。しかし、7.2.2 で挙げた例からも分かるように、20世紀後半の例に、こういった俗語性が常に見られるというわけではない。

多くの文法家は、接続詞用法の on account of のような変則的な形を通常の文法規則に合わせて説明しようとする。そのような試みは、変則性を

より一般的な原則に合わせて説明しようとする態度の表れでもある。その一つが、上で触れたような OED[2] や Mair (2010: 165) が提示する、省略による説明である。接続詞用法の on account of は on account of the fact that から the fact that を省略したものであるという主張である。

しかしながらこのような想定にどれほどの妥当性があるかは、これまであまり検証されてこなかったように思う。ここでこのことについて少し考えてみよう。例えば COHA で on account of the fact that 節の連鎖を検索すると、表3のような頻度になる。that が省略されている例もあったので、それも拾っている。まず全体として、この連鎖はほとんど生じないということに気づく。このような頻度の低い形を前提として、そこから省略により接続詞用法が生じたと言うことにどれほどの妥当性があるのだろうか。表2で確認できるように、接続詞用法は on account of the fact that 節の連鎖よりも多く生じている。

また、この on account of the fact that 節は1860年代から見られることがわかるが、〈on account ＋ that 節〉の例は1830年代に見られた ((16a)の例)。省略前と想定される形より、省略後と想定される形のほうがより古い時代に観察される。これは、接続詞用法が単なる省略によって生じたのではないということを示している。省略によって on account of の接続詞用法が生じたとするには無理があるだろう。

表3: COHA における on account of the fact (that) 節

| 1810s | 1820s | 1830s | 1840s | 1850s | 1860s | 1870s | 1880s | 1890s | 1900s |
|---|---|---|---|---|---|---|---|---|---|
| — | — | — | — | — | 2 | 3 | 2 | 2 | 6 |
| 1910s | 1920s | 1930s | 1940s | 1950s | 1960s | 1970s | 1980s | 1990s | 2000s |
| 4 | 3 | 1 | — | 1 | — | — | — | 2 | 2 |

## 7.5　because の発達の並行性と on account of 独自の発達

表2からわかるように、〈on account ＋ that 節〉はかなり限定的に現れただけで、1910年代に〈on account ＋ 節〉の使用が増える。このような状況

は、because が英語の歴史の中でたどってきた足跡を on account の接続詞用法も追っていることを示している。接続詞 because は 14 世紀にフランス語の à cause (de) の翻訳表現として英語に入った (Schaefer 2012: 530)。この連鎖は古英語に存在した理由の接続詞の構造をまねて作られたものでもある。つまり、古英語の forþam þe（前置詞＋名詞＋that 節）の構造をもとに、中英語期にフランス語の翻訳表現として by cause (that) が生まれ、近代英語期に be cause (that) となり、that が落ちて現在の形になった (Lee 2008: 325)。

　この一連の文法化の流れの中で、初期の段階では〈前置詞＋名詞 (by＋cause)〉という連鎖に節を導く that が後続していたことに注意されたい。〈on account＋that 節〉もこれとまったく同じ構造であり、接続詞化の当初は、because と同じ方法で発達をし始めたことがわかる。〈前置詞＋名詞＋that 節〉という構造は、節を従えるために英文法の規則に従って作られた分析的な (analytic) 連鎖であり、ある表現を接続詞化する際にはよく使用される鋳型である。〈on the basis＋that 節〉という接続詞も同じ鋳型で作られている (Mair 2011: 241)。

　接続詞としてさらに発達すると、節を導く印である that が落ち、〈on account＋節〉の形が生まれる。これが 20 世紀初頭に頻繁に使われた。

　ところが興味深いことに、このような分析的な〈on account＋節〉の連鎖は 1940 年代ごろに on account of をそのままの形で接続詞に転用したものと競合をし始める(表 2)。on account of の内部構造を意識せず、それをまるごと (holistic) 接続詞に転用したこの形は、20 世紀後半には接続詞用法で使われる優勢型となった。because が because of と because という 2 つの表現で役割分担を確立したのに対し、on account of はこの形で 2 つの機能を兼ねる独自の発達を見せており、非常に興味深い。

　前置詞とは本来的に節を従えない語類である。だからこそ、that 節を取り〈on account＋that 節〉という、「文法に従った、歴史的にも根拠のある」形が作られたはずである。複合前置詞である on account of がそのまま接続詞に転用される用法が優勢になったのはなぜであろうか。

　Wray (2002: 18) でも触れられているように、話者はフレーズをまるごと

脳内辞書に蓄積し、それをそのままの形で使用することで発話における労力の軽減をはかっている。そのほうが発話時に文法規則に従って一つひとつ語を組み立てて表現を作っていくよりも、労力が少なくてすむからである。on account of という連鎖が確立すると、この形が of で終わっているということすら意識されなくなる。その「無意識」が確立すると、この表現は理由を意味するという役割だけを負うことになり、後続する要素が名詞であろうが節であろうが関係なくなる。同じような意味を表すものとして、〈on account of＋節〉と〈on account＋that 節〉という 2 つの選択肢があるのであれば、on account of という複合前置詞をそのまま接続詞に転用する形を選ぶほうが労力の軽減になる。その結果、表面上の統語構造とそれが果たす機能に乖離が生じていくのである。

## 7.6　フレーズ化に見られる文法構造の変則性

　文法規則からの乖離は、他のフレーズ化した表現でも観察されることがある。連鎖が固定されフレーズ化するものには talk about や have faith in のようなものも含まれる。本来このような表現は that 節をとらないか、that 節を取る場合は前置詞を落とさねばならないとされる[8]。しかし、実際の運用面においては、that 節がこれらの表現に直接後続する形が観察される。住吉・八木(2006)では以下のような例を挙げている。

(19) And I hesitated and then answered yes, and he talked about that there was some issue with—this had to do with Kathleen Willey and that, as he called it, that there was something on the sludge report, that there had been some information.　　(The *Starr Evidence*[9], 1998)
　　（私はためらって「はい」と答えました。そして彼は、問題、これはキャサ

---

[8]　Quirk et al. (1985: 659). どのような動詞、形容詞の後でどのような前置詞が省略されるかは、Granath (1997) が詳しい調査を行っている。

[9]　The Starr Evidence はクリントン元アメリカ大統領とモニカ・ルインスキーのスキャンダルに関わる法廷証言や書類をまとめたもの。

リン・ウィリーと関係があることでしたが、問題があると話したのです。Drudge Report(アメリカのニュースサイト。sludge report はモニカ・ルインスキーの言い間違い)のサイトに何かあると、何か情報があったと言いました)

(20) a. "I have faith in that we'll move on in a positive direction," Mc-Calley said.　　　　　　　　　(*The Lumberjack*, April 24–30, 2002)
(「よい方向に進むだろうと私は信じています」とマコレーは言った)

b. ...and I think it's good for the country that people will have confidence in that what they tell their attorney will remain in confidence.　　　　　　　　(*The Washington Post*, June 26, 1998)
(弁護士に話したことは極秘にされると人々が確信を持てるのは、国にとっていいことです)

(19)では〈talk about＋that 節〉が使用されている。(20)では〈have faith in ＋that 節〉、〈have confidence in＋that 節〉の形が生起している。in that 節は複合接続詞として「...の点において、...なので」の用法を持つことが知られているが、(20)の例は明らかにこの用法とは異なっている。それぞれの意味を考えれば、that 節は信じている、または確信している内容を表していることがわかる。

このような例も、英語の実際の運用において、talk about や have faith in がフレーズ化して、〈動詞＋前置詞〉、〈動詞＋名詞＋前置詞〉というそれぞれの構造が意識されなくなった結果生じた形であると考えられる。Granath and Seppänen (2004) は We **hope for**, first of all, **that** there's no lightening (ママ) associated with those, because that contributes to fire danger...(まずは、これらと連動して稲妻がないといいですね。それが原因で火事が起きる危険性が高まりますから)のように挿入句によって分離されると、前置詞が that 節を目的語に取ると述べている。このことは1つの言語事実として認めてよいが、このような例も、別の句が挿入されることで、先行する構造が〈動詞＋前置詞〉であるという意識が薄れ、通常の文法規則に合わない構造が生じるきっかけになることの証拠である。on account of についても、フレーズ化により個々の構成要素の品詞についての意識が薄れることが接続

詞としての使用へつながる。

## 7.7 on account of のさらなる磨滅

文法化によって生まれた because (of) は、特に略式では、語頭の be- が落ちて 'cause (of) となることが知られている。表 1 では触れていないが、on account of もこれと同じように (on) 'count of となることが確認される。

(21) We had to nail his coffin shut on 'count of wolves tryin' to get at him.　　　　　　　　　　　　　　　　　　　　(COCA)
（オオカミが彼の死体を狙ってくるので、棺桶を釘でしっかりと閉めなければならなかった）

この形が接続詞として用いられている形も確認される。

(22) a. He said, course, he could write it down in his notes, but without names, 'count of somebody might read somethin' in them an' get some good friend of his in Dutch[10].　　(1920) (COHA)
（もちろん、メモに書いておいてもいいが、名前は書かないよ。誰かが中身を読んで親友を面倒なことに巻き込むかもしれないからな、と彼は言った）

b. SARA: Of course I'd mind.
MRS. WIDMAYER: Too bad, 'count of that's what I'm going to do.　　　　　　　　　　　　　　　　　(1949) (COHA)
（「（そんなことをされたら）もちろん気にしますよ」「残念だな。そうしようとしてたから」）

このような音韻的な磨滅 (phonetic attrition) は、フレーズとして固まった表現がさらに結束性を高めていく際に見られる特徴である (5.3.2; Mair 2011: 248)。

さらに account だけで接続詞として使われることがある。これが表 1 で

---

[10] get . . . in Dutch は get . . . in trouble の意味。

触れた、小西が挙げる例である。

(23) "... I'll throw in the ammo, account you're a good customer and all." (=(13))　　(G. V. Higgins, *The Friends of Eddie Coyle*, 1970)

このような磨滅形は決して多くはないし、新しい形というわけでもないが、on account of が定型化しフレーズとして確立したからこそ可能になる形である。

## おわりに

本章では、on account of がフレーズとして確立することで、そのまま接続詞として転用されることを見てきた。従来のように、on account of the fact that 節といった形から省略により接続詞用法が生じたと考えるよりは、フレーズ全体がそのまま接続詞に転用されると考えたほうが、この表現の多様なふるまいを説明できると思われる。

# 第8章
# 接続副詞としての not only that but

## 8.1　not only that but の変則性

次の例を見てみよう。

(1) a. The user can thus be confident that the examples display the language as it is used. <u>Not only that, but</u> the examples printed are typical of usage.
　　　　　　(J. Sinclair, *Collins COBUILD English Language Dictionary*, 1987)
(したがってこの辞書の使用者は例文が実際に使用されている英語を反映していると確信していただけるだろう。そればかりか、挙げられている例は典型的用法を示している)

b. Wind is free, of course. <u>Not only that</u>, the land under the turbines can usually be farmed.　　(*Voice of America*, Feb. 27, 2007)
(風は当然のことながら経費がかからない。それだけでなく、通常(風力発電の)タービンの下の土地を農地として利用できる)

下線部の表現は相関接続詞 not only X but also Y から生じたものであることは明白であるが、このような例はいくぶん奇異な感じを与える。第2章でも触れたように、伝統的規範では、このような相関接続詞においてはXとYには同じ品詞の語句が立つとされる。(1)の例はその規範に従っていない。後でも触れるが、このような not only that (but) はこの連鎖全体がフレーズ化して接続副詞として機能している。1つの文中において文設計語 (sentence builder[1]) として使われていた not only X but also Y が守備範囲

[129]

を広げ、文と文をつなぎテキストの構造を成り立たせる役目 (discourse organizer) を負うようになっている。

Quirk et al. (1985: 631ff.) は、伝統的に接続副詞と呼ばれてきた therefore や however を接合詞 (conjuncts) に分類し、その役割を、2つの言語単位の関係を話者がどのように見ているかを示すものとしている。Greenbaum (1969: 35) は、接合詞は成員が増えない閉じた類 (closed class) であると述べている。しかし、英語の歴史を見てみると、接合詞の中にはいくつかの語の連鎖に由来するものがあり、実例を観察すると、現代英語においても同じような発展のメカニズムで成員が増えていることがわかる。

Halliday and Hasan (1976: 246) は、追加関係を表す接合詞として not only that but[2] を挙げているが、その特徴や実態については詳しい検討がなされていない。ここでは、この not only that but のフレーズ接合詞を規範との関係で検討していく。さらに、別の接合詞にも議論を広げて、〈X+that〉または〈that+X〉というフレーズの鋳型が接合詞を作る際に活用されることを見ていこう。

## 8.2　接　合　詞

### 8.2.1　接合詞の意味論

英語の副詞類は文中において多種多様な役割を果たすが、上で述べたように、接合詞とは2つの言語単位の関係を話者がどのように見ているかを示す。すなわち、複数の文やテキストをある意味関係で結びつけるものである (Huddleston and Pullum 2002: 775)。(2)の例においては、この2つの文は譲歩関係で結ばれるべきものであると話者が判断し、nevertheless を使用しているということになる。

(2) He was very uncomfortable. *Nevertheless* he fell asleep.

---

[1] Nattinger and DeCarrico (1992: 42f.)
[2] (1)の例からわかるように but やコンマの有無といった差異が確認されるが、この章では not only that but という表記ですべて代表させる。

(Halliday and Hasan 1976: 229)

接合詞が表す意味は、列挙 (first, second, in the first place など)、等価 (likewise, in the same way など)、追加 (besides, furthermore, moreover, in addition など)、まとめ (altogether, therefore など)、結論 (as a result など) のように多種多様である (Quirk et al. 1985: 634ff.)。

### 8.2.2　接合詞の統語論

接合詞の統語形式は多岐にわたり、副詞類、前置詞句 (by the way, on top of that など)、(非)定形節 (what's more, to sum up など) などがその役目を負う (Downing and Locke 2006: 75)。ここで注目すべきは、接合詞の中には、その形に代名詞 that が含まれているものがあることである。

英語はその発達の歴史の中で、代名詞を含んだ連鎖を接合詞として使用してきた。今日、1 語につづられる接合詞においてすら、もとをたどれば代名詞を含んだ連鎖であったことが確認される。今日の我々からすれば therefore が 2 語の連鎖から成り立つという意識はほとんどないと思われるが、歴史的に見れば there と for から成り立っている。OED[2] (s.v. *therefore*) によれば、かつては 2 語につづられていたこともあったようである。言い換えれば、therefore はその始まりにおいて 2 語からなるフレーズ接合詞であった[3]。

語源的に言えば、there は that と同根である。現代英語において、there 自体はフレーズ接合詞を作る力は失っているが、その代わり代名詞 that がこの役目を引き受けている。that は他の語と連鎖を成しながら、フレーズ接合詞を生産的に作っていく。このような that を含んだ接合詞 (on top of that, for all that, that said など) は、基本的に文頭に立つ。

接合詞の統語特徴は、(i) 程度性を示さない[4] (\**very* accordingly/ \**moreover*

---

[3] いくつかの語の連鎖から成り立っているが、1 語につづられる接合詞には moreover, notwithstanding, however などがある (Nattinger and DeCarrico 1992: 39)。

[4] Urgelles-Coll (2010: 16)

enough)、(ii) 分裂文の焦点位置に生じない (*It is nonetheless that you should send her the agenda)、(iii) 選択疑問 (X or Y) や選択否定 (X not Y) に生じない[5] (*Should you send her the agenda nonetheless or likewise?)、(iv) 下接詞 (subjunct) の修飾を受けない[6] (*You should only nonetheless send her the agenda)、(v) 他の接合詞や等位接続詞と共起することがある[7] (And so all in all you agree with me; But she has achieved good results nonetheless) といったことが挙げられる。これらはある連鎖語句が接合詞として機能しているかどうかを判断する際の根拠となる。

## 8.3　相関接続詞としての not only X but also Y

### 8.3.1　基本用法

まずは相関接続詞 not only X but also Y の基本的用法を確認しておこう。「相関」接続詞とは、ある語句が先行すれば決まった語句が後続する接続詞で、日本語の係り結びと類似の現象だと考えてよい。not only と but also の密接な関係はかなり初期から見られるもので、OED$^2$ の全文検索では 1398 年から確認される (That heryth not only fourth ryght but all abowte (s.v. forthright, adv.))。このような密接な関係から not only X but also Y はフレーズとみなすことができる。

フレーズとして確立すると、その一部が欠けたり(フレーズ要素の磨滅)、別の語に置き換わったり(置換性)、その一部が独立して使用されたりする(変則性)。このようなことは第 7 章で扱ったフレーズとしての on account of の使用にも見られた。not only X but also Y について言えば、(i) also は省略可能であり顕在化しない場合があるし、また、too や as well で代用することもできる (Quirk et al. 1985: 941; Huddleston and Pullum 2002: 1314; Garner 2009: 574)、(ii) Y に節が来た場合は but が省略されることもある (Huddleston

---

[5] Quirk et al. (1985: 631)
[6] Quirk et al. (1985: 631)
[7] Urgelles-Coll (2010: 16)

and Pullum 2002: 1314) といったことが指摘されている。また、(iii) only の代わりに just や merely など他の副詞が使用されることもある。

(3) Because some of the isotopes released during a nuclear accident remain radioactive for tens of thousands of years, cleanup is the work not just of first responders but also of their descendants and their descendants' descendants. (*TIME*, May 9, 2011)
（原子力事故の際に放出された同位体の中には何万年も放射線を放つものがあり、除染は最初に事故収束にあたった者だけでなくその子孫、子子孫孫の仕事となる）

(4) Today I join my life to yours forever, not merely as your wife, but as your friend, your lover, and your confidant. (COCA)
（今日私は、私の人生をあなたの人生に永遠に重ね合わせることを誓います。単にあなたの妻としてだけでなく、友として、あなたの恋人として、そして何でも話せる親友として）

ここまで述べたことをまとめれば、次のようになるだろう。

(5) a. X/Y が句の場合： not only/merely/just X but (also) Y (as well/too)
　　b. X/Y が節の場合： not only/merely/just X (but) (also) Y (as well/too)

この形では、not only が後続の but also を導き出すのが基本であり、not only X の部分の情報は前提とされ、but also Y の部分でさらに情報を追加する関係にある。この場合、フレーズ全体で「追加」の意味を表すので、but の本来の「逆接」の意味はないと考えてよい。すなわちこの not only X but also Y は、意味的に非合成的である。

さらに、not only X の部分が前提とされることから、前半部分が顕在化しなかったり、別の語で代用されたりすることが起こる。すなわち、not only X で示される既知情報としての前提は表現しなくとも理解されるので、but also だけが新たなフレーズとして別の機能を持ち始めることがある。その場合、but はこのフレーズの順接の意味でも、but 本来の逆接の意

味でも使われることが指摘されている(例が長くなるので、ここで詳しく触れる余裕がない。詳細は八木(2006: 223ff.)を参照)。

### 8.3.2 規　　範

　規範文法では、この相関接続詞の X と Y に現れる要素の品詞について頻繁に言及がなされてきた。X と Y には同じ品詞の語句が立たねばならないという規範である。Garner (2009: 574) は、These correlative conjunctions must frame syntactically identical sentence parts. (相関接続詞は同一品詞の語句を接続する)と述べている。*Merriam Webster's Dictionary of English Usage* (p. 667) によれば、この規範規則は 19 世紀に確立した。第 2 章で見たように英語の規範が成立した時期である。

　しかしながら、これまで何度も述べてきたように、話者が常に品詞を意識しながら英語を使用するということは通常考えにくい。X と Y に違う品詞の語句が立つこともしばしばである。あまりにも頻繁に起こるのでこのような非並行性は気づかれないままのことも多い。

(6) You end up not only with an idea of what your culture is but what it could be. 　　　　　　　　　　　　　　　　　　　　(COCA)
(最後には、自分の文化とは何なのかという考えだけでなく、自分の文化がどのようなものになる可能性があるのかという考えを持つことになる)

(7) So yesterday's memorial was not only a chance to remember Paterno, but to burnish his memory. 　　　　　　　　　　　　　　(COCA)
(だから昨日の追悼式はパターノを悼む機会だっただけではなく、彼との思い出を新たにする機会でもあった)

　このように not only X but also Y がフレーズ化し、X と Y の並行性がしばしば崩れることが、この表現が品詞規範の呪縛から解き放たれて新たな用法を確立していくことの契機となる。

## 8.4 接合詞 not only that but

Halliday and Hasan (1976: 230) は、(8) の例において、after that と despite this は全体で 1 つ、すなわちフレーズとして機能すると述べている。

(8) a. They fought a battle. *After that*, it snowed.
　　b. He was very uncomfortable. *Despite this*, he fell asleep.

彼らは「after that のような分析的な形であっても、この連鎖表現からとりたてて that を取り出して照応形として意識するのではない。そのフレーズ全体がテキスト結束機能を持っている」と述べている (p. 230)。これは therefore が複数語から成り立つという意識がもはやなくなってしまったのと同様に、after that などもその内部構造が意識されない程 1 つの固まりのフレーズとして確立していると言っているに等しい。

このような that を含む接合詞は、フレーズ化したとみなすことができる。こうしたものには despite that, after that, on top of that, in spite of that, that said, instead of that, as a result of that などが含まれ、それらはすべてテキストをつなぐ役目を果たす。これらはとりたてて（複合）前置詞と that が共起しているという意識を持たれることなく、フレーズの接合詞としてまるごと選択される。

では本章で問題にしている not only that but はどうであろうか。BNC と COCA で not only that (but) の連鎖を検索し、ここでの議論と直接関係ないものを省くと、それぞれ 181 例、867 例がヒットする[8]。COCA からの例を挙げ、詳しく見てみよう。

(9) a　Did you hear Hugo had graduated from architecture? <u>Not only that</u>, but he's <u>also</u> an actor and . . .
　　　（ヒューゴが建築学科出身だって聞きましたか。それだけでなく彼は役者であり . . .）

---

[8] ここで挙げる例は Sumiyoshi (2013) 執筆時に収集できたもので、アクセスは 2011 年 6 月である。

b. As a storyteller, I have learned that everyone has a story. Not only that, but everyone has a story that they think should be told.
(語り手として、私はみんな何か話すことがあるのだということがわかりました。さらに、みんなに聞かせるべきだと思っている話を誰でも持っているのです)

(10) a. And not only that, you also hear a lot about like jobs and how illegal immigrants do the jobs that Americans won't do.
(そしてそれだけでなく仕事とか、アメリカ人たちがやらない仕事を不法移民がどうやるのかなどいろいろと聞かされますよ)

b. And not only that, but you also want to know how many have been upheld.
(そしてそれだけでなく、提出された不服申し立てのうちどれほどが受け入れられたか知りたいところでしょう)

(11) a. He was cheating on his wife. Not only that he's making a deal with the Santos to keep the whole thing a big, fat secret.
(彼は浮気をしていたのです。しかも、サントス一家と組んですべてを大きな秘密にしているのですよ)

b. It's going to bring a lot of business into the community. Not only that, we do need the clean energy. . . ."
(それは多くの仕事を地域にもたらすでしょう。それだけでなく、我々はそのクリーンエネルギーが必要なのです)

(12) a. It was very moving. But not only that, it was effective.
(それはとても感動的でした。それだけでなく、とても効果的でもありました)

b. Well, that's my point. And not only that, but the other data was out there already, and . . .
(ええっとそれが私の言いたいことです。さらに、その他のデータもそこにすでにありまして . . .)

(9)に見るように、この not only that but が基本の形である。当然ながらこの but に逆接の意味はなく、順接である。

not only that but を文法的に〈否定辞＋副詞＋代名詞＋接続詞〉のように分析することも可能であろう。しかし(11)で見るように、but が落ちて not only that だけが生じることもある。despite や after, on top of などと異なり、not only 自体は前置詞ではない。前置詞であるならば that を取ることに何ら不思議はないが、not only という〈否定辞＋副詞〉が代名詞 that を目的語として従えていると考えることはきわめて難しい。(5a)で見たように、not only X but also Y において、X に名詞が立つのは後続する but Y (名詞) があるという前提がある。逆に言えば X に名詞が立てば but は義務的に生じなければならない。ところが(11)からわかるように、X に代名詞が生じた not only that において but は任意要素である。このように文法的に分析したのでは not only that の形すら説明できなくなってしまう。やはり、話者は、とりたてて that が照応形の代名詞であるという意識を持つことなく、not only that but をフレーズとしてまるごと選択していると考えられる。but が任意であるのは、後ろに節が来る場合は but が落ちてもよいという、もともと not only X but also Y が持っていた特徴の現れである。

　not only that but が接合詞であるとするならば、8.2.2 で述べた接合詞の統語特徴を有しているはずである。実際、接合詞が生じないとされる場所には not only that but は生じることがない。

(13) a. *Very *not only that* (*but*), I'm so thrilled to stand ...
　　 b. ?It is *not only that* (*but*) that I'm so thrilled to stand ...
　　 c. *Am I so thrilled to stand before the people of America *not only that* (*but*) or in spite of that?
　　 d. *Only *not only that* (*but*), I'm so thrilled to stand ...

(12)の2つの例から、等位接続詞とともに共起するという特徴を持っていることも理解される。このように、接合詞が持つ統語特徴を示すことからも、not only that but は接合詞と考えて問題ないだろう。

　テキストの結束性を示すという接合詞の特徴から、not only that but は話者自らが述べたことに発言を追加する用法だけでなく、相手が述べたことを引き継いで自分の意見を追加する用法を持つようになる。(14)は自らの発言に追加する用法、(15)は相手の発言に追加する用法である。

第 8 章　接続副詞としての not only that but

(14) If he stayed, he could become bigger, faster and stronger. Not only that, he could improve as a blocker and receiver (...).　　(COCA)
（もし彼がそのままアメフトを続ければ、彼は体が大きく、速く、強くなるでしょう。さらに、彼はブロッカーとしてもレシーバーとしても成長するでしょう）

(15) HUME: It is very hard for the government to win this ... I mean, not everyone in this business is on the same side and there is a little bit of that.
WILLIAMS: And not only that, I think the Microsoft has been pumping money into the Republican campaigns around the country.
　　(COCA)
（「政府がこれを勝ち取るのはきわめて難しいと思いますね。つまり、この業界の皆が一方の側につくということはないです。ちょっとそういうところがありますね」
「そしてそれだけじゃなく、マイクロソフトは国中の共和党の選挙戦にお金をつぎ込んでいますね」）

このような用法は、本来、文構造を成り立たせるために使われる not only X but also Y が、not only that というフレーズ接合詞としてテキストとテキストをつなぐ discourse organizer の役目を担うようになったことで可能になる。

さらに、(16) のように、文が後続することなく not only that が単独で追加を表す形も確認される。このような単独用法は、他の追加を表す接合詞 moreover などには見られず、明確に代名詞を含んだ not only that や more than that にのみ見られる使い方である。

(16) MR-LEHRER: He left the Reagan administration because of a disagreement with Mr. Casey at the CIA, did he not?
SEC-HAIG: Well, not only that. I think the two of us were soul brothers in that administration ....　　(COCA)
（「彼は CIA のケイシー氏と意見が合わずにレーガン政権を去ることになりましたよね」
「(理由は)それだけではありませんけどね。私たち二人は政権の中で固く結

びついている兄弟のようでした。...」)

ここで Well, moreover とすることはできない。このようなことから、同じような意味を持っていても、それぞれに存在意義があることが理解できる。

## 8.5　規範意識と接合詞用法

　伝統的規範では X と Y に同じ品詞の語句が来なければならないとされていることに触れた。フレーズ接合詞としての not only that but は X が代名詞、Y が節となっており、明らかにこの規範から解放された形である。ここでこの点について考えてみよう。ここでは違う品詞の語句が現れている例を「非並列的」と呼ぶことにしたい。

　OED² で not only を検索語として全文検索すると、おおよそ 2900 例がヒットする。17 世紀から、英語の規範が成立したとされる 19 世紀、さらに 20 世紀まで 100 年ごとに区切って、not only X but also Y 全体の数に対する非並列的な例の割合を示すとグラフ 1 のようになる。

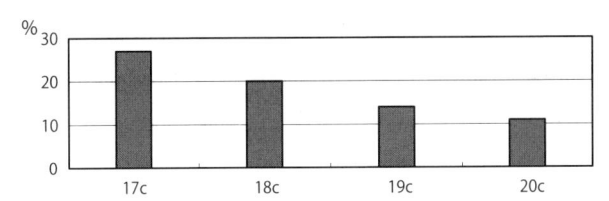

グラフ 1: OED² の引用文における非並列的 *not only* X *but* (*also*) Y の割合

ここで興味深いのは、非並列的な例の割合が時代を経るごとに減っているということである。この規範が成立した 19 世紀以降、規範文法が浸透し、英語話者は X と Y には同じ品詞の語句を置こうとする意識を強く持つようになったことがうかがえる。

　このように規範意識が強い形であれば、X と Y が品詞的にパラレルな関係になっていない not only that but は使用されにくいのではないかと推測されるが、not only that but は現代英語のコーパスには頻繁に現れる。上で触れたように BNC では 181 例、COCA では 867 例観察される。なぜこ

のように規範意識の強い表現において、そこから解放された not only that but が接合詞として頻繁に用いられるようになったのであろうか。

　前節までに何度も述べたように、連鎖がフレーズ化するということは、話者はその連鎖の内部構造を意識せずフレーズ全体をまるごと取り出して使用することを意味している。by and large というフレーズも、by と large が違う品詞であるとか、and が同じ品詞の語を等位接続していないとかを考えて使用しているわけではない。内部構造を意識せずフレーズとして使用することで規範意識が薄れ、not only that but を使用する抵抗感を少なくすると考えられる。さらに、フレーズ化することで、もともと相関接続詞であったということも意識されなくなり、フレーズの前半部分が独立して使用され、(15)や(16)のような使用法が生まれていく。

## 8.6　異　　形

　相関接続詞としての用法には only の代わりに just や merely を使用した異形が存在する(8.3.1)。この異形は、接合詞としての用法を発達させているのであろうか。筆者が調べた限り、BNC には not merely that の表現自体は1260例確認されるが、そのうち1例だけが接合詞としての使用である。not just that の接合詞用法は BNC には確認できない。また、COCA でも not just that の接合詞用法は数例確認されるのみである。

(17) I was uttering three distinct syllables: Lei-ces-ter Square. <u>Not merely that</u>, I was putting my strongest accent on the syllable that wasn't.
(BNC)
（私は、3つの音節を発音していました：レ・ス・ター広場。それだけでなく、そうでないところに一番強いアクセントをおいていたのです）

(18) But how could he leave his family in their greatest time of need? <u>Not just that, but</u> he wanted to be with them more than he wanted his own life. They were his flesh and blood, his soul, . . .　(COCA)
（家族が一番困っているときに、彼が家族を見捨てるなんてことができるだろうか。それだけでなく、彼は自分の命を惜しむ以上に、家族といること

を望んでいたのだ。家族は彼の血を分けた肉親であり、魂であった）

not merely/just that の接合詞用法がきわめて少ないのは、機能の拡張が起こるときには、まずは一番基本となる not only X but also Y の形が使われるためと考えられる。

## 8.7　フレーズ接合詞を作る鋳型としての〈X＋that〉/〈that＋X〉

8.2.2 で、therefore は there に for を付加した形から発達したことに触れた。そこでも述べたが、there はこのような連鎖接合詞を作る力を失ったため、今では that が接合詞を作る際に利用される。その一例として not only that but があることはここで見てきたとおりである。

ここで、not only X but also Y という相関接続詞ではなく、not only that but の構成要素の that に注目してみよう。現代英語は that に何らかの要素――多くは英語の歴史の中で確認されるように前置詞――をつけることで、生産的に接合詞を作り始めている。not only that but, that said, on top of that, more than that など枚挙にいとまがない。接合詞は Greenbaum の言うような閉じた類ではない。

ここでさらに注目すべきは、もとは複合前置詞でありながら、その一部が省略されたものが that の後ろに生じる形が確認されることである。つまりフレーズが磨滅した形が観察される。

(19) apart from that ＞ that apart

 a.　... he was threatening your life, but apart from that, he was responsible for your husband's murder.　　　　　(SOAP)
  （彼はあなたの命を奪おうとしていたのですよ。それだけでなく彼はあなたの夫を殺した犯人でもあったのです）

 b.　This whole thing has freaked him. Apart from that, he's fine.
　　　　　　　　　　　　　　　　　　　　　　　　　(COCA)
  （これで彼はびっくりしたのですが、それ以外は、彼は大丈夫です）

 c.　Food was also strictly controlled and no sweets or biscuits were allowed in rooms. That apart, moral education was high on the agenda, . . . (BNC)

(食べ物は厳しく制限されており、お菓子やビスケットは部屋に持ち込むことができませんでした。さらに、倫理教育が重要な案件になっており、...)

d. I'll leave it to international lawyers to parse whether the plans by European nations to assist in training rebel forces are lawful under Resolution 1973. But that apart, help to the rebels is pretty much limited to bombing Gaddafi's forces along the Mediterranean. (*TIME*, May 9, 2011)

(欧州の国々が反乱軍の訓練を援助する計画が1973年の決議のもとで合法であるかどうか、それを分析するのは国際弁護士に任せようと思う。しかし、それとは別に、反乱軍への援助は地中海沿岸に展開するリビア軍への空爆にほぼ制限されている)

apart from A には「A 以外は」の除外の意味と「A だけでなく」の追加の意味があるが、文脈に応じてどちらの意味でも接合詞として使用される。

一見すると奇異に思える that apart という形はなぜ生じるのであろうか。2語につづられているものの、that apart のような形は歴史的な英語の造語法に則った形であることが理由に挙げられる。therefore などの接合詞が存在するのであれば、この形と同じ作り方をした that apart のような連鎖の形成に抵抗がなくなるということが考えられるだろう。〈that＋X〉という形は、接合詞を作る鋳型として用いられる。このフレーズの鋳型を使用して that apart, that said のような多種多様なフレーズが作られると考えられる。このような形では、X が意味的貢献をする一方で、that が文と文の関係を示す役割を負う。接合詞として機能するにはこの指示代名詞の存在が欠かせない。上でも述べたように、使用の際には that を照応形として取り立てて意識することはなく、全体でフレーズ接合詞として機能する。

## おわりに

　通常の使用においては、not only X but also Y の相関構文では、X と Y が同じ品詞でなければならないといった古い規範がまだまだ意識されることは事実ではあるが、この章で考察してきた not only that but は新しい接合詞の1つとして、規範から解放され discourse organizer の役目を担うようになっている。その他にも apart from that/that apart のような接合詞が生まれている。現代英語においては、〈X＋that〉/〈that＋X〉というフレーズの鋳型をもとに生産的に接合詞が生み出される。

　次の例では alongside that がフレーズ接合詞として使用されているが、奇しくもこの前半部で述べられていることは、まさにこの章で述べてきたことを代弁してくれている。

(20)　<u>. . . present-day features of the language can be shown to have been shaped by (and to continue to reflect) quite varied developments in the language at earlier times.</u> <u>Alongside that</u>, regional and social variation in the language in our own day is only fully understandable when we come to see the language as also varying in the temporal, historical dimension. 　　　　　　　　　　　　　　　(BNC)
　　　(<u>英語の今日的な特徴は、過去の時代のさまざまな発達の結果、形作られてきたものであり、また、そのさまざまな発達を反映し続けている。</u>加えて、英語が時間的・歴史的次元においても変化していると理解することでのみ、今日英語に見られる地域的・社会的な変種も十分に納得することができる)

# 第9章

# フレーズエコー文としての
# 〈Don't＋X＋me!〉

## 9.1 〈Don't＋X＋me!〉の変則性

　命令文は、主語を省略し、動詞から始める。「...するな」と否定の命令になるときは〈Don't＋動詞〉の形になる。これは日本人英語学習者が中学校で学ぶことであり、この説明に基本的に問題はない。しかし英語の実態を見てみると、この原則から外れたような形に出くわすことがある。

(1)　"You don't know. I really, really hate you."
　　　"Yeah. Shhhhh."
　　　"Don't shhhhh me."
　　　"Shhhhh."
　　　"I hate you."　　　　　　　　　(Mary Guterson, *Gone to the Dogs*, 2009)
　　　(「わかってないのね。私が本当に、本当にあなたのことが嫌いなのを」
　　　「そうだね。シーーー」
　　　「シーーーって言わないで」
　　　「シーーー」
　　　「やっぱり嫌いだわ」)

(2)　"Yes, sir."
　　　"It should work."
　　　"I'm sure it will, sir."
　　　"Don't 'yes, sir' me, Kramer," Rosenthal said, walking back to his
　　　desk.　　　　　　　　　(Robert J. Randisi, *The Ham Reporter*, 2012[1])

[144]

(「そうですね、旦那様」
「うまくいくはずだよ」
「きっとそうです、旦那様」
「旦那様と言うな、クレイマー」とローゼンタールは言って、机に戻った)

(3) Fiona: Well, what do you have to say for yourself? Well?
    Will: Don't "well" me about this!
（英映画 *About a Boy* (2002) の女優トニ・コレットと俳優ヒュー・グラントのセリフ)
(「で、何か言い訳することはあるの。で？」
「こんなことで、「で？」とか言うな」)

(4) . . . and she said, "On second thought, let's not. It's too, well, it's probably too spicy." Derek looked at her glittering green eyes as she spoke, and she glanced away. "Don't "probably" me," he said, smiling to show her he was more amused than mad. (COCA)
(「やっぱりやめましょう。その料理はあまりにも、ええっと、たぶんあまりにも辛すぎるんじゃないかしら」と彼女は言った。彼女が話している間、デレックは彼女のきらきらと光る碧色の眼を見ていた。彼女は眼をそらした。「「たぶん」とか言わないでくれ」彼は言った。彼の顔は笑っており、怒っているというよりむしろ楽しんでいることを彼女に示していた)

それぞれの例の下線部を見てみると、否定の命令であるにもかかわらず、厳密な意味で動詞が存在しない。shhhhh や yes, sir といった語が動詞であるとは考えにくい。辞書の中には sir に動詞用法を認め「〈人に〉sir と呼びかける」の語義を挙げているものがあるので[2]、(2)は動詞を含んでいると主張する向きもあるかもしれない。しかし、yes, sir という形が、過去形になるなどといった動詞の特徴を有すると主張するのは難しいであろう。まして(1)の shhhhh、(3)の well、(4)の probably を動詞であるとするのは無理がある。

本章では(1)〜(4)で問題にした〈Don't＋X＋me!〉の実態を考察しながら、この形がエコー文で使用されるフレーズであることを主張したい。後

---
[1] Amazon Kindle 版、位置 No. 123。
[2] 例えば *Shorter Oxford English Dictionary*, 6th edition (s.v. *sir*)。

で明確になるが、純粋な動詞がないという点において、この形は命令文の規範から外れたものであり、合成的に組み立てられたものではない。この形がフレーズとして成立していることが、X に動詞がなくても許容される理由でもある。この X には先行文脈に現れている語句がかなり柔軟に生じる。同じような意味を表すものに〈X＋me＋no Xs.〉のフレーズ (例: But me no buts.(「しかし」「しかし」と私に言うな)) があるが、〈Don't＋X＋me!〉はこれよりも広範に使われる可能性を持っている。このような形は人間の言語使用の創造性・柔軟性を示すきわめて興味深い例である。

## 9.2 〈Don't＋X＋me!〉の意味論

〈Don't＋X＋me!〉の意味は上で挙げた例につけた訳で明らかではあるが、ここでさらに例を見ながら考えてみよう。

(5) Massimo: . . . or she wouldn't have let you walk in here.
　　Amber: Yeah, well, I don't have time to wait for an appointment.
　　Massimo: I have no time to give you one, young lady. I am very busy.
　　Amber: Don't "young lady" me. You know who I am. Amber Forrester. My husband was just in here.　　　　　　　　　　(SOAP)
　　(「. . .そうでなかったら、彼女はあなたをここに入れなかっただろうしね」
　　「そうね、でも面会を待っている時間がないのよ」
　　「俺だって君と会ってる時間なんかないよ、お嬢さん。俺は忙しいんだから」
　　「「お嬢さん」なんて言わないで。私の立場はわかってるでしょ。フォレスターの妻よ。夫がちょうど入って来たから」)

ここでは Massimo が young lady (お嬢さん) と呼びかけたのを受けて、Amber は Don't "young lady" me! と言い、「私を young lady (お嬢さん) と呼ぶな」と伝えている。(1)〜(5) の各例において、〈Don't＋X＋me!〉は「私に X と言うな、私を X と呼ぶな」の意味である。

shhhhh や yes, sir 同様、young lady 自体に「〈人を〉young lady と呼ぶ」という動詞の意味を認めることは難しいので、この「私に X と言うな」という意味は、非合成的である。

以下の SOAP の例からも、このフレーズは例外なくこの意味で使用されていることが理解される。

(6) Brittany: Yeah, but what if—
Bobby: No, no, <u>don't "what if" me</u>, okay?
(「そうね、でもどうするのよ、もし...」
「いや、「もし...だったら」なんて言うなよ、いいかい」)

(7) Bo: You're not coming with me. That's final.
Hope: Oh, no, <u>don't "that's final" me</u>.
(「君は僕とは同伴しない。それで話は終わりだ」
「やめて、「それで話は終わりだ」とか言わないで」)

(8) Phyllis: . . . Did you or did you not say that?
Nick: In courtroom testimony. And <u>don't "Did you or did you not" me</u>.
(「そう言ったのですか、言わなかったのですか」
「裁判所の証言ね。それから「したのか、してないのか」とか私に言わないでくれ」)

文脈からわかるように、単に「X と言うな」という意味だけでなく、そのような発言をした相手に対していらだちを表すことが多い。

## 9.3 〈Don't＋X＋me!〉の統語論

### 9.3.1　me の固定

これまで挙げた例では、X の後には me が必ず生起している。しかし、当該の連鎖を仔細に調査すると、まれに me が省略されたものがある。

(9) Lucas: There! Right there! I just caught you!
Sami: Caught me what?
Lucas: <u>Don't "caught me what."</u> You were checking me out. (SOAP)
(「ほら、そこだ！ 見つけたぞ！」
「俺が何してるのを見つけたのさ」
「口ごたえするなよ。俺を見てたんだろ」)

(10) George: Mom, please.

Felicia: No, don't "Mom, please."　　　　　　　　　　(SOAP)

（「お母さんお願いだよ」

「ダメね。「お母さんお願いだよ」とか言ってはいけません」）

省略はされているが、それぞれの例は「私にXと言うな」を意味していることは明白であり、このような例は〈Don't＋X＋me!〉と同じと考えてよい。

次の例では、meの代わりにmy-wife-to-beが現れている。

(11) Todd: . . . and you'll be asked to take Nikki, blah, blah, blah, blah, blah.

Paul: Hey, don't "Blah, blah, blah" my wife-to-be.　　　(SOAP)

（「君はニッキをうんたらかんたらとして迎えるよう頼まれることになると思うよ」

「おい、僕の将来の妻を「うんたらかんたら」なんて言うなよ」）

me以外の形が生じた例は、筆者の調べたコーパスではこの1例である。ここで問題にしている形は基本的に〈Don't＋X＋me!〉で固定していると考えてよい。meで固定している理由は、9.4節で検討する。

## 9.3.2 〈Don't＋X＋me!〉の生起環境

この形はかなり限定的な文脈で生起する。例を見ると、すべての例において、Xに生じる表現と同じものが先行する相手の発言の中に現れており、その発言を受けて「私にXと言うな」と述べるためにこの形が使われている。先行する発言Xが、その後の〈Don't＋X＋me!〉の使用を促す一つの動機づけになっている。Xに生じる語句とまったく、またはほぼ同じものが相手の発言として先行する文脈に生じるため、〈Don't＋X＋me!〉のXに現れる語句は実に多種多様である。いくつかグループ分けしながら見ていこう。以下、SOAPからの例である。訳は省略するが、すべて「私にXと言うな」を意味している。

(12) Xに人名・呼びかけ語などが生じる場合

　　(i)　Stefano: Alexandria.

## 9.3 〈Don't＋X＋me!〉の統語論

Lexie: No, no, no. No, no. Don't "Alexandria" me . . . okay?
(ii) Bo: Ma.
Caroline: Don't "Ma" me.
(iii) Adam: Sweetheart, I'm sorry.
Colby: Don't "sweetheart" me.
(iv) Eugenia: Nice to see you, too, Kate, old partner, old pal.
Kate: Oh don't "old partner, old pal" me.

(13) Xに談話辞、間投詞、ののしり語などが生じる場合
(i) Melanie: Yeah, right.
Philip: I am. What do you mean "yeah, right"? Don't "yeah, right" me. Of course I am.
(ii) Angelo: Ohh, no. No. No. No. No, no, no, no, no!
Angelina: Don't "No, no, no" me. It's what I got ta do.
(ii) Gus: Oh, my g—
Harley: Don't "Oh, my gosh" me.
(iv) Marlena: Oh, honey, I'm sorry.
Sami: Don't "Oh, honey" me. You did this. You told me everything.
(v) Bo: Whoa, listen, slow down.
Starr: No, don't "whoa" me, okay?

(14) Xにその他の語、句、節、定型表現が生じる場合
(i) Lily: Nothing.
Neil: No, no. Don't "nothing" me. I can tell that look a mile away.
(ii) Roy: So Merry Christmas.
Melissa: You know something? Do me a favor, okay? Don't "Merry Christmas" me.
(iii) Meg: I'm sorry, Mama.
Emma: Don't "sorry" me. Just, please, tell the truth.
(iv) Dorian: Oh. Come on, Blair. Lighten up.

Blair: Don't "lighten up" me. You stole the diamond.
(v) Tad: Terrific. The other sister. What?
Liza: Oh, don't "what" me with that look on your face.
(vi) Sami: Again?
Lucas: Don't "again" me. You love that movie.
(vii) David: That hurts, gorgeous.
Dorian: Don't "gorgeous" me.
(viii) Ticket-agent: ... that means there are no more seats, hence—
Alex: Don't "hence" me.
(ix) Natalia: Come on, Dad.
Jesse: Oh, don't "Come on, Dad" me.

このように X は実に多種多様ではあるが、相手の発言 X を受けて〈Don't＋X＋me!〉が生じるので、先行文はこの連鎖が生じるための、ある種の必要条件になっている。同じ「X と言うな」という意味は Don't say X to me でも表すことができるが、こちらは当該構文とは違って、先行文に X が含まれていなければならないというような条件はない。つまり〈Don't＋X＋me!〉はその形だけでなく、生起環境においてもかなりパタン化されていることが指摘できる。

### 9.3.3　X は引用実詞か

　前節で見たように〈Don't＋X＋me!〉の X には実に多種多様な語句や表現が生じるが、それらはすべて先行する相手の発言の中の言葉を引用する形である。これらをすべて動詞扱いすることは難しいことは上で述べた。
　一方で、一般的な言語活動において相手の発言を引用するのは普通に見られることであり、このような引用された発言は伝統的には「引用実詞」(quotation substantive) と呼ばれてきた (Jespersen 1914: 215)。安藤 (2005: 32) から例を借りる。

(15) "It has been touch and go with him," said I, "but he'll live now."

(16) 'I hope not' was all he said.

ここからわかるように、(15)では補語位置に動詞句が、(16)では主語位置に文が生じており、通常の文法規則からは説明できない形をしているように見える。しかし、これらは引用された語句や文であり、「実詞[3]」の呼び名からもわかるように通常は名詞扱いされる。(15), (16)において touch and go や I hope not は名詞として引用されており、補語や主語に生じても何ら問題ない。

相手の発言の一部を引用するという点においては〈Don't＋X＋me!〉においても同じである。とするならば、X に生じる形も引用実詞とみなすことが可能であろうか。しかし、X に現れるのが引用実詞(名詞)であるなら、〈Don't＋X＋me!〉において動詞がないことが説明できない。X に現れる語句や表現は引用形式をとってはいるが、引用実詞とはまた別の観点から考えなければならない。

### 9.3.4　X に生じるのは呼びかけ動詞 (delocutive verb) か

この X に生じるような多種多様な表現を、ある種の動詞としてみなす立場が存在する。あまり専門的な話になるのは避けて、簡単に見ておこう。

Plank (2005) は、「X からの転用動詞で、「X」と人に言うことで、その X の意味や効力に文化的に関係する行動を実行することを意味するもの[4]」を「呼びかけ動詞」(delocutive verb) と呼んでいる。彼が挙げる例を見てみよう。

(17) In vain he my-lorded his poor father in the sternest manner.
　　(彼は厳格に「閣下」と父親に呼びかけたが無駄だった)

---

[3] 伝統文法では名詞のこと。(15)の touch and go を「きわどい、危険な」の意味で形容詞として扱う辞書もある。

[4] 彼の説明の英語は verbs derived from a base X which mean 'by saying or uttering "X" (to someone) to perform an act which is culturally associated with the meaning or force of X' となっている。

この文において、my-lord は呼びかけ表現である "My lord" から転用された動詞で、「「閣下」と呼びかける」の意味で使われている。動詞であることは、-ed の屈折語尾が付与されていることから理解できる。Plank は、ドイツ語の代名詞 Sie (あなた) に動詞語尾が付いた siezen (あなたと呼びかける) も呼びかけ動詞として挙げている。

Plank (2005: 468) はこの呼びかけ動詞を論じる過程で、この章で扱っている〈Don't＋X＋me!〉にも触れている。彼は、Don't you ever "How-are-we-feeling-today, sir?" me again, nurse! の例を挙げ "How-are-we-feeling-today, sir" も同種の動詞であると言う。このような考え方にはどの程度妥当性があるのであろうか、ここで考えてみよう。

Plank (1995: 468) は、次のように述べる。

Formulaic locutions are not formed, and do not become culturally pregnant, on the spur of the moment. Sentences which are formed on the fly, therefore, should not normally occur as bases of delocutive verbs ...
(定型の呼びかけ表現は即興で作られ文化的行為を表すということはない。そのため、とっさに作ったような文から呼びかけ動詞が作られることはない)

彼は、How are we feeling today, sir? は看護師が患者に気分を尋ねるときに慣習的に使われる表現であるので、呼びかけ動詞になると考えているようだ。たしかに、前節で見た X に現れる多種多様な表現や語句を見てみると、挨拶やののしり、人の注意をひくといった際に使用されるある種の決まり文句が現れており、これらを呼びかけ動詞と考えれば、当該の〈Don't＋X＋me!〉には紛れもなく動詞が存在することになる。

しかしながら、ここでは X に現れる表現や語句を Plank のように呼びかけ動詞とは考えないことにする。一つの理由として、上記の例の X 位置に現れた表現は動詞の最大の特徴である屈折変化をしないということが挙げられる。例えば *what-ifed や *agains とは言わない。この点で、my-lord-ed やドイツ語の呼びかけ動詞とされる siezen とはまったく異なっている。当然のことながら、〈Don't＋X＋me!〉以外の場合に、X 位置に現れた表現や語句を動詞として用いることはない。例えば、say "again" の意味で *He *agained me.* などとは言えない。

　また次のような例からもわかるように、X 位置に現れるのは必ずしも文化的慣習に関係する定型の呼びかけ表現というわけではない。相手の先行発言に含まれるものであれば柔軟に X 位置に生じることができ、この点でも呼びかけ動詞とは一線を画している。

(18) Kay: But, Tabitha, I know how to control it!
　　　Tabitha: Don't "but Tabitha" me.　　　　　　　　　(SOAP)
　　　(「でもタビーサ、どうやったらいいかわかってるよ」
　　　「「でもタビーサ」って言わないで」)

前節で見た例の X 位置に生じている again, probably, that's final などといったものが、どのような文化的行為と結びつくのかも明らかではない。

　そもそも X 位置に生じる語や表現を呼びかけ動詞とするのであれば、9.3.2 で挙げた多種多様な表現が動詞として認められることになり、それぞれの表現に不必要に動詞の用法を認めねばならなくなる。それはあまり現実的ではないだろう。

　また、これらが動詞であるならば、目的語位置に現れる後続要素が me にほぼ限定される必要はないはずである。X に現れる要素一つひとつを動詞とみなしても、後続要素が me に限られることを別に説明しなければならない。〈Don't＋X＋me!〉については、単に X に現れる表現が動詞かどうかというような視点だけでなく、連鎖全体を考えねばならない。

## 9.4　フレーズエコー文〈Don't＋X＋me!〉

　従来の引用実詞や呼びかけ動詞といった分析方法を取らないとするのであれば、「動詞のない」〈Don't＋X＋me!〉の本質はどのように考えたらいいのであろうか。

　ここでエコー文について考えてみよう。エコー文 (echo utterance) とは、話し相手の発言の全部または一部をそのまま繰り返すもので、主にエコー疑問文とエコー感嘆文がある (Quirk et al. 1985: 835ff.)。

(19) A: How did you enjoy the carnival?
　　　B: How did I enjoy what?　　　　　　　　(Quirk et al. 1985: 837)
(20) A: Open the door, please.
　　　B: Open the door! Do you take me for a doorman?
　　　　　　　　　　　　　　　　　　　　　　(Quirk et al. 1985: 837)

　エコー疑問文は、相手の発言の一部が聞き取れなかったため、その内容を確認する目的で相手の発言をそのまま引用しながら不明な部分を尋ねる形であり、(19)のBがそれにあたる。エコー感嘆文は、相手の発言をそのまま引用しながら、「...だって!」と相手の発言に強い感情を表明する表現である。(20B)では「ドアを開けてください」と言った相手に対して、相手の発言をそのまま繰り返して「ドアを開けろだって! 俺をドアマンだとでも思ってるのか」と驚きや不満を示している。
　興味深いことに、このエコー疑問文は理解できなかった部分を疑問詞で置き換える操作をするため、動詞の部分を確認したい場合には、臨時的にwhatに-edをつけることがある。

(21) A: She sat there and ratiocinated.
　　　B: She sat there and *WHATted*?　　　　(Quirk et al. 1985: 836)
　　　(「彼女は座して推断していました」
　　　「彼女は座して何をしていたって?」)

　Quirk et al.は、こういった、動詞を尋ねるような、通常の疑問詞whatと異なった使い方の場合は容認度が落ちると述べている。動詞でないwhatが動詞位置に生じるのはこのエコー疑問文という特殊な状況においてであることに留意されたい。このような使い方をするからといって、whatに特別に動詞用法を認める必要はない。(21B)の形は、動詞以外の要素が動詞位置に生じている〈Don't＋X＋me!〉の形と通じるところがある。
　この〈Don't＋X＋me!〉の特徴として、先行する相手の発言に同じ語句や表現Xが存在し、それを受けた形で「Xと言うな」と述べることを見た。相手の発言をそのまま使うというのはエコー文の特徴に他ならない。また、この形でXに後続する要素がmeに限られるのも、これがエコー文

の一種であることから導き出される自然な帰結である。エコー文は自分に向けられた発言の一部を繰り返すものである。その対象は発話が向けられた「私」以外にはありえない。「Xと言うな」と、この形が相手の発言に対して強い感情を表すことも、エコー文の特徴から来るものである。

　この連鎖は (i)〈Don't＋X＋me!〉で形が固定していること、(ii) 発言動詞は含まずこの連鎖全体でその「Xと言うな」という意味を表すこと (意味的に非合成的)、(iii) 純粋な動詞が存在せず (文法的に非合成的)、相手の発言の一部をそのまま引用する、といった特徴を勘案すれば、この〈Don't＋X＋me!〉はエコー文の一種で、確立したフレーズであると言える。動詞が存在しなくても使用できるのはこの形がフレーズであるからに他ならない。すなわち、〈Don't＋X＋me!〉はフレーズエコー文と呼べるものである。命令文の規範から見れば異質な〈Don't＋X＋me!〉の本質は、このように考えればよいだろう。

　このように述べてくると、「発話の中で相手が「私」とわかっているのであれば、me を取り立てて言語化する必要はないのに、なぜ〈Don't＋X!〉の形にならないのか」という疑問が出る可能性がある。X が純粋な動詞でないのに、「目的語」のような me が現れるのはどのような理由からであろうか。確かに (9) や (10) のように me が省略された形も確認されるが、本章で見てきたように、基本的には me が必要である。「目的語」のような me をつける理由は何であろうか。

　まず、このフレーズは、そもそも発言の相手を明示する必要があることを見てみよう。(11) の例のように me 以外の語句が生じることもあるし、インターネット上の例ではきわめて少数ながら、"Don't Father him," Gabe smirked.[5] といった例が確認できる。me 以外の可能性を担保しておくためにも、このフレーズでは「誰に」の部分は必要なのである。つまり、発言相手が「私」とわかりきっているから、〈Don't＋X!〉でいいということにはならない。

　発言相手が明示されなければならないのであれば、当該連鎖を〈Don't＋

---

[5] http://www.fanfiction.net/s/2618785/1/Just-Another-Day

X+〈人〉!〉というフレーズとするのも一つの考え方ではある。そのフレーズで me がたまたまよく使われると考えるのである。しかし、ここでは〈Don't+X+me!〉を基本のフレーズ形として考えたい。そうすることで、me が省略された形は、この基本形から me が磨滅したものとして考えることができる。もし発言相手を未指定にして〈Don't+X+〈人〉!〉というフレーズを考えるのであれば、〈人〉の部分が顕在化していない(10)の Don't "Mom please."のような例で、me 以外の可能性をどうやって排除するのかという問題を別に考えねばならない。本章の議論にもとづけば、基本形が〈Don't+X+me!〉だからこそ省略されても発言の相手は me であると理解されると言える。また、me 以外のものが生じた形は、単にフレーズ要素の置換として考えることができる。

## 9.5 〈X+me+no+Xs.〉との比較

最後に、But me no buts. のような形との類似性や相違点を考えてみよう。ここではこの形を〈X+me+no+Xs.〉と表示する。この形は本来動詞でないものが X に現れて「X と言うな」を意味し、〈Don't+X+me!〉と類似するものである。

まずは例を確認してみよう。以下の例は、この〈X+me+no+Xs.〉を扱ったウェブサイト[6]に挙げられているものである。訳は省略するが、すべて「私に X と言うな」という意味である。各例の出典の表記は当該ウェブサイトのままである。

(22) a. Thank me no thanks, nor proud me no prouds.
(William Shakespeare, *Romeo and Juliet* (1597), act iii, scene 5.)

b. But me no buts. (Henry Fielding, *Rape upon Rape* (1730), act ii, scene 2. Also in Aaron Hill, *Snake in the Grass*, sc. 1.)

c. Clerk me no clerks. (Sir Walter Scott, *Ivanhoe* (1819), chapter xx.)

---

[6] http://en.wikiquote.org/wiki/X_me_no_Xs (2015 年 12 月最終閲覧)

d. Diamond me no diamonds! prize me no prizes!

(Alfred Tennyson, *Idylls of the King* (c. 1842–1885).)

e. Grace me no grace, nor uncle me no uncle.

(William Shakespeare, *Richard II*. (1595), act ii, scene 3.)

f. Madam me no madam.

(John Dryden, *The Wild Gallant* (1663), act ii, scene 2.)

g. O me no O's.

(Ben Jonson, *The Case Is Altered* (c. 1609), act v, scene 1.)

h. Play me no plays. (Samuel Foote, *The Knights* (1748), act ii.)

i. Poem me no poems.

(Rose Macaulay, quoted in *Poetry Review* (Autumn 1963).)

j. Tennessee me no Tennessees.

(Jack Kerouac, *Visions of Cody* (1972), Part Three, p. 427.)

かなり古い時代からこの形が使われているが、X に現れているのは 1 語の語である。この形で X に現れる語を呼びかけ動詞とみなす研究者もいる (Traugott 1982: note 2 in 268)。彼らは、例えば、But me no buts. の最初の but が to say "but" を意味すると考える。しかし、X に現れる語は屈折をしないものばかりであるし、動詞としての特徴を持たない。X に現れる語を動詞とするならば、〈X+me+no+Xs.〉という形で固まっていることはどう説明するのか、なぜ me が決まって現れるのかといったことが説明されなければならない。上で示した例がすべて〈X+me+no+Xs.〉という定型の形で生じていることを考慮すれば、これもフレーズエコー文の一つであると考えたほうがよい。

この形でも、〈Don't+X+me!〉同様、X に生じる語が先行文に現れる。(22)に挙げた例のいくつかを示されている原典で確認すると、当該フレーズは次のような文脈に生じている。

(23) HENRY BOLINGBROKE: My gracious uncle—
DUKE OF YORK: Tut, tut!

Grace me no grace, nor uncle me no uncle: ...

(24) Rach.: O Angelo!

　　　Ang.: O me no O's, but hear; my lord, your love, . . .

これはエコー文の特徴に他ならない。〈Don't＋X＋me!〉との相違点は、〈Don't＋X＋me!〉では、1語の語だけでなく、実に多種多様な語句が X に生じるということである。これは今まで挙げた例からも明らかである。この理由としては、〈X＋me＋no Xs.〉の場合、最後の Xs には複数 -s のついた形が生じる必要があり、ここに複数語句からなる表現を使いにくいということがあるのであろう。相手の発言を受ける形で「...と言うな」という状況では、相手のいろいろな表現を引用するので、X に立つ表現に制限のない〈Don't＋X＋me!〉の形が発達してきたと考えることができる。

## おわりに

　この章では〈Don't＋X＋me!〉の表現を扱ってきた。この形は相手の発言の一部を受けて「X と言うな」の意味で使われるフレーズエコー文の一種であることがわかった。

　このような形は、品詞の点から考えてもあまり意味がない。X が動詞位置であるので、X に現れるものは動詞であるとを考えるよりは、内部構造を意識しないで作られるフレーズは、品詞の呪縛から解き放たれていると考えるほうがよいであろう。また〈Don't＋X＋me!〉は一種のエコー文であり、従来から知られていた〈X＋me＋no＋Xs.〉と同じ性質のものである。

　フレーズというのは形がほぼ固定されており、言語の創造性とは対極にあるような印象を与えるかもしれないが、品詞にとらわれずにフレーズを駆使して多様な表現を生み出す能力は、人間の言語使用に見られる創造性の一側面である。

# 第10章

# 〈V＋X＋to please V〉への フレイジオロジー的アプローチ

## 10.1　please が生じる「分離不定詞」

　伝統的規範で必ず触れられるのが分離不定詞である(第2章)。第2章でも述べたように、この分離不定詞に関しては、to と動詞の間に生じる副詞の特性などについて、規範とは別の視点で考えることで、いろいろと興味深いこともわかってくる。

　以下に挙げる例を見てみよう。

(1) Ladies and gentlemen, we are asking you *to please say* no to this sale.
　　　　　　　　　(米映画 *Big Business* (1988) の女優リリー・トムリンのセリフ)
　　(みなさん、この売却にどうかノーと言っていただけますようお願い申し上げます)

(2) a.　He asked Ryan *to please come* with them.　　　　　(COCA)
　　　　(彼はライアンにどうかみんなと一緒に来てくださいと言った)
　　b.　..., she wanted me *to please find* her and ...　　　　(COCA)
　　　　(マギーの母親は私にどうかマギーを見つけてほしいと言った)

これらの例では不定詞の標識である to と動詞の間に副詞 please が現れている。このような例をここでは PPT (*please*-placed *to*-infinitives) と呼ぶことにする。

　PPT の例を一つひとつ見ていくと、通常の分離不定詞とは一線を画する特徴を指摘できる。本来不定詞はさまざまな文型で使用されるので、分離

[159]

不定詞の現れる場所もさまざまである。しかし、こと please に限って見てみると、あとで触れるように基本的には〈V＋X＋to please V〉という固定した連鎖で生じることがわかる。ここでは、分離不定詞を〈V＋X＋to V〉というパタンとの関係でとらえ直し、PPT の実態を考察してみたい。

## 10.2 分離不定詞

分離不定詞において、to と後続動詞の間に挿入される要素は、1 語の副詞だけでなく、相関構文 (not only X but also Y) の一部や、認識的意味を持つフレーズ (I think) など実に多種多様である[1]。

伝統的規範においては分離不定詞は非難の対象となってきたが、記述主義的な考えを取り入れた文法書では、かなり穏健な判断をとっており、「必要であれば不定詞を分離させてよい」(*Merriam-Webster's Dictionary of English Usage*, p. 868) というのが一般的な考え方である。「必要な時」というのは、意味的に曖昧性を生じさせないためといった場合が挙げられる。例えば、分離不定詞を避けて look carefully to consider とすると、carefully が look と consider のどちらを修飾するのか曖昧になる。この副詞と consider の結びつきを明確にしたい時には、look to carefully consider という分離不定詞を使用しても差し支えない。差し支えないというのは、そうしてもいいということであり、必ず分離させよということではない。

一方で、Zwicky (2004) や Liberman and Pullum (2006: 31ff.) では、義務的に分離不定詞を使用しなければならない場合があるという主張がなされている。例えば次のような例である。

(3) He expects the staff size to more than double within two years.
　　(彼は 2 年以内に局員が今の 2 倍を上回る人数になることを望んでいる)

Zwicky は、more than を to の前に置いて more than to double とすると非

---

[1] 例については Curme (1931: 458ff.), Jespersen (1940: 330ff.), Quirk et al. (1985: 496ff.) などを参照。

文法的になるという判断をしている。この点で、more than は他の副詞と性質を異にする。彼が行ったウェブ検索では、非分離型の more than to double の形はきわめて限定的な数しか生じないことが確認されている。数がきわめて限られるのは、本来 to more than double となるべきところを、話者が強い規範意識で「悪名高い」分離不定詞をあえて避けようとした結果であるという。Zwicky は「more than や up to といった副詞は分離できず、to more than double / to up to double と義務的に分離不定詞となる」と結論づけている。

　これはおそらく、話者が動詞部分を [more than] [double] のような分析的な形ではなく、[more than double] という1つのフレーズとして認識していることから生じるものだと考えられる。その証拠に carefully などといった副詞は文末などの別の位置にも回すことができる (to consider ... carefully) が、more than などは文末に回せないということがある (*to double ... more than)。義務的分離不定詞は、表面上分離しているようには見えるが、to の後ろにフレーズとしての動詞表現が生じると考えるほうがよい。このような考え方に立てば、to [more than double]$_V$ は、通常の to [overstate]$_V$ のような形と同じであると考えることができる。

　このような「義務的な」場合の考察から、分離不定詞を扱う際に考慮すべきことが見えてくる。それはすなわち、to と不定詞の間に挿入される要素をすべて副詞類というカテゴリーでまとめてしまわずに、出現する副詞の種類を一つひとつ吟味する必要があるということである[2]。規範的には、〈to＋副詞(類)＋動詞〉という構造そのものに議論が集中するが、問題の本質はそこにはない。ここで扱う PPT についても単なる分離不定詞として処理するのではなく、please が生じた形特有の使い方があるのではないのかといった視点から考えていくことで新たな事実も見えてくる[3]。

---

[2] この点については第2章末でも触れた。
[3] Curme (1931: 463) は、You are to please come over here. を分離不定詞の例として挙げているが、それ以上の考察がない。

## 10.3 〈V＋X＋to please V〉の実態

### 10.3.1 下接詞としての please と出現位置

まず please について今まで明らかにされてきたことを確認しておこう。

命令文とともに使用される副詞 please は、「丁寧さを示す下接詞」(courtesy subjunct) と呼ばれている (Quirk et al. 1985: 569ff.)。丁寧さを示す下接詞には他にも kindly などが含まれるが、(4)で見るように、kindly は命令文の動詞の直前に生じなければならない。一方で同じ下接詞に含まれる please は、出現位置が比較的自由で、(5)のように、文末でも生じることができる。

(4) a. *Kindly* leave the room.
  b. *Leave the room, *kindly*.　　　　　　(Quirk et al. 1985: 570)
(5) a. *Please* leave the room.
  b. Leave the room, *please*.
  c. *Please* don't make a noise.
  d. Don't make a noise, *please*.
  e. (?) Don't *please* make a noise.　　　(Quirk et al. 1985: 570)

否定命令の場合、(5c), (5d)で見るように please が don't の前か文末のいずれかに生じれば問題はないが、(5e)のように don't の直後に生じると、話者によってはそれを認めない者もいる。これはおそらく Don't の直後では Don't please と聞いた時点で「喜ばせるな」という please の動詞の解釈も成り立つためであろう。

加えて、純粋な命令文ではなく、他の形式であっても、文全体として直接的・間接的な要求を表す文であれば please を使用できる (Quirk et al. 1985: 571)。興味深いことに、このような場合、please は動詞の直前や文末に生じることができるが、純粋な命令文と異なり文頭位に生じないということが指摘されている (Quirk et al. 1972: 471)。

(6) a. Will you please leave the room?
  b. I wonder whether you would mind leaving the room please.

10.3 〈V＋X＋to please V〉の実態 | 163

(7) a. *Please will you leave the room?
　　b. *Please I wonder whether you would mind leaving the room.

　純粋な命令文でない場合に、please の出現位置がこのように限定されるのは、下接詞としての please の機能は、文全体が表す「依頼」といった意味に共鳴するからであり、please を使用する前に依頼であることを明示する必要があるからである。すなわち、その文が依頼を示しているかどうか不明なまま、文頭位で please を使用することはできないと説明できる。逆に言えば、下接詞 please が文頭位置に立つ場合は、命令文が後続するというのが確実に理解される。

　このような下接詞 please の出現位置の柔軟性を見ると、この章で問題にする PPT に生じる please もいろいろな位置に生じることが考えられる。次の例を見てみよう。

(8) a. Tell Laura to get him to move it *please*?　　　　　　　　　(BNC)
　　　（それを彼に移動させるようローラに言ってくださいませんか）
　　b. "Letty," she said as the young girl bobbed in the doorway, "ask Mrs Beynon to come in *please*."　　　　　　　　　(BNC)
　　　（入口で会釈をしているレティに向かって、彼女は「ベニオンさんに入ってもらうように言ってちょうだい」と言った）
　　c. Would you be so good as to ask Mr Lee to step out here *please*?
　　　　　　　　　　　　　　　　　　　　　　　　　　　　　(BNC)
　　　（リーさんにここから出ていただくように頼んでいただけませんか）

　このような例では Please tell Laura ... や Would you please be so good ... のように please の位置を移動できる。これから考えても、please は主節の命令文の動詞である tell や ask，間接的に依頼を表す Would you be so good as to ... と意味的な関係を持ち、不定詞の中の動詞を修飾しているわけではないと判断できる。このような例は(5b)や(6a)と同じタイプであり、この章で問題にしている PPT とは無関係である。

　一方で、次の例では please は不定詞内の動詞を修飾しており、PPT の please が to 不定節の節末に現れたものと考えられる。このことは、I please ask / I ask please ... といった形が不自然であることからわかる。

(9) a. I ask the House to listen to them, *please*. (BNC)
   (議会には、どうか彼らの意見に耳を傾けていただけるようにお願いしたい)

   b. I now ask Richard (...) to address, *please*. (BNC)
   (ではリチャードに講演を始めていただきましょう)

(10)では、文末の please が主節の begging にかかるのか (I'm begging you please)、不定詞内の tell にかかるのか (please tell the panel how to do it) の判断がつきかねる。

(10) But I'm begging you to tell the panel how to do it *please*. (BNC)
   (しかし、そのやり方をみなさんに教えていただけませんかとお願いしているのです)

(9)のような、please が文末に生じた PPT の変異形を大規模なコーパスからすべて拾い上げることは不可能に近く、また(10)のように解釈が難しいことも多いので、本章では、このような節末／文末に please が生じるものは考察対象から外す。いずれにせよ、伝統的規範との関係で問題になるのは please が to の直前直後に現れているもの (... please to V / ... to please V) であるので、今回はこの形に限って考えていく。

### 10.3.2 頻　　度

本章執筆の時点[4]で to please [v*][5] の形を COCA で検索すると、関係する例を 236 例収集できた。一方で please to [v*] の形を検索すると、直接関係しない例[6]を省いて 13 例しかヒットしなかった。to please V の形が

---

[4] 2015 年 6 月。

[5] [v*]は、動詞であればどのようなものも拾い上げる検索ワードである。

[6] please to V の形で生じたもののなかで、本章の議論と関係ないものは Please to meet you のような、Pleased to V の誤りと考えられるものや、古い英語の名残である May we please to have the ketchup? (ケチャップをとっ

please to V の約 18 倍の頻度である。

通常の分離不定詞では、分離型、非分離型にそれほど大きな頻度の差が見られるわけではない。例えば同じ COCA で to carefully [v*] と carefully to [v*] を検索してみると、ほぼ 1 対 1 の割合（322 例対 326 例）でヒットした。to always [v*] は 876 例、always to [v*] は 614 例であり、割合としては 1.4 対 1 である。これらでは、please のような 18 倍もの差が見られない。このことから、please については to の後に生じるのが通例であり、please to V のほうが異質な形であることが読み取れる。この点で、他の carefully や always などの副詞の分離不定詞とは傾向が大きく違うことが指摘できる。本来的には please は to please V となるが、一部の話者は規範意識があまりにも強いので please to V としてしまうのだろう。この形の本質を理解するためには、まず、従来の規範文法で非難の対象であった to please V の形のほうが無標であることを認識しなければならない。

### 10.3.3　to please V の生じるパタン

to 不定詞節は主語や目的語位置、または文頭、文末などに現れてさまざまな役割を果たす。したがって通常の分離不定詞は、そういったすべての to 不定詞の場合に観察される。次例に挙げるように、動詞・形容詞の後だけでなく、名詞の後に置かれてその内容を叙述する、いわゆる同格の to 不定詞、目的を表す to 不定詞、it is . . . to V の構文など、to 不定詞が生じる全般的な環境において観察される。

---

　　ていただけますか）のような please to V の形である。後者が古い英語の名残であることは以下のような例から理解できる。
　　The reader may please to observe, that the following extract of many conversations I had with my master, contains a summary of the most material points which were discoursed at several times for above two years . . .　　　　　（J. Swift, *Gulliver's Travels,* Part IV, Chapter V)
　　（読者におかれては、以下の、私が主人と交わした多くの会話の抜粋の中に、2 年以上にわたって何度か話し合った重要な論点を要約したものが含まれていることに留意されたし）

(11) 動詞・形容詞の後の to 不定詞

    a. The increased number of these cells <u>appears to also help</u> protect against other diseases that can be carried by birds.

                            (*Voice of America*, Aug. 17, 2004)

      （このような細胞が増えていくと、鳥が媒介する他の病気に対して抵抗力もつくようだ）

    b. I truly believe that Americans will not be <u>able to respectfully behave</u> toward representatives of Muslim nations.

                          (*The Lumberjack*, Dec. 5, 2001–Jan. 8, 2002)

      （アメリカ人はイスラム国家の代表に対して敬意を払った態度を取ることはできないと、私は心から思います）

(12) 名詞の後の to 不定詞

    a. While it's understandable that for many people this is <u>their first time to even see</u> snow, much less drive in it, . . .

                          (*The Lumberjack*, Dec. 5, 2001–Jan. 8, 2002)

      （多くの人たちは雪を見るのさえ初めて、ましてや雪の中を運転するというのも初めてであることは理解できるが . . .）

    b. <u>The right to not be required</u> to do something that violates your core beliefs is fundamental in our society.

                             (*The Washington Post*, Jan. 30, 2006)

      （信条の根幹を覆すようなことを強制されない権利は我々の社会の基盤をなす）

(13) 目的を表す to 不定詞

    President Bush says the United States and its allies are working <u>to quickly get</u> a U.N. resolution to end Israel-Hezbollah violence.

                             (*Voice of America*, Aug. 07, 2006)

    （ブッシュ大統領は、アメリカ合衆国と同盟国はイスラエルとヒズボラの紛争を終結させる国連決議を至急可決するよう努力していると述べている）

(14) その他

    a. . . . it's hard <u>to sincerely care</u> what happens to each and every not-so-unique individual.    (*The Lumberjack*, Jan. 30–Feb. 5, 2002)

（特段変わったところのない普通の人たちに起こることを心から心配するというのは難しいものだ）

b. This item is pricey, but it's useful for people smart <u>enough to not drive</u> and talk on their cell phone at the same time.

(*The Lumberjack*, Jan. 30–Feb. 5, 2002)

（この機器は高額であるが、運転中の携帯電話の使用を望まない賢い人たちには役に立つ）

　一方、PPTの例を見ていくと、周囲の統語環境がかなり固定した形で使用されていることに気づく。COCAからのPPTの例を見ると、わずか数例を除いて、ほとんど例外なく〈V＋X＋to please V〉という形で使用されている。(1)や(2)に挙げた例や以下に示す例において、主節の動詞こそさまざまではあるが、すべてこのパタンであることに留意されたい。一定のパタンに現れるというのは、上で見たような通常の分離不定詞とは一線を画すPPTの一つの特徴である。

(15) I want to take a minute to <u>remind you to please recycle</u> each and every issue of REDBOOK.　　　　　　　　　　　　　(COCA)

（少々お時間をいただいて、雑誌REDBOOKの全号をリサイクルしていただけるよう念押しさせていただきたい）

(16) ... he <u>begged people to please come</u> and build him a chemical weapons plant ...　　　　　　　　　　　　　　　　　(COCA)

（彼は、どうか化学兵器工場を建てに来てほしいと請うた）

(17) I would warmly and strongly <u>recommend them to please do</u> it,— because if they do not, then someone will call on us to do it.

(COCA)

（彼らにそれをやってほしいと強く心から思います。というのも、彼らがそれをしなければ、誰かが私たちにやってくれと頼んでくるでしょうから）

(18) And I <u>encourage everybody to please go</u> to our website, ...

(COCA)

（皆さんにどうか私たちのウェブサイトを訪問していただけるようにと勧めています）

(19) But he was counseling Nixon to please open the door to China.
　　　　　　　　　　　　　　　　　　　　　　　　　　　　(COCA)
　　（しかし彼はどうか中国に門戸を開くようにとニクソンに助言していた）

(20) When we pressed them to please give us some reason, the only answer that was given to us was "money."　　　　(COCA)
　　（我々が彼らにどうか理由を述べてほしいと迫った時に、返ってきた唯一の答えが「金」だった）

　この〈V＋X＋to please V〉の主節に現れる動詞を見ると、ask, tell, beg, recommend, encourage, want, would like, urge, advise といったものであり、Xに対して何かの行動を起こすよう働きかけをする動詞である。PPTがこのような、〈ask/tell/beg/recommend/encourage/want など＋X＋to please V〉という固定した連鎖で生じることを説明するためには、英語の命令文のそもそもの特徴を押さえておく必要がある。

　10.3.1で触れたように、please は命令文とともに使用される丁寧さを表す下接詞である。命令文は、命令、要請、懇願、助言といった発話内行為[7]を持つが、どのような意味が表されるかはさまざまな要因で決定され (Huddleston and Pullum 2002: 929)、命令文でどの発話内行為が意図されているかを正確に同定することは簡単ではない (Quirk et al. 1985: 831)。Lock the door before you go to bed. という文が命令なのか助言なのかといったことは、発話者と聞き手の関係によっても変わってくる。また、ある場面では助言であったとしても別の状況では違う発話内行為を表す。

　さらに、命令文は主節にのみ生じ、従属節の that 節内には生じないということがある。

(21) *I tell you that come tomorrow.　　　　(Palmer 1986: 113)

つまり、平叙文は that 節で、疑問文は wh 節で間接話法にできるが、命令

---

　　[7] 発話内行為とは、言葉を発することで何か別の行為を行うことである。例えば、「この船をタイタニック号と命名する」と発言することで、「命名」という行為を行う。命令文は、それを発することで「要請」「助言」などを行う。

文はこれらとは違った形で伝達しなければならない。基本的には、これまでたびたび言われてきたように、命令文の間接話法形式は〈tell/order＋X＋to V〉のような to 不定詞を用いた形を使用する。Please do it. といった単純な命令文も、... asked him to please do it / ... beg anybody to please do it / recommend them to please do it といったようにさまざまな形で引用されるが、主節の動詞はこの命令文の発話内行為を表す役割を負うことになる。

　PPT が〈ask/tell/beg/recommend/encourage/want など＋X＋to please V〉という形で生じる理由としては、(i) please が命令文とともに使用される丁寧の下接詞であること、(ii) 命令文を伝達する話法の形は〈V＋X＋to V〉であること、(iii) 命令文の発話内行為はさまざまであり、主節の動詞が伝達される命令文の発話内行為を表していることという 3 つが挙げられる。

　PPT が〈V＋X＋to V〉のパタンと密接な関係を持つことは、この形が固定化し、単なる命令文の間接話法形式というだけにとどまらず、さらに機能を拡大させていくきっかけを作っていく[8]。

### 10.3.4　直接話法を引用する形式としての〈V＋X＋to "please V"〉

　直接話法が間接話法に転換される場合、代名詞、時制といったダイクシス(直示表現)が、伝達者の視点に合わせて変更されるということがある。

---

[8]　ここで議論している PPT は一見すると次のような例と同じではないかという疑問を持たれるかもしれない。
　　He said he'd show a few slides towards the end of his talk, at which point please remember to dim the lights.
　　　　　　　　　　　　　　　　　（Huddleston and Pullum 2002: 1061）
　　（話の最後にかけてスライドを何枚か見せるので、そこでライトを暗くしてほしいと彼は言った）
ここでは、主節現象であるはずの命令文が関係詞で導かれた従属節に生じている。しかしながら、このような例は At that point please remember to dim the lights. と独立して言えることからも明らかなように、基本的には主節と変わらない。ここで命令文が生じることには問題はない。一方〈V＋X＋to "please V"〉では、to 以下の部分を独立させて使用することはない。Huddleston and Pullum の例は PPT とはまったく異なっていると考えねばならない。

(22) a. John said to me, 'I saw you yesterday.'
　　 b. John said to me that he had seen me the day before.

(Palmer 1986: 163)

　(22a)の直接引用符の中の直示表現が、(22b)では変更されている。このように直示要素が変更されるのは、間接話法で伝えられることは、もはや元の発言者の発言ではなく(この場合 John の発言ではなく)、伝達者から見た発言となっている(この場合 me の視点から伝達されている)ことが理由である。また、時制などの変更も、もともとの発言の場ではなく、伝達される場との関係で決定されるためである (Coulmas 1986: 3)。

　命令文の間接話法の形式である〈V+X+to V〉においても、このような直示表現の変更は当然のことながら行われる。

(23) a. ... he begged me *to please* listen to his story. (COCA)
　　　（彼は話を聞いてくれと私に懇願した）
　　 b. He told me *to please* sign his name to it, and take it to the bank ... (COCA)
　　　（彼は、その書類に彼の名前を書いて銀行に持って行けと私に命令した）

　例えば(23a)においては、Please listen to my story. であったものが、伝達者である「私」の視点から直示表現が変更され listen to his story となる。(23b)においても同様である。

　しかしながら、非常に興味深いことに、次例ではこのような直示表現の変更がなされていない。

(24) a. ... he appeared not to recognize actress Sharon Stone, asking her *to "please* identify yourself." (COCA)
　　　（彼は、「自身の身分を明らかにして下さい」と求めており、どうも女優のシャロン・ストーンをわかっていないようだった）
　　 b. ... the stewardess advises passengers *to "please* take a moment to ignore the safety information card in your seat back pocket." (COCA)

(キャビンアテンダントが「前の座席の後ろポケットに入っている安全情報カードからちょっと目を離して(こちらを向いてください)」と乗客に伝える)

c. These four authors were simply asked *to* "*please* write something about your first few years." (COCA)

(4人の作家は、単に「作家になった最初の数年間について何か書いてください」と頼まれていた)

d. ... she simply asked the comtesse *to* "*please* use your credit and the authority of Monsieur the comte to stop a horrible libel ..." (COCA)

(彼女は伯爵夫人に「どうかあなたの信用と伯爵氏の権力を使って、ひどい名誉毀損をやめさせてください」と頼んだ)

e. The raper begging the rapee *to* "*Please, please* like me." (SOAP)

(強姦者、被害者に「俺を好きになってくれ」と頼む)

文法的な規則に則れば、(24a)の yourself, (24b)と(24c)の your, (24d)の your はそれぞれ、herself, their, her と変更されるべきはずのものである。同様に(24e)では me は him となるべきところである。

またすべての例で引用符があることからもわかるように、これらは直接命令文を引用したものであって、(23)のような命令文の間接話法ではない。つまり to の後に命令文の直接話法が現れていることになる。

そもそも、英語において、平叙文の直接引用や直接命令は、従属節を示す、いわゆる補文標識(例えば that 節を導く that)とは共起しないものである。

(25) a. *He said that "I'm going". (Munro 1982: 302)

b. *I tell you that come tomorrow. (Palmer 1986: 113)

to 不定詞の to も従属節を表す補文標識であるので、本来 to の後に直接命令は生じることはない。しかしながら、(24)の例では、引用符の存在や直示表現が変更されていないことからもわかるように、本来生じないとされる to の後に直接命令が生じている。このような形は、従来の文法では認め

られていなかったものである。同じように、次の(26)の例では、引用符こそないものの、直示表現が変更されていないことから考えて、直接命令文が to 不定詞の後に生じていると判断できる。

(26) a. He also asked the media as a last wish *to please, please* leave my children in peace. (COCA)
(彼は最後のお願いとして、メディアに「どうか僕の子供たちはそっとしておいてくれ」とも頼んだ)

b. Now, the league is on one knee with hat in hand, begging reclusive billionaire Marvin Davis *to please, please* accept us.
(COCA)
((これまでは毎回断られていたという文脈で)リーグ(NFL)は片膝をつき、かしこまって、世捨て人の億万長者マーティン・デイヴィスに「どうか、どうか我々を受け入れてくれ」と懇願している)

間接話法であれば、my は his に、us は them になるべきであろう[9]。please の繰り返しも、to 以下は直接話法であることを示している。

Partee (1973: 411) は (27) の例を挙げて、この例は直接話法と間接話法の混交であり、このような形は通常の話し言葉では生じないと述べている。この場合、said that ... が間接話法で "go ..." 以下が直接話法ということである。

(27) Captain Davis said that he did not intend to "go soft on bomb-throwing hippies".
(デイヴィス警部は、「ヒッピーに対する爆弾攻撃の手を緩める」つもりはないと言った)

表面上は似ているが、今ここで扱っている PPT は Partee の挙げる例と同

---

[9] (26)のような、引用符のない例の存在は、直接命令を引用した〈V+X+to please V〉の形がコーパスにもっと多く存在する可能性があることを示唆する。例えば、I asked them to please give me a hint. のような例においては、これが引用符なしの直接話法か、(23)のような通常の間接話法を意図したものか判断できない。

列に考えられない。Partee の挙げる例は said の存在からわかるように、She said that he "has arrived"のような形と同じものであり、引用符に囲まれた部分がもとの話者が使用した言葉であることを示しているだけである。(27)の intend to "go . . ." でも go 以下がもともとの発話者が使用した言葉であることを示している。

　Partee が挙げるように一部が直接引用になっている形ではなく、命令文全体が to 不定詞の後に生じていることが PPT の特徴である。上で触れたように、直接命令文は通常主節にのみ起こり、補文標識の後に起こることはないとされる。すなわち、*I said that "come here." や *I said that "Don't do it." といった形は通常不可能であるのに、なぜ I asked him to "please come here." は可能かということが問題なのである。これは(27)のような単なる直接話法と間接話法の混合ということではない。

　ここでは〈V+X+to please V〉が、フレーズとして、命令文を間接引用する形から直接引用する形へ、機能を広げつつあるということで考えておきたい。そうすることで、次節で見る例も同じように扱うことができる。

### 10.3.5　否定命令文を直接引用する形式としての〈V+X+to (")please +don't V(")〉

　Don't で始まる否定命令文も、そのままの形で to 不定詞に生じることは通常ない。これは to 不定詞が文ではなく、動詞の原形を従えるということからくる当然の帰結である。

(28) a.  Don't be late.
　　 b.  *He told me *to do not be late*.　　(Huddleston and Pullum 2002: 943)

したがって、否定命令を引用する場合は、通例、動詞の原形に not のみを付加する形が使用されることになる。please はあってもなくてもよいが、please がある場合は分離不定詞になることもならないこともある。

(29) a.  I am asking you to please not use it against me and Mike.
　　　　　　　　　　　　　　　　　　　　　　　　　　　　(SOAP)

　　　　　（私は、マイクと私に不利な形でそれを使用しないようあなたにお願いしているのです）

　　b. I asked them please not to do an autopsy.　　　　　（COCA）
　　　　　（私は彼らにどうか死体解剖は行わないようにとお願いした）

前節で見たように、〈V＋X＋to please V〉が命令文の直接引用形式として機能を拡大させているならば、否定命令もこの形で引用できるはずである。事実、PPT の例を一つひとつ確認していくと以下の例が確認される[10]。

(30) a. I'd like to beg anybody that can help us, who has been afraid, to please don't sit in silence.　　　　　（COCA）
　　　　　（私たちを助けられるのに、尻込みしている人たちには、「どうか黙って座視するだけにならないように」とお願いしたい）

　　b. They asked him to please don't keep posting, ...　　（COCA）
　　　　　（彼らは「どうか掲示版に（苦情を）載せ続けないように」と彼に頼んだ）

(31) ..., but I can ask you to please don't do it in front of me.　（SOAP）
　　　　　（私は「どうか目の前でそんなことしないで」とあなたに頼むことだってできるの）

(32) ... with regard to your responsibilities, we asked you at the very beginning to don't compromise.　　　　　（COCA）
　　　　　（あなた方の責任についてですが、私たちは最初に「どうか妥協しないでほしい」とあなた方にお願いをしました）

(33) What if I tell you to don't give up?　　　　　（COCA）
　　　　　（もし、私があなたに「あきらめないで」と言ったらどうしますか）

(34) I can hear her telling him to "please don't shoot me."
　　　　　　　　　　　　　　　　　　　　　　（Mail Online, 3 Feb. 2011）
　　　　　（彼女が彼に「お願い私を撃つのはやめて」と言っているのが聞こえます）

このような形は従来の文法では非文と判断されていたものである。こういった例でも引用符がない場合が多いが、引用符付きの例から、これらが否定

---

　　10　〈to don't please＋V〉の形が生じにくいのは(5e)で見た通りである。

命令の直接引用であることがわかる。また、直示表現が伝達者の視点で変更されないことも上に挙げた例からわかる。例えば、(34)の me は her となるべきであるがそうなっていない。このような形からも、これが否定命令の直接引用であることが理解される。

　従来、単なる分離不定詞の一つの事例としてしか指摘されてこなかった to please V の形を一つひとつ検討すると、従来の文法ではとらえきれていなかった現代英語の多様な一面が見えてくる。これまで考察してきたことは、次の 4 つにまとめることができる。(i) これまで分離不定詞とされてきた to please V は、基本的に〈V＋X＋to please V〉という一定のフレーズで生じることが観察される、(ii) これらは本来的には命令文を引用する間接話法の形式として使われていたもので、主節の動詞は引用される命令文の発話内行為と対応する意味を持つ、(iii) to please V の部分が引用符で囲まれたもの、または、to 不定詞内の直示表現がもとの発話者の視点のままになっているものがあり、これらは命令文の直接引用と考えられる、(iv) 命令文の直接引用として、〈V＋X＋to (")please V(")〉または〈V＋X＋to (")(please) don't V(")〉の形が見られる。このような形は従来の文法では認められていなかったものであるが、PPT が命令文の直接引用形式として機能を発達させているものと考えられる。

　本来、命令文は主節に起こるものであり、伝達者はそれを補文標識のあとに引用することはできないとされてきた。しかしながら〈V＋X＋to "please V"〉や〈V＋X＋to "(please) don't V"〉の形が確立すれば、もともとの発言者の命令をそのままの形で引用できるようになる。これは、主節の動詞で命令文の発話内行為を示しながら、命令をより臨場感あふれる形で伝達することを可能にする。(26) のような please の繰り返しで懇願が表されるのはその最たるもので、これは直接話法だからこそ可能な表現である。ここで挙げたような例が、間接話法で表現されてしまうと、もともとの命令がもつ語感や臨場感は失われてしまうだろう。(34) と、それを文法規則に従って I can hear her telling him not to shoot her. とした場合とを比べてみて、どちらがより臨場感があるかは明らかであろう。

　また、このような、命令文の直接引用形式としての〈V＋X＋to (")please

V(")〉が確立すると、ask のような本来的に直接話法を取る伝達動詞以外でも、〈V+X+to V〉のパタンを取ることができる動詞であれば、命令文を直接引用することが可能になるという利点がある。

(35) She wanted the president to "please stand strong and fight for those things we elected you to do." (COCA)
(彼女は大統領に「どうか揺らぐことなく、我々が選挙であなたを選んだ理由の実現のために戦ってほしい」と伝えた)

want はもともと伝達動詞ではないが、〈V+X+to V〉のパタンを取ることができる。これを利用して、(35)のような形を取れば、「...してほしいと述べた」というように、want が表す願望の意味と、伝達の意味を重層的に表現することができる。ここでは引用符の中の直示表現が伝達者の視点に変更されていないことも注意されたい。

## おわりに

ここで扱ったような例は、考察に値しないと捨て去ることも可能かもしれない。しかし、規範規則に適っているかどうかということではなく、もう少し大きな視点から見ることで、このような例に観察される変則性にも相応の理由があることが理解される。この章のまとめとして最後にそれを考えてみよう。

そもそも英語には、直接話法を引用する動詞が say を始めとして数多く存在する。これまでの文法では「変則的」としか考えられない、〈V+X+to "please V"〉のような形がなぜ用いられるのだろうか。

直接話法を引用する動詞は多いが、聞き手を伴った場合(〈say+to X〉や〈tell+X〉など)、引用符の直前に使用することがきわめて難しいという英語の事実がある。以下の記述を見てみよう(下線は筆者)。

(36) say+to+person addressed is possible, but this phrase must follow the direct statement; it cannot introduce it:
　　'I'm leaving at once,' Tom said to me.

Inversion is not possible here.　　（Thomson and Martinet 1986: 276)

下線部からわかるように、「〈say＋聞き手〉は引用部に後続し、引用部と主節を転倒させることができない」とされる。〈tell＋X〉の場合も事情は変わらない。

(37) **tell** used with direct speech must be placed after the direct statement: 'I'm leaving at once," Tom told me.
Inversion is not possible with **tell**.　　（Thomson and Martinet 1986: 276)

Quirk et al. (1985: 1029) では、規則として明示はしていないが、掲載されている例文はすべてこの形になっている。(38) は Quirk et al. (1985) からの例である。

(38) a. 'I like your tie,' she told John.
　　 b. 'Margaret is very clever,' Tom said to me.

もしこの章で考察した形を、このような従来の英文法の規則に則って表現するとどうなるであろうか。(26a) ならば "Please leave my children in peace," he asked the media. のような形になる。この形では客観的な描写に傾きすぎて、元の形が持っているリズムの良さや活き活きとした描写は失われてしまう。特に (34) のような例を、伝達動詞を後置した形にしてしまうと、臨場感はまったく失われてしまう。

　また、現在英語においては、直接引用を取る表現は多様化する傾向にある。例えば最近では be like/go という表現が直接話法を導く形が見られるようになった。

(39) a. I asked Dave if he wanted to go, and he's like, no way!
　　　　　　　　　　　　　　　　　　　　　（LDOCE[6], s.v. *like*, adv.)
　　　（デイヴに行きたいのかと尋ねたところ、彼は「まさか！」と言った）
　　 b. I asked her what she meant and she just went, 'Don't ask!'
　　　　　　　　　　　　　　　　　　　　　（LDOCE[6], s.v. *go*, v.)
　　　（彼女に発言の意図を聞いたら、返ってきた答えはただ「聞かないで」だった）

## 第 10 章 〈V＋X＋to please V〉へのフレイジオロジー的アプローチ

　このようなことを考えれば、前置詞から発達して to 不定詞のマーカーになった to が、さらに直接話法を従えるように発達しているとも考えることができる。ただしこのような変化が無制限に起こっているということではなく、like の直接話法の引用機能が be like という連鎖に限られるのと同じように、to の直接話法の引用機能は〈ask など＋X＋to "please V"〉の形に限られる。

　これまで分離不定詞の一種として分類されてきた to please V の形を集中的に見ると、単なる分離不定詞としては処理できない面が多々あることがわかった。特に直接話法の引用形式としての発達は大きな特徴の一つである。従来の文法形式では表現しづらいこと（命令文の臨場感あふれる直接引用）を、新たな形で表現できるように英語が進化しているとも言える。また、このことと関連して、これまでは直接話法を取れなかったような動詞に直接話法の伝達動詞としての機能を持たせることも可能になる（〈want/press＋X＋to "please V…."〉）。こうした変化の背後には、これまで英語の伝達形式のパラダイムにおいて空白だった部分（ニッチ）を埋めようとする意識が働いていると考えることができる。

第11章

# that 節を取る動詞
## ──規範と実際

## 11.1 動詞パタンの規範

　ある動詞がどのような補文をとるか、ある形容詞がどのような構造に現れるかといった問題については、伝統文法の時代からかなり詳しい考察が行われてきた。そうした問題は、理論的な文法でも話題の中心になることが多い。また本書のテーマである古い規範でも言及が行われてきた。

　第5章で述べたように、本書ではこのような語と補文の連鎖をフレーズの一種とみなし、パタンと呼ぶ。ここでは、現代英語における、このようなパタンの実際を、伝統的規範、新しい規範で述べられてきたことと関連させながら明らかにしてみたい。これは、パタンを規範から解放する試みである。

　伝統的規範、新しい規範を問わず、パタンについての規範的判断と実態とが異なるのは、英語が変化していることとも関係する。かつてはある形を取らなかった動詞が、さまざまな理由によってその形と親和性を強めると規範とのずれが生じる。

　また、新しい規範との関係で言えば、理論言語学の中で直観にもとづいて「非文」とされてきた形が、実例として確認されるということがある。4.1節で触れたように、explain は二重目的語構文に生じないとされるが、ある特定の連鎖ではこのパタンと親和性を強めることがある。こうしたずれが生じるのは、直観では英語の変化をとらえきれないためであろうし、ある語が取り得るパタンのすべての可能性を直観では把握できないためで

もあるだろう。本章では、筆者がこれまで扱ってきた that 節を取る動詞を具体的な事例として見てみよう。

## 11.2 リスト

英語の実態と、規範的・理論的な判断が食い違ったときに、まず辞書などを参照することになるが、辞書はどうしても大綱的になる傾向があり、個別の語の振る舞いを細かくとらえることが難しい場合も多い。そこで、動詞や形容詞のパタンや補部をリストしたものに頼らざるを得ない。現在のところ、Quirk et al. (1985) や Huddleston and Pullum (2002) のような記述的英文法書に掲載されているリストや、Levin (1993) の他に、以下に示すようなリストが参考になる[1]。

- Francis et al. (1996) *Collins COBUILD Grammar Patterns 1: Verbs*
- Francis et al. (1998) *Collins COBUILD Grammar Patterns 2: Nouns and Adjectives*
- Herbst et al. (2004) *A Valency Dictionary of English*
- Benson et al. (2009) *The BBI Combinatory Dictionary of English*, 3rd edition

Herbst and Klotz (2009) はコロケーションを広くとらえて、上で挙げたような文献をコロケーション辞典と呼んでいる。

このようなリストは参考にはなるが、決定的な解決にならないことが多い。理由としては、リストから漏れているものも多いこと、リストに挙げられているものであっても、判断をそのまま鵜呑みにしてよいのか迷うものが含まれていることなどが挙げられる。例えば Huddleston and Pullum (2002: 959) に、〈V（+with X）+that 節〉の形を取る動詞として organize が

---
[1] 他にまだ構築途中であるが、Pattern Dictionary of English Verbs がインターネット上で公開されている (http://pdev.org.uk/)。

[2] 合わせて次例が挙げられている。I had <u>organized</u> with the secretary <u>that</u> the meeting should be postponed.（私は、会議が延期されるよう秘書と取り

挙げられている[2]が、これは検証の余地があろう。また、リストは、掲載されているという事実以外は何も語らないという別の問題もある。

## 11.3　通時的視点

　Barlow (2000: 328) によれば、動詞 claim は 18 世紀には that 節と共起しなかったが、類義語の assert が that 節を取っていた影響を受けて 19 世紀から that 節を取り始めたという。これとは逆に、今では that 節との親和性を失ってしまったが、かつては that 節を従えていた動詞もある。例えば forbid (Iyeiri 2010: 27ff.)[3]、cause (Jespersen 1927: 26) などである。

　Jespersen (1927: 26) は、「that 節と動詞を繋げることが難しい場合は the fact や the circumstance を使う」とし、その例の中に accept the fact that ... を挙げている。このことから、かつては〈accept＋that 節〉という形には抵抗があったと考えられる。アメリカ英語語法を扱った Follett (1966) や同書の改訂版(1998)は、動詞 accept が that 節を取ることを認めていない (s.v. *accept*)。しかし、現代英語においてはこの形は多くの学習英英辞典で認められているし、実例も多数観察される。1 例だけ挙げておこう。

（1）"The Raven" is about a man whose great love, Lenore, has died. She is gone forever. But the man cannot accept that all happiness is gone.

---

　　はからった) この〈organize＋that 節〉は〈arrange＋that 節〉の意味で用いているようである。
　[3]　forbid がかつて that 節と共起していたことは、次例からもわかる。
　　..., but because all the cherished memories of her father forbade that she should adopt a mode of life which was associated with his deepest griefs and his bitterest dislike.　　　(G. Eliot, *Romola*, 1862)
　　(なぜなら、父親の思い出はすべて大切だったので、彼女は父親が深く嘆き嫌うような生き方をすることはできなかったのだ)
　Herbst et al. (2004)でも例とともに that 節のパタン指示を挙げているが、彼らも指摘するように、この形は現代英語ではきわめてまれである。〈God forbid＋that 節〉というフレーズを除いて、現代英語において forbid の that 節との親和性はきわめて低くなっている (Iyeiri 2010)。

He sits alone among his books late at night.
(*Voice of America*, 30 Oct., 2005)
(『大鴉』は、恋人レノーアを失った男の物語である。彼女は永久の眠りについているが、男は幸せを全部失ってしまったことを受け入れることができない。彼は夜中に、本に囲まれて一人座っている)

いずれにせよこのような事例からわかることは、動詞とパタンの親和性は時代によって変わるということである。パタンと規範の関係を考える際には、通時的な視点も欠くことができない。

## 11.4 that 節のパタンを取る動詞

ここで、これまで筆者が扱ってきた動詞を例にして、that 節のパタンに現れる動詞の規範と実態を見てみよう。

### 11.4.1 〈apologize＋that 節〉

Searle (1979: 15) は、感情表現行為動詞 (expressive verbs) と呼ばれる一群の動詞は that 節と共起せず、動名詞を取るとし、その例として apologize を挙げる。アスタリスクは、この形が不可であると Searle が判断して付けたものである。

(2) *I apologize that I stepped on your toe.

apologize が that 節を取れない理由として、Searle は、謝罪という行為が「足を踏んだということを報告する目的で行われるものではないこと」「これから足を踏むという意図を表明するものではないこと」を挙げている。apologize は、足を踏んだことは既定事実として、それに対して「すまない」という感情を示す。Searle は、このような、ある出来事を前提としてそれに対する感情を示す動詞は、基本的には V-ing 形と共起するという。この意見は Vanparys (1996) にもそのまま引き継がれている。さらに興味深いことに英語学習者の誤りを扱った Turton and Heaton (1996: 30) も、規範的な立場から〈apologize＋that 節〉の形を認めていない。〈apologize＋

that 節〉については、規範と直観が一致していることになるが、これはどれほど実態を反映したものであろうか。

CIDE (s.v. *apologize*) ではこのパタンを示す例が挙げられていたが、その後の改訂版では一貫して非掲載である。*Oxford Learner's Thesaurus* (s.v. *apologize*) では、〈apologize＋that 節〉のパタンが記されている。Granath (1997: 98ff.) では、規範には触れず、〈apologize＋for 句〉は〈apologize＋that 節〉と交替するとして、いくつかの実例を挙げている。住吉(2003: 105) でも BNC からの例を挙げた。ここでは COCA からの例を挙げておこう。

(3) He apologized that his wife had not been able to come. (COCA)
（彼は妻が来られなかったことを謝った）

(4) We want to apologize that you did not understand what is happening here. (COCA)
（ここで何が起こっているか、ご理解されていなかったことについては謝罪したく思います）

実例が多く見られるというわけではないが、〈apologize＋that 節〉の形が存在することは間違いない。that 節を取った場合、上の(3), (4)のように、主節の主語と that 節内の主語が異なっていることが多い。

本来 apologize は自分が起こした事態に対して謝罪するということを表すので、謝罪すべき事態が起こった責任は apologize の主語にある (Wierzbicka 1987: 215f.)。そのため、謝罪すべき事態を起こした責任者をわざわざ統語的に明示する必要はない。そこで〈apologize＋for 句〉が無標の形となる。多くの辞書で for 句のパタンを挙げる理由もここにある。

一方で、謝罪という行為の典型ではないかもしれないが、自分が起こした事態でなくとも、それが原因で相手が落胆したり、傷ついたりした場合に、申し訳ないと思うこともあるであろう。(3)において、妻が来られなかったのは彼のせいでもあるかもしれないし、彼の力ではどうしようもなかったことが原因かもしれない。いずれにせよ、妻が来ず、相手を残念がらせたことに彼は謝罪したのである。本来の謝罪という行為の在り方とは少し異なっているが、このようなことも言語は表現する必要があるし、そ

のために柔軟にパタンを拡張するのである。

　また、that 節を使うことで、for 句では表現することができないことも表現可能になるという利点がある。例えば、次例に見るように、that 節の中に助動詞が現れる場合、これを for 句で表現するのはきわめて難しい。

(5) He apologized that he would not be there to oversee the job.
　　　　　　　　　　　　　　　　　　　　　　　　　(COCA)
　　（彼はそこに仕事の監督をしに行くことはないだろうと謝った）

(6) I invited him to enter, which he did, but he also apologized that he could only stay for a few moments.　　　(COCA)
　　（彼にお入り下さいと言うと、彼は入ってきたが、ほんの短時間しか居られないと謝った）

　このような例は、規範で許される統語形式を順守するよりも、伝えたい内容を無理なく伝達することを優先させた結果であると考えられる。that 節でなければこのような内容は表現できない[4]。

　またパタンを拡張する際に、類義の〈be sorry + that 節〉というパタンからも影響を受けることは間違いないであろう。apologize は意味的に say sorry と分析できる。sorry は that 節のパタンと強い親和性を持つ。「意味が形を決める」「意味的に類似するものは類似する統語形式に現れる」ということを考えれば、〈be sorry + that 節〉が意味的動機づけとなって、apologize と that 節との親和性を強めたと考えられる。

---

[4] Rohdenburg (1995) は、〈persuade + 人 + that 節〉/〈persuade + 人 + to V〉という両方のパタンが可能である場合、前者が選択される際に関わる要因を「複雑性の原理」(Complexity Principle) として提示している。概略的に述べれば、統語的に複雑な目的語、副詞句の挿入、否定辞の存在などで構造が複雑になると、文の解析を容易にするために that 節が選ばれる傾向にあるということである。Rohdenburg はもともと両方が可能な環境において、that 節を選ぶ要因を探っているわけであるが、この複雑性の原理は、臨時的に that 節をとる apologize とも通じるところがあると思う。

## 11.4.2 〈発話様態動詞＋that 節〉

3.2 節で、「gasp, giggle, murmur, shout, whine などの発話様態動詞は that 節を取ると非文になるか文法性が低下する」という、理論言語学から提出された新しい規範に触れた。記述的な研究では、〈発話様態動詞＋that 節〉の形を非文とまでは判断していないが、発話様態動詞は that 節よりも直接話法と共起する傾向があると述べている (Close 1975: 201; Leech 1980: 67; Quirk et al. 1985: 1182; Thomson and Martinet 1986: 277)。このような傾向は確かに学習英英辞典でも観察できる。代表的な英英辞典で直接話法、that 節のパタン指示が記載されているかどうか、いくつかの発話様態動詞を例に見てみよう。以下の表の＋マークは、それぞれの動詞の項でパタン指示がある、または例文で当該の形を取ると指示があるものである[5]。

表から、直接話法との共起指示のほうが多いことは一目瞭然である。近年の辞書がコーパスデータにもとづいて編纂されていることから考えると、基本的には発話様態動詞は直接話法とより強い親和性を持っていると判断してよい。

しかし、that 節のパタンを取った場合を、一部の理論的な研究のように「非文法的」とするのは行き過ぎであろう。一方で、Levin (1993: 204ff.) の

表1: 代表的な英英辞典における発話様態動詞と直接話法のパタンの記述

|         | LDOCE[6] | OALD[9] | COBUILD[8] | CALD[4] | MED[2] | LAAD[3] | MWALED |
|---------|----------|---------|------------|---------|--------|---------|--------|
| gasp    | ＋       | ＋      | ＋         | ＋      |        |         | ＋     |
| gibber  | ＋       | ＋      |            |         |        |         |        |
| giggle  |          | ＋      | ＋         |         |        |         |        |
| growl   | ＋       | ＋      | ＋         | ＋      | ＋     | ＋      | ＋     |
| grumble | ＋       | ＋      | ＋         | ＋      | ＋     |         | ＋     |
| grunt   |          | ＋      | ＋         | ＋      | ＋     | ＋      |        |
| mumble  |          | ＋      | ＋         | ＋      |        |         | ＋     |
| murmur  | ＋       | ＋      | ＋         | ＋      |        |         | ＋     |
| shout   | ＋       | ＋      | ＋         | ＋      | ＋     | ＋      | ＋     |
| whisper | ＋       | ＋      | ＋         | ＋      | ＋     | ＋      | ＋     |

---

[5] 類似の表は、住吉 (2001) で挙げたが、その後出版されたそれぞれの辞書の改訂版を参照し、情報を最新のものにした。

表 2: 代表的な英英辞典における発話様態動詞と that 節のパタンの記述

|  | LDOCE[6] | OALD[9] | COBUILD[8] | CALD[4] | MED[2] | LAAD[3] | MWALED |
|---|---|---|---|---|---|---|---|
| gasp |  |  |  |  |  |  |  |
| gibber |  |  |  |  |  |  |  |
| giggle |  |  |  |  |  |  |  |
| growl |  |  |  |  |  |  |  |
| grumble |  | + | + | + |  |  |  |
| grunt |  |  |  |  |  |  |  |
| mumble |  | + |  |  |  |  | + |
| murmur |  | + | + |  |  |  | + |
| shout |  | + |  | + |  |  | + |
| whisper | (+)[6] | +[7] | +[7] | (+)[6] | (+)[6] | (+)[6] | + |

ように、発話様態動詞すべてが問題なく that 節を取るとするのも事実を反映したものではない。〈発話様態動詞＋that 節〉についての英語の実態をどのように考えればよいであろうか。

発話様態動詞はもともと発話に関わる音を記述するものであったが、近代英語後期あたりから say への意味的な近接が起こり、他動詞化に拍車がかかった (Visser 1963: 133)。その結果、発言内容を目的語に取るようになるが、発話様態動詞全体にこの変化が均等に起こったわけではなく、個々の動詞によってその度合いが異なっている。

発話様態動詞が本来的に結びつく前置詞は、音が向けられる対象を表す at である。しかし、他動詞化が進み伝達動詞として伝達内容を目的語に取ると、聞き手を表す to 句と共起するようになる。すなわち、発話様態動詞の他動詞化の度合いは、聞き手を示す to 句と共起する傾向にあるか（〈動詞＋to 句〉）、音の向けられる対象を表す at と共起する傾向にあるのか（〈動詞＋at 句〉）といった観点から考えることができる。発話様態動詞は音声記述

---

[6] LDOCE[6], CALD[4], MED[2], LAAD[3] は、直接話法を取った場合と that 節を取った場合とで語義を分けている。直接話法を取った場合は「ささやく」、that 節を取った場合は、より比喩的な「ひそひそと/こそこそとうわさをしている」の意味での掲載であるため、かっこに入れた。後者の意味では、〈It is whispered ＋that 節〉のように受身になるのが普通。

[7] OALD[9] と COBUILD[8] も「ささやく」と「ひそひそとうわさしている」の意味を挙げるが、両方の意味で that 節を認めている。

を表すものから内容伝達を表すものへと段階的なあり方をしており、sayに類似したものほどtoを取りやすくthat節との親和性が強まると考えてよい(詳しくは住吉(2001)を参照)。この親和性の違いは、sayを代表とする発話動詞のパタンとして〈V+at X+that節〉という形が普通でないことに起因する。発話様態動詞の中でも音声記述を主たる役割としているものは、at句を取りやすくthat節と親和性が弱い。例えば、atを取りやすいgiggleは、主として音声記述を表すため、that節を取りにくい。一方、sayに意味的に近接した発話様態動詞はto句を取りやすく、that節と親和性を強めていると考えることができる。例えば、shoutはtoをとりやすいため、発言内容の伝達を表す〈shout to〈人〉+that節〉のパタンを取ることができる。

表2にパタン指示がなくとも、that節のパタンに現れることがあるのは、動詞とthat節の親和性が0対1といったものではなく、親和性の強さ弱さに段階性があるからだと考えればよい。いくつか例を挙げておこう。

(7) Napoleon on being shown round a printing office had growled that it was women's work. (BNC)
(ナポレオンは印刷所内に案内された時、これは女の仕事だとつぶやいた)

(8) Thomas grunted that they had wasted enough time and must continue on their journey. (BNC)
(時間を無駄にした、旅を続けなければならないとトーマスはぶつぶつ言った)

(9) ...he shouted to her that he was taking the bike out. (BNC)
(彼は今バイクを外に出しているところだと彼女に向かって叫んだ)

(10) She whispered that Klaus told her she must take the message from me after I'd read it. (BNC)
(彼女は、私が読み終えたら、その伝言を私から取りあげるようにクラウスに言われたとささやいた)

さらに、次のような動詞の場合も同じようにsayへの意味的な近接がパタンとの親和性を高めたと考えられる。

(11) a. ...and my sisters laughed that the car was dancing. (COCA)
(妹たちは、車が踊っていると言って笑った)

b. Momand hissed that he didn't know who the man was. (COCA)
　　　　（ママンドは、その男が誰だか知らないと小声できつくささやいた）

### 11.4.3 〈身振り動詞＋that 節〉

　Rudanko (1989: 80) は、動詞 nod（うなずく）は言葉による伝達行為を表さないので that 節を取らないとしている。

　(12) *He nodded that I should leave.

このような判断が実態を反映していないことは Omuro (1995; 1996) や Sumiyoshi (2003) などで指摘されている。手元の実例を挙げよう。

　(13) "They (＝leeches——筆者注) off? Huh? Huh? They off me, Gordie?"
　　　（中略）
　　　I nodded that they were and just kept crying.
　　　　　　　　　　　　　　　　　　　　　　　(S. King, *The Body*, 1982)
　　　（「ヒル取れた？　ねえ？　取れた？　ゴーディ？」
　　　　僕はうなずいて取れたと伝え、ただ泣き続けた）
　(14) He nodded that they understood each other.　　　　(COCA)
　　　（彼はお互いに理解したとうなずいた）
　(15) I indicated a chair and she nodded that it was OK for me to sit down.
　　　　　　　　　　　　　　　　　　　　　　　　　　　　　(BNC)
　　　（私が椅子を指すと、彼女は座っていいとうなずいた）

学習英英辞典にはこの形を載せるものは皆無であるが、英和辞典の中にはこの事実を指摘しているものもある。
　上の (14) のような形は、(16) のような分析的な形で表していた意味を、show といった伝達動詞を介在させることなく〈nod＋that 節〉のパタンで表したものだと考えることができる。

　(16) Bashir nodded, showing that he understood.
　　　　　　　　　(P. David, *The Star Trek: Deep Space Nine: The Siege*, 1993)
　　　（ベシアはうなずいてわかったと伝えた）

nod を含めた gesture, wave, motion などの一連の身振り動詞は、さまざまなパタンと使われて単なる身振り以上の意味を表すことができる。一般的には to 不定詞のパタンとの親和性が高く、身振りによって人に何か指示を出すという使役的な意味で使われる。

(17) She switched off the film, she waved for him to sit down.　(BNC)
　　　（彼女はスイッチを押して映画を消すと、彼に座るように手を振って合図した）

一方で、時にその身振りを伝達の手段として、人が何かを伝えるということを意味する。Rudanko (1989: 80) は、wave も that 節を従えない (*He waved that I should go first.) とするが、wave が伝達手段と解釈される場合は that 節との親和性が高まる。

(18) a. Mandy spotted them and waved that they were all right, and Matthew turned and headed them into a safe cove, too.　(BNC)
　　　（(雷雨で遭難したマンディのグループとマシューのグループが避難しようとしている場面で)マンディはマシューのグループを見つけると、俺たちは大丈夫だと手を振って合図した。マシューは向きを変えるとみんなを安全な入り江へと連れて行った）

　　b. "You're welcome, Mr. Austin," I told him, waving that he should enter.　(COCA)
　　　（入ってくださいと手まねきしながら、「ようこそ、オースティンさん」と私は言った）

次のような例も興味深い。

(19) But would you gentlemen who have flagged that you want to speak leave those flags up?　(BNC)
　　　（発言したいと旗を挙げていらっしゃる皆さんはそのまま挙げ続けておいてくださいますか）

(20) Sisko gestured that he was dining alone and that Bashir was welcome to join him.　(P. David, *The Star Trek: Deep Space Nine*, *The Siege*, 1993)
　　　（シスコは、俺は一人で食事している、ベシアも一緒にどうだと身振りで示

した）

flag や wave は、nod に比べると that 節のパタンに現れることは少ないが、このような例は、言語使用がいかに柔軟であるかを物語る。この柔軟性は次のような身振りを表すフレーズ (shake one's head) がパタンを取る可能性を開いていく。

(21) The Indian shook his head that he didn't know.　　　(COCA)
　　　（そのインディアンは、知らないと首を横に振った）

身振り動詞は、伝達行為への意味の近接が起こった場合に、that 節との親和性を強める。Rudanko が主張するように、発話を意味するかどうかということは、パタンとの親和性には直接影響しない。実例による裏づけがないままに直観的な判断に頼ってしまうと、新しい規範を導入してしまう危険性があることがわかる。

### 11.4.4 〈express＋that 節〉

〈apologize＋that 節〉について、理論的な言語学者と規範的な判断が一致していることを指摘したが、〈express＋that 節〉も同じように両方の立場から非文法的とされる形である。規範的立場からは Milward (1972: 88)、Brains (2003: 76) が、理論的立場からは Jackendoff (2002: 140f., 176f.) がこの形を認めていない。Jackendoff の例を借りよう。(22) で示すように、名詞句は問題ないが、同じ意味内容でも that 節は不可とされている。

(22) John expressed { his innocence.
　　　　　　　　　　{ *that he was innocent.

しかしながら、このような判断も絶対的なものではない。Biber et al. (1999: 664) は、例は示していないが that 節を取る動詞のリストの中に express を含めている。筆者の手元の例と COCA からの例を挙げよう。

(23) What we could not foresee was how many people would express that their own favorite Swearingen composition had been excluded

from that first CD[8].
(我々が予測できなかったことは、いかに多くの人たちが、第 1 弾 CD の中に彼らのお気に入りのスウェアリンジェンの曲が収録されていないと言うかということだった)

(24) I don't know if this is the reason you don't remember it, but you have expressed to us that you feel some guilt about Vernon Jordan.
(*The Starr Evidence*, 1998)
(これが、あなたがそのことを覚えていない理由かどうかはわかりませんが、あなたはヴァーノン・ジョーダンさんにちょっとした罪悪感を持っていると言いましたね)

(25) The nurses further expressed that some colleagues actually avoid becoming involved with patients ... (COCA)
(看護師たちは、同僚の中には患者と関わり合いになるのを避けている人がいると付け加えて言った)

(26) The first of these examples expresses that the tension took place before the definite time reference ...
(B. Aarts, *Oxford Modern English Grammar*, 2011)
(最初の例は、特定の指定された時より前に緊張状態が起こったことを示している)

Pinker (2013: 186) は、通常許される以上に項構造が拡大した動詞の例を挙げているが、その中に以下の例がある。

(27) I expressed that it would be difficult for one person to manage both the Suns and the Microvaxes.
(私は、一人でサンとマイクロバックス (のコンピュータシステム) を使いこなすのは難しいだろうと述べた)

ここまで見た理論的・規範的判断や実例を総合して考えると、express は本来的に that 節を取る動詞ではなかったが、that 節を取る方向へと変化し

---

[8] アメリカで発売された CD (Exaltation: The Music of James Swearingen, 1996) につけられたライナーノーツの中の例である。

つつあると推測できる[9]。

　問題は何がきっかけとなるかということであるが、現時点では express が伝達動詞に意味的接近を起こすこと、(26)のように、伝達の媒介手段となるモノが主語となって、⟨⟨媒介手段⟩＋express＋that 節⟩というフレーズ化が生じていることなどが指摘できる[10]。$OED^2$ を全文検索すると、express が that 節を取ったパタンは、⟨a way/mode/manner of expressing＋that 節⟩というフレーズと、⟨⟨媒介手段⟩＋express＋that 節⟩というフレーズであることがわかる。express は「発話などによって...を表現する」というように、伝達手段がその意味に内包されることで that 節を取りやすくなる(意味的動機づけ)。また、伝達の媒介手段が主語に生じることで、フレーズ全体で伝達表現のパタンを形成していると考えることができる(フレーズ化)。

## おわりに

　このように見てくると、語と補文パタンの関係は決して厳格に決まっているものではないし、「取るか取らないか」といった単純なものでもないと言える。語と補文パタンの関係は、親和性の度合いの問題である。例えば「apologize は通常 for 句を取る」というのは、この 2 つの親和性がきわめて高いということに他ならない。一方で、「apologize が that 節を取ることが確認される」というのは、apologize と that 節の親和性は for 句に比べると高くはないが、コミュニケーションの場においてそれを選択するに十分な理由があれば、こちらが選択されるということである。これはすなわち、apologize は for 句のみを取るという規範や that 節のパタンを取らないという規範からの解放を意味する。このようにして解放されたパタンは、時

---

[9] このような動詞のパタンの拡大は 3.3.2 でも少し触れた。また Algeo (2006: 250) もかつて that 節と親和性を持たなかった absorb のような動詞が、現代英語において that 節を取った例を挙げている。

[10] この点、explain が Can someone explain me wh-S? のような非常に特定的なフレーズで二重目的語構文との親和性を強めるのと同じである(第 4 章注 7)。

代を経るにしたがって、親和性をさらに高め、普通に使用されるパタンとして定着することも十分に考えられる。

第12章

# notice 補文パタンの実態
## ──「定説」からの解放

## 12.1　知覚動詞 notice の補文パタンと「定説」

　教育の現場で教えられる事項の一つに「知覚動詞は〈V＋X＋原形不定詞〉のパタンを取り、これが受身になると、原形不定詞は to 不定詞に変わる」というものがある (例：I saw him cross the road. → He was seen to cross the road.)。知覚動詞には see, hear, notice, observe, feel, watch などが含まれるとされるが、上のような規範的定説を、すべての知覚動詞に機械的に当てはめていないだろうか。本章では notice[1] を取りあげてみよう。この章の議論で明らかになるように、コーパスを調査すると〈be noticed＋to V/V-ing〉の形を確認することはきわめて難しい。notice は、受身になると原形不定詞が to 不定詞に変わるという規則を当てはめることはできない典型的な動詞である[2]。

---

[1] 第2章で、「notice は動詞ではなく、名詞で使うべきである」という伝統的規範事項の一つに触れた (2.2節)。この規範は J. Johnson, *New Royal and Universal English Dictionary* (1762) に由来する (Leonard 1929: 67)。OED[2] (s.v. *notice*, v.) には、この動詞が名詞由来であることや 18 世紀以前には動詞としてはあまり用いられなかったことが記されている。現代英語において notice が動詞で使用されることについては何の問題もない。notice はこの規範からは解放されているということになる。

[2] 受身になった際に〈be＋V-ed＋to V〉の形にならない知覚動詞は、他に watch や observe が指摘されている。英和辞典の中にもこのような事実を指摘するものがある。これらの動詞についての考察は別の機会に譲る。

そもそも、notice は(1)の原形不定詞よりも、(2)の V-ing 形のほうが頻繁に使用されるということもあまり認識されていないのではないだろうか。

(1) He noticed her cup her hand over something in her jacket, feeling its shape.　　(S. Sweeney, *The Third Side: The Battle for the Solar System*, 2011)
(彼は彼女がジャケットの中で何かに手の平をかぶせ、触って形を確かめるのに気づいた)

(2) Aliena noticed Michael Armstrong looking thoughtful.
(K. Follett, *The Pillars of the Earth*, 1989)
(アリエナはマイケル・アームストロングが何か考え込んでいる表情をしているのに気づいた)

以下では、知覚動詞 notice の典型的なパタンは、〈notice＋X＋V-ing〉であること、〈notice＋X＋V〉は可能であるが、かなり限定的な状況で使用されること、〈be＋noticed＋to V/V-ing〉のような例はほとんど確認できないことを指摘する。知覚動詞の中で notice はきわめて変則的である。さらに、notice は認識動詞への近接が進んでおり、知覚動詞としての役割はきわめて限られていることを指摘したい。

## 12.2　「定説」はどこから来たか

まずは、「知覚動詞は原形不定詞の構文を取り、受身になると原形不定詞は to 不定詞に変わる」という定説の由来に触れておきたい。
　Sweet (1898: 119) では、感覚・知覚動詞 (verbs of feeling and perception) が原形不定詞 (彼の用語で the infinitive) を取ること (§2317)、これらが受身になると to 不定詞 (彼の用語で the supine) を取ること (§2320) を述べている。日本では、奇しくも同年に刊行された斎藤秀三郎『実用英文典』が、知覚動詞 (Verbs of Perception) として see, hear, feel, behold, watch, observe, perceive, find (＝see), know (have known＝have witnessed) を挙げた後で、これらの語は〈目的語＋to なし不定詞〉の構文に生じ、受身になると原形不定詞が to 不定詞に変わる旨の記述がある。後半部分の記述のみ挙げる(イタリックは原

典のもの)。

> These Verbs, in the Passive, are followed by "to."
> Active:—We *saw* a man *enter* the house, and *heard* him *give* some orders.
> Passive:—A man *was seen to enter* the house, and *was heard to give* some orders.
> Active:—They *observed* the barometer *fall* suddenly.
> Passive:—The barometer *was observed to fall* suddenly.
>
> (『実用英文典』、pp. 396–397)

このような記述が典拠となって、その後日本で発刊された英文法書に類似の記述が引き継がれていったことは想像に難くない。第4章で触れた田中 (1953: 270)、山崎 (1963: 405)、木村 (1967: 420)、江川 (1991: 333f.)、安井 (1996: 224, 304)、安藤 (2005: 825ff.) などでは、このような「規則」が知覚動詞と呼ばれる一群の動詞に一律に当てはまるというような記述になっている。動詞によって原形不定詞との親和性に差があることには触れられていないし、受身になった場合に原形不定詞が to 不定詞に変わるという「規則」が、該当する動詞すべてに適用できるかどうかも検証されていない。

　斎藤秀三郎の記述は一種の伝統的規範となり、踏襲されてきた[3]。伊藤 (2000: 115) も『実用英文典』の中の種々の解説や記述は「たとえ斎藤が嚆矢でないとしてもその普及に与えた影響力は絶大であっただろう」と述べている。

---

[3] 個別の動詞のパタンをばらばらに覚える学習者の負担を考えれば、1つの「規則」でまとめてしまうのもやむを得ない。しかし、やはり個別の動詞の振る舞いを実態に照らし合わせて見ていかねばならない。パタンを作るのはそれぞれの語であって、文法形式ではないことは改めて強調しておこう。

## 12.3 notice と知覚動詞補文パタンへの記述的アプローチ

### 12.3.1 辞書記述の変遷

ある英和辞典の初版(1988)は、notice の動詞の項で〈動詞＋目的語＋do/doing〉のパタンを挙げ、「I noticed her enter [entering] the room. (訳省略)《◆受身は to 不定詞にする：She was noticed to enter the room.》」と説明を付けていた。改訂版(1994)では、パタン表示はそのままで「I noticed her enter [entering] the room. (訳省略)《◆受身は She was noticed entering the room. は可能だが, 不定詞 (...to enter...) は容認度が低い》」と注記が変更された。さらに第3版(2001)では、同じパタン表示を挙げた後で「I noticed her enter [entering] the room. (訳省略)《◆受身は She was noticed entering the room. は可能だが, 不定詞 (...to enter...) は通例不可》」に書き換えられ、初版とは反対の注記が施されるに至っている。最新版(2014)では、受身に関する記述はまったくなくなった。

他の英和辞典を見ると、〈動詞＋目的語＋do/doing〉といったパタンを挙げるのは変わらないが、「受身は be noticed doing のほうが普通」とするものや「be noticed to do となる」と書くものがあり、記述がまちまちである。notice の記述の変遷を見ると、前節で述べたような「定説」に英和辞典が振り回されてきた事実を読み取れる。

一方で英英辞典の記述はどうであろうか。それぞれの最新版を見てみよう。CALD[4], MED[2] は〈notice＋X＋V/V-ing〉のどちらのパタンも挙げていないが、OALD[9] は両方のパタンを挙げている。COBUILD[8] は両方のパタンを挙げるが、原形不定詞のほうは例文すらない。LDOCE[6] は〈notice＋X＋V-ing〉のみ挙げている。図1は LDOCE[6] の notice の項に挙げられている各構文の頻度グラフである。知覚動詞の構文はかなり頻度が低いことが理解される。

総合すれば、頻度は低いが、〈notice＋X＋V-ing〉は問題なく使用されること、〈notice＋X＋V〉については掲載しない辞書もあり、この形が一般的でない可能性があること、などが指摘できる。このような辞書の記述だけでは notice の原形不定詞のパタンの可否や、〈notice＋X＋V/V-ing〉が

受身になったらどのような形を取るのかということは正確には把握できない。

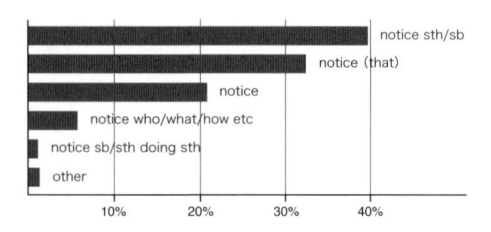

図1: 動詞 notice のパタンの頻度（LDOCE[6], s.v. *notice* を元に作成）

### 12.3.2　文法書・パタン辞書の記述

　第 11 章で挙げたリストや文法書には、〈notice＋X＋V/V-ing〉の両方を可能とするものが多い（BBI[3]; Francis, Hunston and Manning 1996; Herbst et al. 2004; Hornby 1975: 64, 67; Quirk et al. 1985: 1205f.; Thomson and Martinet 1986: 240; Dirven (ed.) 1989: 485; Huddleston and Pullum 2002: 1236; Swan 2005: 222; Carter and McCarthy 2006: 525 など）。一方で、〈notice＋X＋V〉の形を不可とするものに Stockwell et al. (1973: 566) がある。彼らは I notice him *cheat/cheating. といった対立例を挙げ、notice は V-ing のみを取ると述べている。Van der Meer (1994: 469) では、原形不定詞の形が確認できなかったとしている。冒頭の(1)で見たように、原形不定詞の実例が確認できないわけではないので、非文とまでは言えない。両方のパタンを認めている文法書やリストの記述は妥当であろう。

### 12.3.3　頻度と実例

　まずは COCA を使用して、問題のパタンの頻度がどの程度かを確認してみよう。〈notice＋X＋V/V-ing〉の X にさまざまな長さの名詞句が立つ可能性があることを考えれば、COCA から該当例すべてを抜き出すのはきわめて困難である。ここでは〈notice＋代名詞／固有名詞＋原形不定詞〉と〈notice＋代名詞／固有名詞＋V-ing〉の形で検索を行った[4]（notice の異形は含めている）。抽出した例を手作業で確認して無関係の例を除外すると、前者

は 50 例程度、後者は 350 例程度確認される。notice がこれらの知覚動詞の構文に生じる頻度自体がそれほど高くないが、LDOCE[6] が指摘するように、〈notice＋X＋V-ing〉のほうがより一般的であり、原形不定詞の形はきわめて限定的であることがわかる。実態としては「〈notice＋X＋V/V-ing〉のどちらも観察されるが、後者のほうが普通である」ということになろう。

〈notice＋X＋V〉

(3) Why does no one notice Fulvio disappear?　　　　　(COCA)
（どうしてフルビオがいなくなるのを誰も気づかないのか）

(4) I look back to where we last stood on shore and wonder if that eagle will notice us leave.　　　　　(COCA)
（私は我々が最後に海岸に立っていた場所を振り返り、はたしてあのワシは我々が立ち去るのに気づくだろうかと考える）

(5) I noticed him get out his book or at least I thought he was getting it because . . .　　　　　(COCA)
（私は彼が本を取り出すのに気づきました。少なくともそれを取ろうとしていると思いました。というのも . . .）

〈notice＋X＋V-ing〉

(6) . . . and several regular commuters had noticed him getting off at Stappenford.　　　　　(COCA)
（彼がスタペンフォードで降りているのに気づいた通勤者もいた）

(7) Irene must have noticed him taking inventory.　　　　　(COCA)
（アイリーンは彼が在庫一覧を作成しているのに気づいていたにちがいない）

(8) When he noticed us watching him, he shoved me and . . .　　(COCA)
（私たちが彼を見ているのに気づくと、彼は私を押しのけて . . .）

なぜ notice は〈X＋V-ing〉に、より親和性を持つのであろうか。この疑問に

---

[4] この検索では、[notice] [PPH*] [VV0], [notice] [PPH*] [VVG], [notice] [NP*] [VV0], [notice] [NP*] [VVG] などの検索ワードを使用した。この検索は 2013 年 12 月に行ったものであるが、2015 年 9 月に再検索した。

答えるためには、〈知覚動詞＋X＋V/V-ing〉のパタンの特性、V/V-ing に現れる動詞の特性、そして notice の語の個性という3つを考える必要がある。

### 12.3.4 〈知覚動詞＋X＋V〉/〈知覚動詞＋X＋V-ing〉の特性

〈知覚動詞＋X＋V〉と〈知覚動詞＋X＋V-ing〉の意味的な差異についてはこれまでもさまざまに論じられてきた。ここでは本章の議論と関係する点に絞って触れておくことにする。

(9) a. I heard him go down the stairs.
　　b. I heard him going down the stairs.

この2つの例は Swan (2005: 222) から借りた。(9a)は階段を下りるという行為の開始から終了までの全体を、(9b)はその行為の途中を知覚したということになる。この点については、基本的に受け入れてよい。

このような特徴があるため、動詞の表す意味内容によっては、意味的にどちらか一方しかそぐわない場合がある (Swan 2005: 222)。

(10) a. I heard the bomb explode. (NOT I heard the bomb exploding.)
　　 b. I saw the book lying on the table. (NOT I saw the book lie . . .)

(10a)の「一発の爆弾が爆発する」という事態は、その開始から終了までの時間が一瞬であり、その一瞬の途中を知覚するということは通常ではありえない。そのため V-ing の形は不適切ということになる。

一方で(10b)の場合、「本がテーブルの上に置いてある」というのは、置かれていない状態から置かれている状態へ変わるというような、開始と終了が明確な事態ではないので、行為全体を表す原形不定詞を使用するのはふさわしくない。この例からわかるように、本来的に進行形にならない状態動詞は、このパタンに入り込むために臨時的に X-ing の形になる(冒頭(2)の look の例も参照)。

### 12.3.5 知覚動詞 notice の意味論

知覚動詞 notice の意味は「五感を通じて(見たり、聞いたり、感じたりして)

何かの存在に気づく」である (MED², s.v. *notice*; Dixon 2005: 132)。

動詞の表す事態は、状態か動作かといったものだけでなく、その行為が終点を持つか、行為が瞬間的に終了するかといった観点から分類ができる[5]。

当然であるが、五感を通して何かの存在に気づいた時点で、「気づく」という行為が成立するので、notice が表す事態には終点が存在する。この特徴は、時の終点を表す in 句と共起する事実から確かめることができる。

(11) The critic noticed the painting in a few minutes. (Rothstein 2004: 26)

read a book (本を読む) という行為も、読み終わった時点で行為が終点に達して完了するため、同じように in 句と共起する (Dafna read a book in twenty minutes. (Rothstein 2004: 26))。

では、同じ行為の終点を持つ notice と read a book に相違はないのであろうか。Rothstein (2004: 27) より例を借りる。

(12) a. It took the critic a few minutes to notice the painting.
　　　b. It took Dafna twenty minutes to read that book.

どちらも〈it takes ＋ 時間〉という形に問題なく現れるが、この 2 つは実はまったく違うことを述べている。(12b)の場合、読み終えるまでに、本を読むという行為が 20 分続いたことを表している。一方で、(12a)の場合、「気づく」という行為が数分続いていたことを言っているのではない。「気づくのに数分かかった」ということであり、その絵に気づくまでの時間を述べている。この対照的な意味は疑問文にするとより明確になる。

(13) a. How long did it take the critic to notice the painting?
　　　b. How long did it take Dafna to read that book?

(13a)は「その絵に気づくまでにどれほど時間がかかったか」、(13b)は「その本を読み終えてしまうまでにどれほど時間がかかったか」を尋ねている。

このような違いは、read a book はその行為の開始から終点までにある程

---

[5] いわゆる Vendler (1967) の動詞の 4 分類である。

度の時間の幅を前提とするのに対し、notice の表す知覚は行為の始まりと終わりがほぼ時間的に同時に終了する瞬間的行為であることに由来する。時間の幅の有無は、進行形の可否にも影響を与える。

(14) a. *He is noticing his friend's face in the crowd.　(Filip 1999: 18)
　　 b. Dafna is reading that book.

瞬間的行為の notice は、知覚が継続するという状況が想像しにくいため (14a) のような進行形で使用するのは普通ではない。一方、ある程度の時間幅を持つ read a book は進行形にしてその行為が続いていることを示すことができる。

　知覚の開始と終了が瞬間的にほぼ同時に起こるということは、常識的に考えてそれを途中で止めたり、意図的に終わらせたりすることは不可能である。そのため notice は、stop や finish と共起しない。一方「本を読む」という行為は、途中で止めることも意図的に終了することも可能である。

(15) a. *The critic stopped/finished noticing the picture.
　　　　　　　　　　　　　　　　　　　　　　　(Rothstein 2004: 28)
　　 b. Dafna stopped/finished reading that book.

このように、notice と read a book は「終点を持つ」(つまり、〈in＋時間句〉と共起する) という点では同じであるが、表す行為が瞬間的であるかどうかで異なっている。notice が表す知覚は瞬間的であるという特徴は、notice と知覚動詞の2つの構文との親和性において大きな意味を持ってくる。

## 12.3.6　〈notice＋X＋V〉/〈notice＋X＋V-ing〉の V に現れる動詞の実態

　notice は見たり聞いたりしてすぐに対象に気づくという瞬時的知覚を表すので、ある行為の途中を知覚するという状況と親和性を持ちやすい。そのため、行為の途中を知覚することを示す〈notice＋X＋V-ing〉が頻繁に使用されると説明できる。

(16) ... where his colleague, state Sen. Kirk Dillard, noticed him working away.　(COCA)

(彼の同僚である、州議会議員カーク・ディラードは、そこで彼が一生懸命仕事をしているのに気づいた)

(17) ... the soldiers noticed her filling her cup from the bottle ...
(COCA)

(兵士たちは彼女がボトルからカップに注いでいるのに気づいた)

(18) I noticed her fooling with her hair ... (COCA)
(彼女が髪の毛をいじっているのに気づいた)

COCA の調査で、この notice の V-ing に現れた動詞をまとめると表1のようになる。V-ing に現れる動詞は種々様々であるが、後でみる〈notice＋X＋V〉と異なり、出現する動詞全体に共通する特徴はない。これは状態動詞や非状態動詞を問わず、-ing 形になれば行為の途中を表すことができるため、ほぼ制限なくこのタイプのパタンに使用できるからである。〈notice＋X＋V-ing〉のほうが高頻度なのはこのためである。

次に原形不定詞の形を見てみよう。notice が瞬時的知覚を表すということであれば、ある行為の開始から終結までの全体を知覚するという特徴をもつ〈X＋V〉の形に生じにくいと言える。この〈X＋V〉は V の行為が続く間、知覚行為も続いていたということを示さねばならないのに、notice は瞬間的な知覚しか表さない。すなわち、通常、V の示す時間の長さと notice の示す時間幅の短さが相容れないということになる。

表1：〈notice＋X＋V-ing〉の V に現れる動詞

| | |
|---|---|
| 出現 | emerge, enter, leave |
| 移動 | approach, board, come, cross, drift, fly, go, head, run, saunter（ぶらぶら歩く）, visit, walk |
| 動作・状態・変化 | act, adopt, become, bring, bully, call, carry, chat, check, circle, clean, cower, cringe, cry, dance, drape, draw, eavesdrop, exhibit, eye, face, fade, fall, fiddle, fill, finger, fingertip, fool, frown, fumble, gain, gaze, get, giggle, glance, hold, kiss, join, lay, laugh, lean, leer, lie, lift, limp, live, look, lose, march, mark, miss, move, nod, notice, observe, open, pass, peer, pick, pinch, place, pop, pray, poke, pull, purse, put, read, ream, recite, remark, revert, roast, scan, scowl, scribble, search, set, shake, shift, shiver, shove, sing, sit, skulk, slip, sneak, snooze, speak, squat, squirm, stagger, stand, stare, start, struggle, study, surge, swap, take, tear, tend, tiptoe, tote, trail, tremble, try, tug, turn, twirl, twist, wait, watch, wear, weep, wince, work |

しかし、この形が低頻度ながらも使用されるのは実例からも観察される。この点はどのように考えたらよいであろうか。実例を COCA から挙げる。

(19) She noticed him pull nervously on his jacket zipper, running it a short way down, . . .
（彼女は彼がいらいらとジャケットのジッパーを引っぱるのに気づいた。彼はジッパーを少しだけ下げて . . .）

(20) . . . he hadn't seen the door to the doctors' lounge open, hadn't noticed Mandini walk in.
（彼はドクター用ラウンジのドアが開くのを見ていなかったので、マンディニが入ってくるのに気づかなかった）

(21) . . . but Mark noticed Clovis move closer and touch his sister's arm.
（しかしマークはクロヴィスが近づいて妹の腕に触れるのに気づいた）

表2：〈notice＋X＋V〉の V に現れる動詞

| | |
|---|---|
| 出現 | come, disappear, emerge, enter, leave, walk |
| 移動 | drive, move, pass, get into X |
| 動作・状態・変化 | adjust, attempt, blow, change, flinch, get off, look, pluck, pull, reach（手を伸ばす）, relax, shake, shiver, stiffen, stop, take, test, throw, touch, weaken, whisper, wince, wink |

表2は COCA で確認された notice のあとに続く原形不定詞のリストである。一見すると、V-ing との違いはなさそうに思えるかもしれないが、〈notice＋X＋V〉の V に生じる動詞は明確な特徴を持っている。一部例外はあるが、V に現れる動詞の表す行為は、出現や移動、「引く、引っ張る」「触れる」「止まる」といったほぼ瞬間的にその行為が終わるものばかりである。これらの動詞は、一定時間の継続行為を表さない非継続動詞である。この〈notice＋X＋V〉の V に現れる動詞が継続動詞ではないという特徴は、これまでに示した(1), (3), (4), (5)の例すべてに当てはまる。つまり、〈X＋come/enter〉といった形では、それが表す時間幅自体が瞬間的なものになる。そのため notice の瞬時的知覚と親和性が生まれ、この形は何ら問題がなくなるのである。

walk がこの〈notice＋X＋V〉に現れる場合、(20)のような walk in（歩いて入る）や walk away（歩いて立ち去る）といった形で生じている。通常の walk は He walked for 10 minutes. のような言い方が可能なことからもわかるように継続行為を表しているが、walk in/walk away は〈for＋時間句〉とは親和性を持たず、その行為は非継続的である。「歩いて入る、立ち去る」といった動作は瞬間的に終了するので、notice の持つ瞬時的知覚と親和性が高い。すなわち walk in/walk away は enter/leave のバリエーションの一種であると考えることができる。次例はこのような対立をよく示している。

(22) ...he noticed someone walking down the road toward the pond.
(COCA)
（彼は誰かが池のほうに道を歩いていくのに気づいた）

(23) ...she noticed him walk away to take a cell-phone call. (COCA)
（彼女は彼が携帯電話に出るために立ち去るのに気づいた）

(24) She noticed people looking obliquely at her. (COCA)
（彼女はみんなが自分を横目で見ているのに気づいた）

(25) He noticed Rider look up from her work... (COCA)
（彼はライダーが書類から視線を上げたのに気づいた）

(25)の例も同様で、「視線を上げる」行為は瞬間的に終了するので、notice の瞬間的知覚と親和性を持つ。

したがって、継続を前提とするような動詞 read は〈notice＋X＋V-ing〉には問題なく生じるが、その行為は瞬間的なものとはみなしにくいため、〈notice＋X＋V〉との親和性が低いと考えられる。事実、表1に read はあるが、表2にはないことに注意されたい。12.3.2 で Stockwell et al. が notice him cheat を非文と判断していることに触れたが、これは cheat が表す行為が瞬間的に終わると考えにくいためであり、〈notice＋X＋V〉の形自体が非文法的であるということではない。

このように、notice の表す瞬時的行為と意味的に親和性を持つ動詞が V に現れたときのみ、〈notice＋X＋V〉が可能になる。notice の原形不定詞

の形が低頻度なのはこの点に理由を求めることができる[6]。

### 12.3.7　notice の受身形

一部の英和辞典は、〈notice＋X＋V〉を受身にしても〈be noticed＋to V〉とはならず、〈be noticed＋V-ing〉となる旨の記述をしている。一部の文法書でも、〈be noticed＋to V〉の形に異を唱えているものがある。この節で明らかにするように、そもそも〈be noticed＋to V/V-ing〉という受身自体がほとんど使用されない。この点、従来の記述も訂正の必要があると考えられる。

まずは notice の単純な受身を見てみよう。

(26) Wolfie had sneaked into the driving seat of Bella's bus, . . . He didn't want to be noticed, . . . 　　　　　　(M. Walters, *Fox Evil*, 2002)
（ウォルフィーはベラのバスの運転席にこっそり忍び込んだ . . . 彼は気づかれたくなかった . . .）

(27) But he seemed to have a compelling need to feel special and be noticed by others all the time; . . .
　　　　　　　　　　　　　(K. Follett, *The Pillars of the Earth*, 1989)
（しかし彼には、自分は特別だと思いたい、いつも他人に注目されたいという、どうしようもない欲求があったようだ）

知覚の意味の受身が(26)で、知覚とはまったく無関係な場合が(27)である。(26)からわかるように、知覚動詞 notice が受身になること自体には問題ない。(27)では、「注目を集める」という一種の成句的意味になっており、この notice は知覚動詞ではない。

では、〈notice＋X＋V/V-ing〉の受身について文法書の意見を見てみよう。Quirk et al. (1985: 1205) は〈be noticed＋to V〉の可能性に疑問を呈している。〈be noticed＋to V〉の形を不可とするものに Declerck (1991) や Hudson (1971: 210f.) がある。

---

[6]　see や hear は瞬間的知覚に限定されないため、〈X＋V/V-ing〉の両方と問題なく使用できる。

(28) *To* must be added before the infinitive when the perception verb is passivized: *Nobody was seen to enter the lab after 5 o'clock*. Such a passive construction is impossible with *notice*.

(Declerck 1991: 489)

実際、知覚動詞の〈be noticed＋to V〉の形が確認しにくいのは否定できない事実である。COCA で〈noticed＋to V〉の形[7]を検索しても、知覚動詞の受身の例はヒットしない。少数ながら〈noticed＋to V〉の形はあるが、〈notice＋X＋to V〉で「X が V であることがわかる」という非常にまれな、別の意味の構文[8]が受身になったものか、同パタンの X が前に出て notice を含む関係詞節が続くものである。一例だけ挙げておこう。

(29) One thing I've noticed to be true about homesteading is one never seems to run out of projects to do.　　　　　　　　　　(COCA)
（入植について間違いないことの一つに、やるべきことに事欠かないということがあります）

COHA でも〈be noticed＋to V〉の例はほとんどヒットしない。次の例は比較的最近のものであるが、この例では notice は純粋な知覚というよりも「そのような状況が確認されている」ということを意味している。これは〈notice＋X＋to V〉の形が受身になったものである。

(30) You have been noticed to smoke and read and not pay attention at teachers' meetings. . . . You are hereby fired for insubordination . . .

(COHA)

（あなたは職員会議でタバコをすったり本を読んだり注意散漫だったりするのが確認されています。. . . 服務規程違反で解雇です）

〈be noticed＋V-ing〉の受身形も頻繁に使われるということはなさそうで

---

[7] 検索は noticed to [v*] の検索ワードで行った。
[8] 八木 (1996: 297) ではこの形にアスタリスクをつけている。例は確認されるが、〈notice＋X＋to V〉は普通に使われる形ではない。

ある。例えば COCA で noticed [v?g*] の検索ワードで検索を試みると[9]、〈be の変異形＋noticed＋V-ing〉は 4 例しかない。そのうちの 3 例を挙げる。

(31) ... he tries not to be noticed noticing my pointed lack of interest.
（彼は、私が明らかに興味を持っていないのに気づいているのを気づかれないようにする）

(32) ... he thought, he wouldn't be noticed missing for at least another hour.
（彼は、少なくともあと 1 時間はいなくなったことに気づかれないだろうと思った）

(33) The plane out of College Park Airport must've been noticed flying at rooftop level, ...
（カレッジ・パーク空港発のその航空機は、屋根の高さを飛んでいるのを目撃されていたに違いない）

このような調査から、〈notice＋X＋V/V-ing〉は受身になりにくいということが言える。これは一体なぜだろうか。

知覚動詞の中でも notice は非常に特殊な振る舞いを見せることが知られている。〈知覚動詞＋X＋V-ing〉という形において、X を目的格ではなく所有格の形に変えることができるのは notice と observe のみである。

(34) I noticed his stealing money.　　　　　　(Quirk et al. 1972: 842)
(35) *I watched his stealing money.

興味深いことに Quirk et al. (1985: 1195) は、初版で認めていたこの形を不可 (I noticed him writing a letter. / *I noticed his writing a letter.) としている。しかし、数は多くないが〈X's＋V-ing〉の実例は確認される。

(36) a. ... he got up and left the table. I barely noticed his leaving, incidentally.　　　　　　(COCA)
（彼は立ち上がりテーブルを離れた。ところで、私が彼が離れるのに気づいたのはたまたまだった）

---

[9] [v?g*] は being を含めて -ing 形を拾い出す検索ワードである。

b. Brad must have noticed my staring because he looked across the table at me and . . . (COCA)

(テーブル越しに私のほうを見ていたので、ブラッドは私がじっと眺めていたのを気づいたにちがいない)

c. She held out her right hand, noticed its trembling, then hid it in her lap. (COCA)

(彼女は右手を差し出した。手が震えているのに気づくと、ひざに隠した)

see の場合、I saw him lying on the beach. を *I saw his lying on the beach. とすることはできないとされる。この統語的事実は、I saw him lying on the beach. は I saw him. (彼を見た) を含意し、X に立つ要素は see の目的語であることを示している (Quirk et al. 1985: 1206)。一方で、I dislike him driving my car. は I dislike him. を含意しない。この文は「彼に私の車を使ってほしくない」を意味し、I dislike him. (彼が嫌いだ) とは言っていない。この場合、意味的に「彼が私の車を使う」という事態全体が dislike の目的語になるので、I dislike his driving my car. と X を所有格にすることが可能になる。この相違のため、表面上は〈X＋V-ing〉と同じ形であっても、see は X を主語にして He was seen . . . の受身が可能だが、dislike は X を主語にして受身にすることはできない。

(36)のような例が示唆することは、dislike 同様、notice は当該のパタンにおいて、〈X('s)＋V-ing〉という節全体を目的語に取っているということである。そのため、その節から X だけを取り出して受身にはしにくいと考えられる。これは、*He is disliked driving my car. と言えないのと同じ現象である。さらに言うと、〈want＋X＋to V〉が X ではなく〈X＋to V〉という節全体を目的語に取っているため、X だけを取り出して X is wanted to V という受身にしにくいのと並行的な現象でもある。

また、上で触れたように notice の受身形は「注目される、耳目を集める」という意味を持つ。この意味の be noticed はフレーズ化していて知覚動詞ではないので、物理的に何か音を聞いたり、何かを視覚でとらえたりということではない。COCA で notice の受身形を検索すると、それほど多く

の数が確認されるわけではないが、比較的多くヒットする be noticed/been noticed/was noticed の例を見ると、この「注目される」の例が多い。このような比喩的な意味の受身の用法が優勢になっていることも、〈be noticed ＋to V/V-ing〉を使いにくくしている要因であろう。

## 12.4　認識動詞へ近接する notice

これまでの議論で明らかなように、notice は知覚動詞の典型的パタンである〈X＋V/V-ing〉とそれほど相性がよいわけではない。基本的には語と構文は有意味な関係で結ばれている。〈X＋V/V-ing〉との共起頻度が低く、LDOCE[6] の頻度表(図1)が示すように別のパタンとの親和性が高いということは、notice は他の知覚動詞と意味的に大きく異なっていると考えざるを得ない。

ここで、五感知覚は、精神的知覚 (mental perception) すなわち「認識」の意味と密接な関係を持つことを指摘しておかねばならない。動詞 see を例に説明すると、(a)「見る」は、(b)「見てわかる」に発展し、純粋な認識である(c)「わかる、理解する」へと意味を展開させる (Bolinger 1974: 66)。(a)は「知覚」を、(c)は精神的活動としての「認識」を表す。(b)は知覚にもとづく理解や認識を表すので、ここでは「知覚認識」と呼ぶことにする。

(a)は〈see＋X＋V/V-ing〉の知覚動詞の構文で表現される。(c)は主に〈see＋that 節〉が担う[10]。

(37)　... when he saw that in their hearts they shared the same dream he felt a great certainty about her.

　　　　　　　　　　　　　(D. Guterson, *Snow Falling on Cedars*, 1994)

　　　(心の中で同じ夢を共有しているとわかると、彼は、彼女は絶対に大丈夫だと感じた)

英語では、that 節のパタンが文脈に応じて(b)の知覚認識も表す。(38)

---

[10]　〈see＋X＋to be C〉もこの意味を表すのに使われるが、ここでは深く立ち入らない。

は文脈から明らかなように、「その光景を直接見て...とわかった」という知覚認識を表している。

(38) When the taxi turned into Pelham Place, he <u>saw that</u> a young man on a motorcycle was just leaving Venetia's house.

(P. D. James, *A Certain Justice*, 1997)

(タクシーがペルハム・プレイスに入ると、彼は、バイクに乗った若い男がヴェネチアの家から立ち去ろうとしているのが見てわかった)

このように、構文としては、(a)を〈V+X+V/Ving〉で、(b), (c)を〈V+that 節〉で表すが、意味的な観点から見ると、(a)と(b)の区別が一部曖昧であることに気づく。特に視覚の場合は(a)と(b)の区別が曖昧になりやすい。聴覚の場合、I heard him shout. (彼が叫ぶのが聞こえた)と I hear that he shouted. (彼が叫んだという話を聞いている)は明確に区別できるが、視覚の場合は、このような明確な意味の区別を見出すのが難しいことがある。例を見てみよう。

(39) a. ...when he <u>noticed his hands shaking</u>... (COCA)
b. She hoped nobody <u>noticed that her hands were shaking</u>. (COHA)

(40) a. Several times during the following weeks I <u>noticed him looking</u> at me with puzzlement. (COCA)
b. I... <u>noticed that she was looking</u> directly at me, as if she knew me. (COHA)

(39a)の例は知覚、(39b)の例は知覚認識の例であるが、この2つの文はパタンは異なるがほぼ同じような意味を表している。(40)も同様である。

視覚の場合、視覚から認識行為へ至る過程が、すべて主語に立つ人物の中で起こる活動であるため、知覚と認識の区別がしにくい。視覚による知覚はそのまま知覚による認識へと移行する。そのため、人から話を聞くといった第三者が関与する hear と異なり、「見る」と「見てわかる」はほぼ同義とみなせる場合が多い。

第 12 章　notice 補文パタンの実態──「定説」からの解放

　LDOCE[6] の notice のパタン頻度(図 1)で示されているように、notice はほとんどが名詞句を取るか that 節を取っている。そこで、that 節を取った場合について簡単な調査をしてみよう。COHA がカバーする 200 年の期間に〈noticed＋that 節〉の例は 5000 例ほどヒットする。そこから関係のない例を省き、1950 年代の 372 例と 2000 年代の 416 例を精査して「知覚認識」を表すものと、「認識」を表すものに分けてみよう。

　(41) a. Bright noticed that the man's nose was unnaturally flattened,... 　　　　　　　　　　　　　　　　　　　　　　　　　　(COHA)
　　　　　(ブライトが見てみると、その男の鼻が不自然にぺっちゃんこなのに気づいた)

　　　　b. Now he also noticed that she smelled good,... 　　(COHA)
　　　　　((匂ってみると)彼は彼女がいい匂いがするのにも気づいた)

　(42) a. Bosch noticed that ID tag was also a swipe key that could open locked doors. 　　　　　　　　　　　　　　　　　(COHA)
　　　　　(ボシュは身分証明タグがドアを開ける読み取りキーであることを理解した)

　　　　b. We noticed that couples that are always in the media seem to break up quickly in Hollywood. 　　　　　　　　　(COHA)
　　　　　(我々は、ハリウッドではメディアに出るカップルがすぐに別れてしまうことがわかった)

必ずしも画然と区別できる例ばかりではないが[11]、1950 年代は「知覚認識」を表すものが 70％ (372 例中 259 例)、認識を表すものが 30％ (113 例) ある。

---

　[11] Daphne looked down and noticed that .../ In the rear-view mirror he noticed that ... のように、知覚動作を行ったことが明らかな場合や、that 節で述べられていることが知覚を通じて行われたと想定できる場合 (... noticed that her hands were trembling) などは明確に知覚認識を表している。(42) のように that 節の内容が精神的な活動の場合は認識を表していると解釈した。I have noticed that opium has that effect in asthmas (アヘンはぜんそくにそういう効果を持っていると理解した) のようにある種の一般性を持った客観的命題内容や判断の場合は「わかる、理解する」の意味にしかなりえない。曖昧な場合は、文脈よりもっとも妥当と考えられるほうに含めた。

一方、2000年代の noticed that 節の例のうち、知覚認識を表すのは56%（416例中231例）、認識を表すのが44%（185例）である。もう少し正確な調査が必要であるが、認識を表す例が増加傾向にあることが理解できる。

このように、notice は知覚よりも、知覚認識と認識の意味で使うのが優勢であり、近年特に認識動詞への意味的な近接が進んでいると考えられる。さらに、知覚の意味と知覚認識の意味が区別しにくい場合があることから、認識的意味へ近づいている notice が、本来的に〈X＋V/V-ing〉で担っていた直接知覚を知覚認識でカバーするようになっていると考えることができる。(39), (40)のような意味の区別がしにくい例もその表れである。

## おわりに

notice が、知覚動詞に典型であるはずの〈X＋V/V-ing〉のパタンでそれほど使用されるわけではないという事実は、notice が意味的に変化しているということを示している。このような変化はきわめて不思議なことのように思われるかもしれないが、英語の歴史を見ると、find が同じような変化をしていることが指摘されている。

かつて find は〈X＋V〉のパタンを取っていた。Jespersen (1940: 281) から例を借りる。

(43) a. They have found everything answer very well.
　　 b. ... she found the interest of the subject increase.
　　 c. I found my attention wander.
　　 d. I found it pay.

この find の原形不定詞の形は今ではほとんど使われることはない。これは〈X＋V〉というパタンが知覚動詞に特化して使用されるので、「...がわかる」という意味で認識動詞化した find はそのパタンとの親和性を失ったためと考えることができる。find が表す行為自体は、何かを「見つける」わけであるので知覚自体には関与する。そのためかつては(43)のような形を取ることができた。今では find は認識動詞へ意味的な移行を完了し、that

節と共起する。現代英語において、find の意味は原形不定詞を許すほど知覚を表すものではないと言える。

　notice は多くの文献で知覚動詞として挙げられることが多いが、本章で明らかにしたように、〈notice＋X＋V/V-ing〉やその受身形の使用はきわめて限られている。これは、本章で指摘したように、notice の表す知覚が瞬間的であり、原形不定詞の形との共起が限定的であることが理由の一つにある。そして、もう一つの理由として、知覚が認識と密接な関係を持つことから、notice の意味の在り方が大きく変わってきたためと考えられる。notice は「知覚して...とわかる」といった知覚認識、さらに「...とわかる」という認識の意味での使用が優勢になっている。そのため、現代英語においては、that 節とより親和性を持ち、知覚動詞に特有の原形不定詞や〈X＋V-ing〉というパタンでの生起頻度が低くなっている。これには、知覚と知覚認識の区別が曖昧になることで、that 節のパタンでも知覚行為を同義的に表現できるのも大きく影響していると考えられる。

# 第13章

# cannot bear の補文パタンの実態
## ──典型性と変則性

　本章では、cannot bear の補文パタンを取りあげる。cannot bear は to 不定詞、動名詞を取るが、まれに that 節も従える。ここでは cannot bear は to 不定詞を取るのが典型で、多くの文献で述べられている〈cannot bear＋V-ing〉の形はそれほど使用されていないこと、〈cannot bear＋that 節〉の形は変則的であること、そして、そのような変則的な使用の背後にも意味的な動機づけがあることを見てみよう。

## 13.1　先 行 研 究

　cannot bear は「耐えられない、我慢できない」を意味し、近代英語後期には that 節を後続させる構造が見られた。

(1) Angry as the remembrance still made her, she could not bear that any one（ママ）else should know it all ...
　　　　　　　　　　　　　　　　(G. Eliot, *The Mill on the Floss*, 1860)
　　（その記憶は今も彼女を憤慨させたが、それを他人に知られてしまうのは我慢がならなかった）

Denison (1998: 257) は、that 節が to 不定詞にとって代わられるという英語の通時的傾向を指摘し、cannot bear の補文についても現代英語では to 不定詞か〈it＋that 節〉のほうが好まれる旨の見解を提示している。cannot bear が that 節よりも to 不定詞を後続させる傾向を持つという趣旨の指摘

[215]

は Evans and Evans (1957: 26) にも見られる。to 不定詞の実例を挙げる。

(2) . . . and she couldn't bear to look the man in the eyes.
（D. Steel, *Remembrance*, 1981）
（彼女はその男の目をじっと見るのは耐えられなかった）

一方で、〈cannot bear＋that 節〉のパタンが現代英語でまったく使用されないわけでもない。

(3) . . . she could not bear that someone might think that free-roaming pigs were a common occurrence, . . .　　（J. Quinn, *Minx*, 1996）
（豚が自由に歩き回っているのが日常的な出来事なのだと誰かに思われるなんて彼女は耐えられなかった）

Rudanko (1989) および Rudanko (1998) では、「. . . したくない」、「. . . が起こって欲しくない」という否定意志 (negative volition)、否定願望 (negative desideration) の意味を持つ動詞は to 不定詞を取るとする。cannot bear もこの中に含まれている。Herbst et al. (2004: 71f.) は、to 不定詞、動名詞の可能性を指摘しているが、that 節に関しては言及がない。Huddleston and Pullum (2002: 1231) では、can bear は否定的文脈に生じ、to 不定詞と動名詞の両方を取ると述べるに留まっている。瀬戸（編）(2007: 87)では、この2つの形に加え〈(it＋) that 節〉の形も可能であることを例文により示しているが考察はない。

馬場(2005)は、インターネット上で利用可能である BNC の簡易検索の結果にもとづいて cannot bear が取り得る補文構造を検証した。馬場は、that 節と共起した形について「1980 年代末から 1990 年代にかけてのデータから(4)や(5)のタイプの実例 (I could not bear that he should be out of my sight. / I could not bear it that he should go free.——筆者注) が見つかった点が興味深い」と述べている。この記述は、〈cannot bear＋that 節〉が比較的最近使われ始めたような印象を与えるが、上で述べたように that 節自体は近代英語後期にはすでに使用されていた形である。

このように、to 不定詞、動名詞の可能性については大まかに一致が見ら

れるが、後で見るように、実は動名詞もそれほど頻繁に使われるということでもない。また、that 節については意見が分かれており、現代英語において cannot bear が取る補文パタンの全体像はきわめて把握しにくい。これは、この表現が取る補文パタンについて通時的・定量的な実証研究がなされていないことが原因である。

## 13.2 コーパスによる検証

この節では、後期近代英語コーパスの CLMETEV[1]、現代イギリス英語コーパスの BNC, アメリカ英語の通時的コーパスである COHA を利用して、cannot bear の補文パタンにどのような統語形式が生じているのかを定量的に示す。CLMETEV, BNC のデータは本章初出の住吉 (2009a) のもので、一部誤りを訂正した。この 2 つのコーパスの検索では時制 (could not bear など)、否定形 (can hardly bear) などのすべての異形を抽出し調査した。COHA のデータは今回新たに追加したものである[2]。こちらは not bear という連鎖を抽出した。すべての例を手作業で確認し、関係のない例は除いた。

### 13.2.1 CLMETEV と BNC

表 1 からわかるように、すでに近代英語後期には to 不定詞が優勢であり、その他の形はそれほど使用されていないことがわかる。that 節を従える形は、2 番目に多く使用されているが数は少なく、Denison が指摘している

---

[1] CLMET (The Corpus of Late Modern English Texts) は Project Gutenberg と Oxford Text Archive より抽出された約 1000 万語の後期近代英語コーパスである。この CLMET に、上記 2 つのテキストアーカイブと the Victorian Women Writers project からさらに 500 万語のテキストを追加して拡充したものが、住吉 (2009a) で使用した CLMETEV である。詳細に関しては De Smet (2005) を参照されたい。CLMETEV は 2013 年に拡充され、3400 万語となったが、ここで使用したのは拡充前のバージョンである。
[2] COHA の検索は 2015 年 7 月に行った。

第 13 章　cannot bear の補文パタンの実態——典型性と変則性

現代英語における that 節の衰退は、すでに近代英語後期に顕著であったと言える。

表 1: CLMETEV における cannot bear の補文パタン別出現頻度

| V-ing | to V | X to V | (that)節 |
|---|---|---|---|
| 13(5.4%) | 196(81.7%) | 11(4.6%) | 20(8.3%) |

表 2: BNC における cannot bear の補文パタン別出現頻度

| V-ing | to V | (for)X to V | (that)節 | it that 節 |
|---|---|---|---|---|
| 24(5.4%) | 391(87.2%) | 24(5.4%) | 5(1.1%) | 4(0.9%) |

BNC においても、〈cannot bear + to V〉が優勢であり、これが cannot bear の補文としては無標の形である。注目すべきは動名詞が 2 番目に多く使われるパタンとなったこと(しかし低頻度であることには留意されたい)、that 節は現代英語ではきわめてまれであること、〈it + that 節〉を取る構造はわずかながら見られることが指摘できる。BNC の結果から、〈it + that 節〉が現代英語で初めて生じたような印象も受けるが、後で見る COHA の検索結果からわかるように近代英語期でも見られる形である[3]。

以下、参考までに BNC から例を挙げておく。

(4) I could not bear losing you any longer, ...
　　(君を失うことはこれ以上耐えられなかった)

(5) I cannot bear to think of her as laid in the dark grave.
　　(彼女が暗い墓地に安置されているなんて考えただけで私には耐えられない)

(6) I could scarcely bear for you to believe what you did.
　　(君が、自分がしたことを正しいと思っているなんてもう私には耐えられなかった)

(7) She couldn't bear him to think she was so selfish ...
　　(自分がわがままだと彼に思われているのは彼女には耐えられなかった)

---

[3] 住吉(2009a)では、〈cannot bear it + that 節〉は現代英語でわずかながら使われ始めたとしたが、今回の COHA の検索結果からこれは訂正する。

(8) I could not bear that he should be out of my sight.
((部屋が暗くなって)彼が見えなくなるなんて私には耐えられなかった)

(9) I find her so sweet and I can't bear it that she's blind.
(彼女はとてもかわいい。彼女の目が見えないのは私には耐えられない)

### 13.2.2 COHA

COHA でも〈cannot bear＋to V〉の形が優勢なのは変わらない。3 つのコーパスにおいて、to V の割合は 8 割を超える。アメリカ英語においてもイギリス英語においても、cannot bear の補文パタンとしては、to 不定詞の形が一番典型的である。また、CLMETEV, BNC 同様、COHA でも that 節が減少し、動名詞が増えていくのが見て取れる。興味深いことに、CLMETEV では確認できなかった〈it＋that 節〉の形が、COHA では 19 世紀末に 1 例ではあるが確認される。Denison が言うような that 節の代わりに〈it＋that 節〉が使用されるようになったという事実はなく、きわめてまれではあるが、以前から〈cannot bear it＋that 節〉の形が存在していたということになる。

表 3：COHA における cannot bear の補文パタン別出現頻度

|           | V-ing      | to V         | (for) X to do | (that) 節  | it that 節 |
|-----------|------------|--------------|---------------|------------|------------|
| 1810–1849 | 4 (1.7%)   | 214 (88.8%)  | 0 (0.0%)      | 23 (9.5%)  | 0 (0.0%)   |
| 1850–1899 | 12 (2.1%)  | 492 (88.2%)  | 5 (0.9%)      | 48 (8.6%)  | 1 (0.2%)   |
| 1900–1949 | 20 (6.0%)  | 300 (89.5%)  | 3 (0.9%)      | 10 (3.0%)  | 2 (0.6%)   |
| 1950–2009 | 29 (10.6%) | 235 (85.8%)  | 5 (1.8%)      | 3 (1.1%)   | 2 (0.7%)   |

## 13.3　議　　論

### 13.3.1　cannot bear の補文パタンの全体像

以上の考察から、cannot bear の補文パタンについて次の 4 点を指摘できる。(i) that 節が to 不定詞にとって代わられるという英語の全体的な流れに沿う形で、近代英語後期には to 不定詞がすでに優勢であった。現代英語においても、この傾向がきわめて顕著に見られる。(ii) イギリス英語、ア

メリカ英語を問わず、近代英語後期において低頻度ながら 2 番目によく使われていた that 節は、現代英語においては非常にまれな形となった。(iii)(ii)の結果、現代英語においては動名詞が to 不定詞に次いで使用される形になった。しかし、近代英語後期と比べてそれほど大幅に頻度が増えているわけではない。(iv)CLMETEV には見られなかった〈cannot bear + for X to V〉,〈cannot bear it + that 節〉が、少数ながら BNC と COHA に現れる（前者の構文については Visser (1973: 2246) に言及がある）。

　Poutsma (1929: 814) や Jespersen (1940: 17) には、次のような〈名詞句＋過去分詞〉をとった例文が挙げられている。

(10) I will not even bear a lie told to another in my presence by this man.
（私の面前で、この男にウソをつかれるのは耐えられないだろう）

(11) I can't bear the affair talked of.
（そのような情事が語られるのは耐えられない）

過去分詞が told, talked といった発話に関するものであるという共通点は興味深いが、Poutsma 自身が認めているように、このような形はきわめて珍しく、筆者が調査した範囲内では確認できなかった。Google を使用したウェブ上の検索では、1818 年の T. B. Howell, *A Complete Collection of State Trials and Proceedings for High Treason and Other Crimes and Misdemeanors* の中に Did you bear this talked of at the committee more than once? という例が見える。この形は現在では廃用になっていると考えてよいであろう。

　Quirk et al. (1985: 1189f.) では (can't) bear が動名詞をとる代表的な動詞としてリストされ、不定詞を従える動詞には挙げられていないが、本章でのコーパスの調査から判断すればこの部分は修正が必要であろう[4]。また、

---

[4] Vosberg (2009) は、cannot bear の類義表現である cannot stand の補文パタンの推移を調査している。彼によると、cannot stand は英語の補文推移の典型である to V → V-ing という歴史的な流れに反して、V-ing → to V とその補文を変化させているという。この逆シフトについては、〈cannot bear + to V〉による類推作用も一つの原因であろう。

〈it＋that 節〉の形は、Denison が言うように that 節が廃れた代用として発達したということではない。

以下では、この変則的な、cannot bear が that 節を従える構造についてさらに検討を加えてみよう。

### 13.3.2 〈cannot bear＋that 節〉──変則性をどう説明するか

英語の歴史の流れの中に観察される、that 節 → to 不定詞という補文推移から考えると、〈cannot bear (it)＋that 節〉という非典型的な形が変則的に存在することをどのように説明できるであろうか。

3つのコーパスに現れる〈cannot bear (it)＋that 節〉の例を仔細に観察すると、that 節の中に should が生じているものと生じていないものがあることがわかる。should の有無で例を分類すると表4のようになる。

表4: CLMETEV/BNC/COHA における cannot bear (it) that 節構文と should の有無

|  | CLMETEV | | BNC | | COHA | |
| --- | --- | --- | --- | --- | --- | --- |
|  | ＋should | －should | ＋should | －should | ＋should | －should |
| (that)節 | 20(100%) | 0(0%) | 4(80%) | 1(20%) | 81(96%) | 3 (4%) |
| it that 節 | 0 (0%) | 0(0%) | 1(25%) | 3(75%) | 1(20%) | 4(80%) |

表4からわかるように、〈cannot bear＋that 節〉の場合、節内に should が生じるのが優勢である。一方〈cannot bear it＋that 節〉は、that 節内に should が観察されない傾向がある。

この should の有無は、どのような要因で引き起こされるのであろうか。それぞれの優勢形を検討してみよう。まずは〈cannot bear＋(that)... should〉の例を挙げる。

(12) I can't bear you should risk all your future prospects for so unworthy a creature. (BNC)
(君が未来の可能性のすべてをあんな価値のないけだものに賭けてしまうなんて耐えられない)

(13) ... everyone had thought her marriage so delightful, she could not bear that her father and mother should be distressed by knowing that

she was wretched. (COHA)
(皆、彼女の結婚は喜びに満ちたものだと思っていた。彼女が実は不幸だと両親が知って悲しむなんて、彼女は耐えられなかった)

このように、〈cannot bear + (that)...should〉は「...なんていう考えには耐えられない」ということを表し、that 節内で述べられている事象は確定した事実ではなく、主語が想定している、真偽とは無関係の考えである。
一方、〈cannot bear it + that 節〉で should のない形はどうであろうか。

(14) I find her so sweet and I can't bear it that she's blind. I'd do anything to get her to be able to see again. (BNC)
(彼女はとてもかわいい。彼女の目が見えないのは私には耐えられない。彼女の目が見えるようになるのならなんだってやってやる)

(15) Anyway, the synthetic thing, the prattle, would become worse if the boy was lied to about his condition. (Why is this such a mania of yours, Kevin? Because I cannot bear to deceive him. Because he'll find out and say "You deceived me." Because I can not bear it that I know and he not....) (COHA)
(いずれにせよ、作り話といいますか、話は、あの子が病状についてウソを伝えられるともっとややこしくなります。(ケヴィン、おまえはどうしてそのことにそんなにこだわるんだ？ なぜなら私があの子をだますのには耐えられないからさ。あの子はすぐにわかって「だましたね」って言うだろう。私が(実情を)知っていて、あの子が知らないのは耐えられないよ))

この場合、that 節内で述べられている「彼女の目が見えない」「私だけが知っている」という事象が確たる事実であることは文脈から明らかである。
よく知られているように、be surprised などの感情表現が取る that 節では、推定の should か、直説法が使用される。should が生じた場合は that 節内の事象は「考え」を示し、直説法が使用される場合は that 節内の事象は「事実」ととらえられている (Leech 2004: 117)。このような should を取る一連の表現は、Behre (1955) のいう精神的抵抗感 (mental resistance) があるという点で共通性を持っている。「耐えられない」という意味を表す cannot bear が、こうした感情的な意味合いを帯びることは不思議ではな

い。そのため、cannot bear がとる that 節でも be surprised などと同じ現象が見られると考えてよい[5]。

以上のことから、現代英語において cannot bear に that 節が直接後続する形は、ほとんどの場合、節内に should が現れ、そこで述べられる事象は真偽とは無関係の主語の考えを表す。一方で、〈cannot bear it＋that 節〉では、should は現れず、that 節は事実を提示すると言える。

regret などは that 節を従え、その節内は事実である命題を述べる。これらは叙実動詞 (factive verb) と呼ばれ、〈regret it＋that 節〉の形が可能であるという統語的特徴を持つ。

(16) a. I regret it that she lives far away.
　　 b. I hate it that she lives far away.
　　 c. *I suppose it that she lives far away.　　(Stockwell et al. 1973: 538)

(16a), (16b)が示すように、叙実動詞 regret, hate は〈it＋that 節〉の形を取ることができるが、非叙実動詞の suppose はこの形を取ることができない。

また、叙実動詞が that 節だけでなく動名詞とも共起できることは多くの文献で指摘されている。(17a)の be surprising は叙実述部で、事実についての感情判断を述べている。(17b)の be true は非叙実述部であり、動名詞をとることが許されない(Stockwell et al. 1973: 537)。

(17) a. The professor's not knowing the answer to that question was surprising.
　　 b. *The professor's not knowing the answer to that question was true.

そもそも何かに耐えられないということを言う場合、頭の中で想定する

---

[5] ある事象が「考え」ととらえられているか「事実」ととらえられているかを識別するには、that を if で置き換えるという統語操作によるのが妥当と思われる (Quirk et al. 1985: 1014)。if での代替が可能な場合は「考え」ととらえられている。(13)は if への書き換えが可能である。一方、(14), (15)では if で置き換えてしまうと文脈と意味的な齟齬をきたすことになる。

事態に耐えられないという場合と、実際に起こってしまった事態に耐えられないという2つの場合が考えられる。前者は通常 cannot bear に to 不定詞が後続するパタンで表現され、この形が現代英語においては無標である。また、まれに that ... (should) の構文が使われることもあるが、これがほぼ廃れたことはすでに指摘したとおりである。つまり、that ... (should) の役割は、to 不定詞が吸収したことになる。後者の意味は、現代英語においては通常動名詞で表現される。(18)は動名詞で表される事象が事実であることを示している。

(18) a. I cannot bear seeing her again. (BNC)
    b. Roman frowned but didn't answer, and Claudia stood up; she couldn't bear sitting so close to the man she loved and had lost to her sister any longer. (BNC)

これらは、「もう一度会ってしまうことは耐えられない」「自分がかつて愛し妹に奪われてしまった男性の近くに座っていられなかったので立ち上がった」ということである。一度会ってしまったことは事実であり、近くに座っていたことも事実である。事実であるからこそ動名詞で示される。このような意味の相違は、よく言われているように、to 不定詞の持つ「未来指向性」と動名詞の持つ「事実指向性」に由来する。

実際に起こったことに対して耐えられないと述べる場合、cannot bear は叙実動詞なので、regret と同じように〈it＋that 節〉の形を取ることができる。現代英語において、変則的に〈cannot bear it＋that 節〉が残っているのは、叙実／非叙実の意味の違いを統語的にも表そうとする意識があると考えられる。次のような手元の実例もこれを裏書きする。

(19) ... she could not bear that someone might think that free-roaming pigs were a common occurrence, even if that someone were a London lord of whom she heartily wanted to be rid. (= (3))
(20) I cannot bear it that she is dead. (S. Rushdie, *The New York Times on the Web*, March 8, 1992 (Angela Carter (1940–1992) への追悼記事))

## 13.3 議論 | 225

(彼女が天に召されてしまって心が張り裂けんばかりです)

(19)では should ではなく might が使用され、if 節を後続させている。ここで it のない cannot bear に続く that 節内は「誰かが...と思うかもしれないなんて耐えられなかった。たとえその誰かが...であっても」という仮定であり、should の場合と事情は変わらない。この場合は非叙実動詞である。一方、(20)は追悼記事であり、すでに故人となった女性について、彼女が逝去したのは耐えられない旨を述べている。that 節内の命題は確たる事実であり cannot bear it の形をとっている。

　that 節を誘引すると考えられるもう一つの因子について触れておこう。cannot bear (it) が that 節を従えた例を見ると、主節主語と that 節の主語が異なっているものが多い。すなわち、that 節と共起する cannot bear (it) は、想定であれ事実であれ、他者が関与する事態について「耐えられない」という感情を表す場合が多いことがわかる。

(21) **I can not bear that he** should lie in that dampness.　　(COHA)
　　(彼がそんな湿った場所に埋葬されるなんて私には耐えられない)

(22) **She could not bear it that the child's eyes** were half closed now ....
　　　　　　　　　　　　　　　　　　　　　　　　　　　　　　(COHA)
　　(子供の目が半分閉じていることに彼女は耐えられなかった)

第 11 章で〈apologize+that 節〉を扱ったときに述べたが、このような他者の関与する事態は、that 節で構造的に無理なく表現できる。この、他者の関与する事態を述べるということが、that 節の残存を動機づけるもう一つの因子である。これは、叙実動詞として使用されようとも、非叙実動詞として使用されようとも、cannot bear が that 節のパタンを取る際の要因となる。

　ところが、不定詞の場合は、〈cannot bear+(for) X to V〉という形で、他者の関与する事態を表すことができる。さらに、典型的な不定詞構文の表す意味は非典型的な〈cannot bear+that ... should〉が表す意味もカバーできる。

226 | 第13章　cannot bear の補文パタンの実態——典型性と変則性

(23) I can not bear for you to touch him.　　　　　　(COHA)
　　 (君が彼に触れるのには耐えられない)

〈cannot bear＋that 節〉が廃れてきた理由は、そもそも非叙実を表していたものは to 不定詞に吸収されてしまったこと、また、他者の関与する事態に対する耐えられなさを表すときも、その役目を for X to V に譲ったことが指摘できるであろう。表2(219頁)、表3(220頁)から明らかなように、(for) X to V の頻度はそれほど高くないが、これは〈cannot bear＋(for) X to V〉がもともと頻度の低い〈cannot bear＋that 節〉の代用であることを考えればうなずけるところである。

## 13.4　言語変化と過渡期現象

ここで論じたような使い分けは、必ずしも厳守されているわけではない。表4(222頁)からわかるように、直接 that 節を従えた場合でも should ではなく直説法が使用されている例もあれば、〈cannot bear it＋that 節〉の場合に should が生じることもある。

(24) ... they looked at each other, unable to bear that they could not express what they felt for him, ...　　　　　　(BNC)
　　 (彼らはお互いを見た。彼のことをどう思っているかを表現できないのは耐えられなかった)

(25) I could not bear it that he should go free.　　　　　　(BNC)
　　 (彼が自由の身になるのには耐えられなかった)

そもそも should と直説法の使い分けはニュアンスの差であって、それほど厳密なものではないという指摘もある (Quirk et al. 1985: 1014)。表4からわかるように、このような形はそれぞれの場合において「例外」であるが、最後にこれについて考えてみよう。

現代英語で remember に to 不定詞と動名詞が後続した場合には明瞭な意味の相違が認められるが、時代を遡るとこの2つが区別なく使用されてい

る時期があった（Vosberg 2003; Mair 2006）。

(26) ... I remember to hear them calling me "old Thady," ...
　　　　　　　　（M. Edgeworth, *Castle Rackrent*, 1800）（Vosberg 2003: 309）
　　　（私は彼らが私のことを「サディさん」と呼んでいるのを聞いた覚えがある）

(26)の例では remember が to 不定詞と共起しているが、意味は「...したことを覚えている」であり、現代英語の用法とは明らかに一線を画している。この remember に後続する to 不定詞 / 動名詞の意味的区別が峻別され、使い分けが確立したのは 19 世紀である（Mair 2006: 226）。いくつかの表現が同時期に共存する場合、それぞれの表現に異なる意味を担わせ、その区別が画然と意識され定着するまでにはある程度の時間の経過を待たねばならない。(24)や(25)の少数の「例外」についても、cannot bear の補文パタンにおいて to 不定詞が that 節の役割を吸収する動きの中で、かろうじて残存している that 節に叙実 / 非叙実の意味的区別を担わせようとする話者がおり、ゆれがあることを示していると考えられる。

## おわりに

　本章の議論で明らかなように cannot bear という基本的な表現ですら、その補文パタンの全体像を把握するのは容易なことではない。いくつかのパタンが存在するときに、典型的なものと変則的なものがあるのはそれほど不思議なことではないが、ではなぜ変則的なものが存在するのかということを説明しようとすると難しいことも多い。規範にとらわれることなく、歴史的な経緯、意味的な観点、他の構文との比較など、さまざまな点で考えていく必要がある。

# 参 考 文 献

**本書に収録した論文などの初出一覧**

第6章　住吉誠(2011)「目的語位置に現れる until 句——have until X to V の場合」『英語教育』2月号, 69–72.
Sumiyoshi, Makoto (2011) "Non-compositionality, syntactic irregularity and phraseology: An analysis of 'have until X to V'," *Research on Phraseology in Europe and Asia: Focal Issues of Phraseological Studies* (Intercontinental Dialogue on Phraseology, Vol. 1), ed. by Joanna Szerszunowicz, Bogusław Nowowiejski, Katsumasa Yagi, Takaaki Kanzaki, 153–175, University of Białystok Publishing House, Białystok.

第7章　住吉誠(2005)「「理由」を表す on account of——前置詞用法と接続詞用法」『英語語法文法研究』第12号, 110–124.
Sumiyoshi, Makoto (2014) "'On account of' as a Clause Linkage Marker," *International Conference English Language and Literature Studies: Embracing Edges. ELLSEE Proceedings*, 75–88.

第8章　Sumiyoshi, Makoto (2013) "Phrasal Connective Adverbials in English," *Research on Phraseology across Continents* (Intercontinental Dialogue on Phraseology, Vol. 2), 115–133, University of Białystok Publishing House, Białystok.

第9章　Sumiyoshi, Makoto (2015) "Phrases, non-compositionality, and functions in use: An analysis of 'Don't "yes, sir" me!'" (Intercontinental Dialogue on Phraseology, Vol. 3), 281–297, University of Białystok Publishing House, Białystok.

第10章　Sumiyoshi, Makoto (2013) "*Please*-Placement in *To*-infinitive Clauses and Direct Quotation: Further Grammaticalisation of *To*-infinitives in Progress?", *Kyoto Working Papers in English and General Linguistics*, No. 2, 233–247, Kaitakusha, Tokyo.

第11章　住吉誠(2001)「発話様態動詞と that 節の適格性について」『英語語法文法研究』第8号, 126–140.
住吉誠 (2003)「That 節をとる動詞の理論と実際——apologize, express, depend と that 節」『英語語法文法研究』第10号, 102–116.
Sumiyoshi, Makoto (2003) *Post-predicate That-clauses and That-taking Verbs in Present-day English: A Descriptive Approach*, Phd. Dissertation presented to Koby-City University of Foreign Studies.

第13章　住吉誠(2009)「cannot bear の補文構造とその変容」*Setsunan Journal of English Education*, No. 3, 205–223.
Sumiyoshi, Makoto (2011) "The Complementation Patterns of *Cannot Bear*: Past and Present," *Kyoto Working Papers in English and General Linguistics*, No. 1, 241–258,

Kaitakusha, Tokyo.

## コーパスの略称

BNC: British National Corpus
CLMETEV: Corpus of Late Modern English Texts Extended Version
COCA: Corpus of Contemporary American English
COHA: Corpus of Historical American English
SOAP: Corpus of American Soap Operas
TIME Corpus: TIME Magazine Corpus

## 辞書類

*American Heritage Guide to Contemporary Usage and Style* (2005) Houghton Mifflin Company, New York.

BBI[3]: *The BBI Combinatory Dictionary of English*, 3rd edition (2009) M. Benson, E. Benson, and R. Ilson (eds.) Amsterdam/Philadelphia: John Benjamins.

CALD[4]: *Cambridge Advanced Learner's Dictionary*, 4th edition (2013) Cambridge University Press, Cambridge.

CIDE: *Cambridge International Dictionary of English* (1995) Cambridge University Press, Cambridge.

COBUILD[8]: *Collins COBUILD Advanced Dictionary of English*, 8th edition (2014) HarperCollins, Glasgow.

LAAD[3]: *Longman Advanced American Dictionary*, 3rd edition (2013) Longman, London.

LDOCE[6]: *Longman Dictionary of Contemporary English*, 6th edition (2014) Longman, London.

MED[2]: *Macmillan English Dictionary for Advanced Learners*, 2nd edition (2007) Macmillan, Oxford.

*Merriam-Webster's Dictionary of English Usage* (1989) Merriam-Webster, Springfield, Massachusetts.

MWALED: *Merriam-Webster Advanced Learner's English Dictionary* (2008) Merriam-Webster, Springfiled, Massachusetts.

OALD[5,6,7,8,9]: *Oxford Advanced Learners Dictionary of Current English*, 5th edition (1995); 6th edition (2000); 7th edition (2005); 8th edition (2010); 9th edition (2015) Oxford University Press, Oxford.

OED[2]: *The Oxford English Dictionary on Historical Principles 2nd edition on CD-ROM*, Version 4.0, Oxford University Press, Oxford.

*Oxford Collocations Dictionary for Students of English*, 2nd edition (2009) Oxford University Press, Oxford.

Oxford Learners' Thesaurus: *Oxford Learners' Thesaurus: A Dictionary of Synonyms* (2008) Oxford University Press, Oxford.

*Shorter Oxford English Dictionary,* 6th edition (2007), Oxford University Press, Oxford.

## 参考文献

荒木一雄(監修)(1982–1985)『講座・学校英文法の基礎』研究社, 東京.
荒木一雄(編)(1986)『英語正誤辞典』研究社, 東京.
荒木一雄(編)(1996)『現代英語正誤辞典』研究社, 東京.
安藤貞雄(2005)『現代英文法講義』開拓社, 東京.
池田真(2015)「英語における『言語計画』とは？ 規範化に向かった時代(18〜19世紀)」高田博行・渋谷勝己・家入葉子(編著)『歴史言語社会学入門』199–217, 大修館書店, 東京.
石黒昭博(監修)(2013)『総合英語 Forest』桐原書店, 東京.
市河三喜(1912)『英文法研究』研究社, 東京.
伊藤裕道(2000)「刊行100年齋藤秀三郎 *Practical English Grammar* (1898–99) 管見」『日本英語教育史研究』第15号, 113–132.
井上義昌(編)(1960)『英米語用法辞典』開拓社, 東京.
岩田良治(2012)「英語の三つの離接節について」『天理大学学報』第64巻第1号, 1–13.
宇賀治正朋(編)(2010)『文法 I』(英語学文献解題第4巻)研究社, 東京.
江川泰一郎(1991)『英文法解説』改訂三版, 金子書房, 東京.
江利川春雄(2011)『受験英語と日本人――入試問題と参考書からみる英語学習史』研究社, 東京.
大塚高信(1938)『英文法論考――批判と実践』研究社, 東京.
大塚高信(1956)『英文法点描』泰文堂, 東京.
大塚高信(編)(1961)『英語慣用法辞典』三省堂, 東京.
大塚高信(監修)(1967–69)『英語の語法』研究社, 東京.
大塚高信・岩崎民平・中島文雄(監修)(1954–1955)『英文法シリーズ』研究社, 東京.
大塚高信・岩崎民平・中島文雄(監修)(1957–1959)『現代英文法講座』研究社, 東京.
大塚高信・小西友七(編)(1973)『英語慣用法辞典』改訂版, 三省堂, 東京.
大塚高信・中島文雄(編)(1982)『新英語学辞典』研究社, 東京.
大村喜吉(1960)『斎藤秀三郎伝――その生涯と業績』吾妻書房, 東京.
小野圭次郎(1952)『英語の文法研究法』山海堂, 東京.
河上道生(1991)『英語参考書の誤りとその原因をつく』大修館書店, 東京.
木村明(1967)『英文法精解』改訂版, 培風館, 東京.
小西友七(編)(1980)『英語基本動詞辞典』研究社, 東京.
小西友七(1981)『アメリカ英語の語法』研究社, 東京.
小西友七(編)(1989)『英語基本形容詞・副詞辞典』研究社, 東京.
小西友七(1997)『英語への旅路――文法・語法から辞書へ』大修館書店, 東京.
小西友七(編)(2001)『英語基本名詞辞典』研究社, 東京.
小西友七(編)(2006)『現代英語語法辞典』三省堂, 東京.
斎藤秀三郎(1898–1899)『実用英文典』(*Practical English Grammar*)興文社, 東京.
斎藤秀三郎(1915)『熟語本位英和中辞典』正則英語学校出版部, 東京.
斎藤秀三郎(1982)『英文法精義』(*Advanced English Lessons*)名著普及会, 東京.
斎藤秀三郎(著)・中村捷(訳述)(2015)『実用英文典』開拓社, 東京.

佐藤哉二(2011)「have until X to V について」『英語教育』4 月号 Forum 欄, 92–93.
佐藤誠司(2014a)「A as well as B に続く動詞の形は？」『英語教育』6 月号, 46–47.
佐藤誠司(2014b)「分詞構文の形はどこまで厳密であるべきか？」『英語教育』9 月号, 46–47.
杉山忠一(1998)『英文法詳解』学習研究社, 東京.
鈴木寛次・三木千絵(2011)『英語は将来こう変わる』大修館書店, 東京.
住吉誠(2001)「発話様態動詞と that 節の適格性について」『英語語法文法研究』第 8 号, 126–140.
住吉誠(2003)「That 節をとる動詞の理論と実際——apologize, express, depend と that 節」『英語語法文法研究』第 10 号, 102–116.
住吉誠(2005a)「遊離付加詞としての that 節」田中実・神崎高明(編)『英語語法文法研究の新展開』27–33, 英宝社, 東京.
住吉誠(2005b)「「理由」を表す on account of——前置詞用法と接続詞用法」『英語語法文法研究』第 12 号, 110–124.
住吉誠(2007)「日本の英語研究の伝統」八木克正(編)『新英語学概論』127–135, 英宝社, 東京.
住吉誠(2009a)「cannot bear の補文構造とその変容」*Setsunan Journal of English Education*, No. 3, 205–223.
住吉誠(2009b)「動詞 take と遡及動名詞構文」『英語語法文法研究』第 16 号, 81–96.
住吉誠(2011a)「目的語位置に現れる until 句——have until X to V の場合」『英語教育』2 月号, 69–72.
住吉誠(2011b)「have until X to V について——4 月号本欄への回答」『英語教育』6 月号 Forum 欄, 89–91.
住吉誠・八木克正(2006)「前置詞＋that 節——言語運用における文法の一側面」『英語語法文法研究』第 13 号, 79–94.
瀬戸賢一(編)(2007)『英語多義ネットワーク辞典』小学館, 東京.
高梨健吉(1970)『総解英文法——くわしい解説と段階的演習』美誠社, 京都.
田中菊雄(1953)『英語広文典』白水社, 東京.
根之木朋貴(2013)「分離疑問文(Split Questions)の SC 分析」『関西大学外国語教育フォーラム』第 12 号, 63–86.
馬場彰(2005)「文法研究とインターネット」『英語青年』1 月号, 10–11.
原仙作(1974; 1984; 1992; 1999)『英文法標準問題精講』改訂新版；三訂版；四訂版；新装四訂版, 旺文社, 東京.
原沢正喜(1979)『現代英語の用法大成——資料・解釈・評価』大修館書店, 東京.
藤川勝也・五十嵐海理(2012)「Have among 構文の意味論的分析——among の解釈と統語的位置付け」『英語語法文法研究』第 19 号, 82–98.
古田直肇(2015)『英文法は役に立つ！——英語をもっと深く知りたい人のために』春風社, 横浜.
細江逸記(1917)『英文法汎論』(An Outline of English Syntax)篠崎書林, 東京.
細江逸記(1966)『精説英文法汎論』改訂新版, 篠崎書林, 東京.
松原史典(2009)「前置詞句主語の認可条件について」『英語語法文法研究』第 16 号,

35–51.
八木克正(1987)『新しい語法研究』山口書店, 京都.
八木克正(1996)『ネイティブの直観にせまる語法研究——現代英語への記述的アプローチ』研究社, 東京.
八木克正(1999)『英語の文法と語法——意味からのアプローチ』研究社, 東京.
八木克正(2006)『英和辞典の研究——英語認識の改善のために』開拓社, 東京.
八木克正(2007)『世界に通用しない英語——あなたの教室英語、大丈夫?』開拓社, 東京.
八木克正・井上亜依(2013)『英語定型表現研究——歴史・方法・実践』開拓社, 東京.
安井稔(1982)『英文法総覧』開拓社, 東京.
安井稔(1996)『英文法総覧』改訂版, 開拓社, 東京.
山崎貞(1963)『新自修英文典』増訂新版, 研究社, 東京(2008年復刻版).
渡部昇一(1975)『英語学史』(英語学大系 第13巻)大修館書店, 東京.
渡部昇一(2003)『英文法を知ってますか』(文春新書)文藝春秋, 東京.
綿貫陽・宮川幸久・須貝猛敏・高松尚弘・マーク ピーターセン(2000)『徹底例解ロイヤル英文法』改訂新版, 旺文社, 東京.
Aarts, Bas (2007) *Syntactic Gradience: The Nature of Grammatical Indeterminacy*, Oxford University Press, New York.
Aarts, Bas (2011) *Oxford Modern English Grammar*, Oxford University Press, Oxford.
Algeo, John (2006) *British or American English?: A Handbook of Word and Grammar Patterns*, Cambridge University Press, Cambridge.
Barlow, Michael (2000) "Usage, Blends, and Grammar," *Usage Based Models of Language*, ed. by Michael Barlow and Suzanne Kemmer, 315–345, CSLI, Stanford, California.
Beal, Joan C. (2004) *English in Modern Times*, Routledge, Amsterdam.
Beal, Joan C. (2008) "'Shamed by your English?': the Market Value of a 'Good' Pronunciation," *Perspectives on Prescriptivism*, ed. by Joan C. Beal, Carmela Nocera and Massimo Sturiale, 21–40, Peter Lang, Bern.
Behre, Frank (1955) *Meditative-Polemic* Should *in Modern English* That-*clauses*, Almqvist & Wiksell, Stockholm.
Béjoint, Henri (2010) *The Lexicography of English*, Oxford University Press, Oxford.
Biber, Douglas, Stig Johansson, Geoffrey Leech, Susan Conrad and Edward Finegan (1999) *The Longman Grammar of Spoken and Written English*, Longman, London.
Bod, Rens, Jennifer Hay and Stefanie Jannedy (2003) *Probabilistic Linguistics*, MIT Press, Massachusetts, Boston.
Bolinger, Dwight L. (1968) "Judgments of Grammaticality," *Lingua* 21, 34–40.
Bolinger, Dwight L. (1974) "Concept and Percept: Two Infinitive Constructions and their Vicissitudes," *World Papers in Phonetics; Festschrift for Dr. Onishi's Kizyu*, ed. by Phonetic Society of Japan, 65–91, Phonetic Society of Japan, Tokyo.
Bolinger, Dwight, L. (1975) *Aspects of Language,* 2nd edition, Harcourt Brace Jovanovich, New York.

Bolinger, Dwight L. (1977) *Meaning and Form*, Longman, London.
Brians, Paul (2003) *Common Errors in English Usage*, William James & Company, Oregon.
Bryant, Margaret M. (1962) *Current American Usage*, Funk and Wagnalls, New York.
Burchfield, Robert W. ed. (1996) *The New Fowler's Modern English Usage*, Oxford University Press, Oxford.
Butters, Ronald R. (2001) "Grammatical Structure," *The Cambridge History of the English Language, Volume VI, English in North America*, ed. by John Algeo, 325–339, Cambridge University Press, Cambridge.
Callies, Marcus (2013) "Bare Infinitival Complements in Present-day English," *The Verb Phrase in English*, ed. by Bas Aarts, Joanne Close, Geoffrey Leech and Sean Wallis, 239–255, Cambridge University Press, Cambridge.
Carter, Ronald and Michael McCarthy (2006) *Cambridge Grammar of English*, Cambridge University Press, Cambridge.
Casagrande, June (2008) *Mortal Syntax: 101 Language Choices That Will Get You Clobbered by the Grammar Snobs—Even If You're Right*, Penguin Books, New York.
Chapman, Don (2008) "The Eighteenth-century Grammarians as Language Experts," *Grammars, Grammarians and Grammar-Writing in Eighteenth-Century England*, ed. by Ingrid Tieken-Boon van Ostade, 21–36, Mouton, Berlin.
Cheshire, Jenny (1999) "Spoken Standard English," *Standard English: The Widening Debate*, ed. by Tony Bex and Richard J. Watts, 129–148, Routledge, New York.
Chomsky, Noam (1957) *Syntactic Structures*, MIT Press, Massachusetts, Boston.
Christophersen, Paul (1979) "Prepositions before Noun Clauses in Present-day English," *Essays Presented to Knud Schibsbye*, ed. by M. Chesnutt, 229–234, Akademic Forlag, Copenhagen.
Close, Richard A. (1975) *A Reference Grammar for Students of English*, Longman, London.
Coulmas, Florian (1986) "Reported Speech: Some General Issues," *Direct and Indirect Speech*, ed. by Florian Coulmas, 1–28, Mouton, Berlin.
Crystal, David (2003) *The Cambridge Encyclopedia of the English Language*, 2nd edition, Cambridge University Press, Cambridge.
Curme, George (1931) *Syntax*, Heath, Boston.
Curzan, Anne (2014) *Fixing English: Prescriptivism and Language History*, Cambridge University Press, Cambridge.
Declerck, Renaat (1991) *A Comprehensive Descriptive Grammar of English*, Kaitakusha, Tokyo.
Denison, David (1998) "Syntax," *The Cambridge History of the English Language, Volume IV, 1776–1997*, ed. by Suzanne Romaine, 92–329, Cambridge University Press, Cambridge.
De Smet, Hendrik (2005) "A Corpus of Late Modern English Texts," *ICAME-Journal* 29, 69–82.

Dirven, René, ed. (1989) *A User's Grammar of English: Word, Sentence, Text, Interaction*, Peter Lang, Bern.
Dixon, Robert M. W. (2005) *A Semantic Approach to English Grammar*, Oxford University Press, Oxford.
Downing, Angela and Philip Locke (2006) *English Grammar: A University Course*, 2nd edition, Routledge, London.
Evans, Bergen and Cornelia Evans (1957) *A Dictionary of Contemporary American Usage*, Random House, New York.
Faulhaber, Susen (2011) *Verb Valency Patterns: A Challenge for Semantics-Based Accounts*, Mouton, Berlin.
Filip, Hana (1999) *Aspect, Eventuality Types, and Nominal Reference*, Garland, New York.
Fillmore, Charles J. (1988) "The Mechanism of 'Construction Grammar'," *BLS* 14, 35–55.
Finegan, Edward (1998) "English Grammar and Usage," *The Cambridge History of the English Language, Volume IV, 1776–1997*, ed. by Suzanne Romaine, 536–588, Cambridge University Press, Cambridge.
Finegan, Edward (2012) "Standardization: Prescriptive Tradition," *English Historical Linguistics: An International Handbook Volume 1*, ed. by Alexander Bergs and Laurel Brinton, 967–980, Mouton, Berlin.
Follett, Wilson (1966) *Modern American Usage: A Guide*, Hill and Wang, New York.
Follett, Wilson (1998) *Modern American Usage: A Guide*, revised by Erik Wensberg, Hill and Wang, New York.
Fowler, Henry W. (1926) *A Dictionary of Modern English Usage*, reproduced by Oxford University Press, Oxford (2009).
Fowler, Henry W. (1965) *Fowler's Modern English Usage*, 2nd edition, revised by Ernest Gowers, Oxford University Press, Oxford.
Francis, Gill, Susan Hunston and Elizabeth Manning (1996) *Collins COBUILD Grammar Patterns 1: Verbs*, HarperCollins, Birmingham.
Francis, Gill, Susan Hunston and Elizabeth Manning (1998) *Collins COBUILD Grammar Patterns 2: Nouns and Adjectives*, HarperCollins, Birmingham.
Freidin, Robert (1992) *Foundations of Generative Syntax*, MIT Press, Massachusetts, Boston.
Garner, Bryan A. (1998) *Garner's Modern American Usage*, Oxford University Press, Oxford.
Garner, Bryan A. (2003) *Garner's Modern American Usage*, 2nd edition, Oxford University Press, Oxford.
Garner, Bryan A. (2009) *Garner's Modern American Usage*, 3rd edition, Oxford University Press, Oxford.
Givón, Talmy (1980) "The Binding Hierarchy and the Typology of Complements," *Studies in Language* 4.3, 333–377.

Gleason, Henry A. (1963) *Linguistics and English Grammar*, Holt, Rinehart and Winston, New York.

Granath, Solveig (1997) *Verb Complementation in English: Omission of Prepositions before THAT-clauses and TO-infinitives*, University of Gothenburg, Gothenburg, Sweden.

Granath, Solveig and Amio Seppänen (2004) "Prepositions and *That*-clauses in English," Paper Presented at Ninth Nordic Conference for English Studies 2004 (Aarhus, Denmark, May 27–29).

Granger, Sylviane and Fanny Meunier eds. (2008) *Phraseology. An Interdisciplinary Perspective*, John Benjamins, Amsterdam.

Granger, Sylviane and Magali Paquot (2008) "Disentangling the Phraseological Web," *Phraseology: An Interdisciplinary Perspective*, ed. by Sylviane Granger and Fanny Meunier, 24–49, John Benjamins, Amsterdam.

Greenbaum, Sidney (1969) *Studies in English Adverbial Usage*, Longman, London.

Greenbaum, Sidney (1988) *Good English and the Grammarian*, Longman, London.

Gries, Stefan Th. (2008) "Phraseology and Linguistic Theory: A Brief Survey," *Phraseology: An Interdisciplinary Perspective*, ed. by Sylviane Granger and Fanny Meunier, 3–25, John Benjamins, Amsterdam.

Haegeman, Liliane and Jacqueline Guéron (1999) *English Grammar: A Generative Perspective*, Blackwell, Massachusetts.

Hall, Lesslie J. (1917) *English Usage: Studies in the History and Uses of English Words and Phrases*, Scott, Foresman and Company, New York.

Halliday, Michael A. K. and Ruqaiya Hasan (1976) *Cohesion in English*, Longman, London.

Hanks, Patrick (2008) "Lexical Patterns: From Hornby to Hunston and Beyond," *Proceedings of the XIII EURALEX International Congress*, 89–129.

Hanks, Patrick (2013) *Lexical Analysis: Norms and Exploitations*, MIT Press, Massachusetts.

Hendrickson, Robert (2000) *The Facts on File Dictionary of American Regionalisms*, Facts on File, New York.

Herbst, Thomas (2009) "Valency—Item-specificity and Idiom Principle," *Exploring the Lexis-Grammar Interface*, ed. by Ute Römer and Rainer Schulze, 49–68, John Benjamins, Amsterdam.

Herbst, Thomas, David Heath, Ian F. Roe and Dieter Götz (2004) *A Valency Dictionary of English: A Corpus-Based Analysis of the Complementation Patterns of English Verbs, Nouns and Adjectives*, Mouton, Berlin.

Herbst, Thomas and Michael Klotz (2009) "Syntagmatic and Phraseological Dictionaries," *The Oxford History of English Lexicography, Volume II, Specialized Dictionaries*, ed. by A. P. Cowie, 219–244, Oxford University Press, Oxford.

Hill, Archibald A. ed. (1962) *The Third Texas Conference on Problems of Linguistic Analysis in English*, University of Texas Press, Austin.

Hill, Jimmie (2000) "Revisiting Priorities: From Grammatical Failure to Collocational Success," *Teaching Collocation: Further Developments in the Lexical Approach*, ed. by Michael Lewis, 47–69, Heinle, Boston, MA.

Hitchings, Henry (2011) *The Language Wars: A History of Proper English*, Picador, New York.

Hoffmann, Sebastian (2005) *Grammaticalization and English Complex Prepositions: A Corpus-based Study*, Routledge, London.

Hopper, Paul J. and Elizabeth C. Traugott (2003) *Grammaticalization*, 2nd edition, Cambridge University Press, Cambridge.

Hornby, Albert S. (1975) *Guide to Patterns and Usage in English*, 2nd edition, Oxford University Press, Oxford.

Huddleston, Rodney and Geoffrey K. Pullum (2002) *The Cambridge Grammar of the English Language*, Cambridge University Press, Cambridge.

Hudson, Richard A. (1971) *English Complex Sentences: An Introduction to Systemic Grammar*, North-Holland, Amsterdam.

Hunston, Susan and Gill Francis (2000) *Pattern Grammar: A Corpus-driven Approach to the Lexical Grammar of English*, John Benjamins, Amsterdam.

Iyeiri, Yoko (2010) *Verbs of Implicit Negation and their Complements in the History of English*, John Benjamins, Amsterdam/Philadelphia.

Jackendoff, Ray (1994) *Patterns in the Mind: Language and Human Nature*, Basic Books, New York.

Jackendoff, Ray (2002) *Foundations of Language: Brain, Meaning, Grammar, Evolution*, Oxford University Press, Oxford.

Jespersen, Otto (1914) *A Modern English Grammar, on Historical Principles, Part II, Syntax, First Volume*, Allen and Unwin, London.

Jespersen, Otto (1924) *The Philosophy of Grammar*, Allen and Unwin, London.

Jespersen, Otto (1927) *A Modern English Grammar, on Historical Principles, Part III, Syntax, Second Volume*, Allen and Unwin, London.

Jespersen, Otto (1940) *A Modern English Grammar, on Historical Principles, Part V, Syntax, Fourth Volume*, Allen and Unwin, London.

Jonson, Ben (1640) *The English Grammar*, reproduced by Sturgis & Walton Company, New York (1909).

Klotz, Michael (2007) "Valency Rules? The Case of Verbs with Propositional Complements," *Valency: Theoretical, Descriptive and Cognitive Issues*, ed. by Thomas Herbst and Katrin Götz-Votteler, 117–128, Mouton, Berlin.

Lee, Ji W. (2008) "On the Development of *Because*: A Corpus-based Study," *Historical Englishes in Varieties of Texts and Contexts*, ed. by Masachiyo Amano, Michiko Ogura, Masayuki Ohkado, 325–334, Peter Lang, Frankfurt.

Leech, Geoffrey (1980) *Explorations in Semantics and Pragmatics*, John Benjamins, Amsterdam.

Leech, Geoffrey (2004) *Meaning and the English Verb*, 3rd edition, Pearson, Harlow.

Leech, Geoffrey (2011) "Principles and Applications of Corpus Linguistics," *Perspectives on Corpus Linguistics*, ed. by Vander Viana, Sonia Zyngier and Geoff Barnbrook, 155–170, John Benjamins, Amsterdam.

Leonard, Sterling A. (1929) *The Doctrine of Correctness in English Usage 1700–1800*, Russell and Russell, New York.

Leonard, Sterling A. (1932) *Current English Usage*, The Inland Press, Chicago.

Levin, Beth (1993) *English Verb Classes and Alternations: A Preliminary Investigation*, Chicago University Press, Chicago.

Lewis, Michael (1993) *The Lexical Approach: The State of ELT and a Way Forward*, Thomson, Boston.

Liberman, Mark and Geoffrey K. Pullum (2006) *Far from the Madding Gerund and Other Dispatches from Language Log*, William James & Co., Oregon.

Lindquist, Hans (2009) *Corpus Linguistics and the Description of English*, Edinburgh University Press, Edinburgh.

Lowth, Robert (1762) *A Short Introduction to English Grammar*, reproduced by Eighteenth Century Collections Online.

Mair, Christian (2006) "Nonfinite Complement Clauses in the Nineteenth Century: the Case of *Remember*," *Nineteenth-Century English: Stability and Change* ed. by Merja Kytö, Mats Rydén and Erik Smitterberg, 215–228, Cambridge University Press, Cambridge.

Mair, Christian (2010) "Grammaticalisation of New Patterns of Clausal Subordination: '*On* (*the*) *Basis* (*That*) +Finite Clause' and '(*On*) *Account* (*Of*) +Finite Clause' in Present-day English," ... *For Thy Speech Bewrayeth Thee: A Festschrift for Libuše Dušková*, ed. by M. Malá and P. Šaldová, 153–168, Charles University, Prague.

Mair, Christian (2011) "Grammaticalization and Corpus Linguistics," *The Oxford Handbook of Grammaticalization*, ed. by H. Narrog and B. Heine, 239–250, Oxford University Press, Oxford.

Manning, Christopher D. (2003) "Probabilistic Syntax," *Probabilistic Linguistics*, ed. by Rens Bod, Jennifer Hay and Stefanie Jannedy, 289–341, MIT Press, Massachusetts, Boston.

McArthur, Tom ed. (1992) *The Oxford Companion to the English Language*, Oxford University Press, Oxford.

Meechan, Marjory and Michele Foley (1994) "On Resolving Disagreement: Linguistic Theory and Variation—*There's bridges*," *Language Variation and Change* 6, 63–85.

Milroy, James (1992) *Linguistic Variation and Change: On the Historical Sociolinguistics of English*, Blackwell, New York.

Milroy, James and Lesley Milroy (1999) *Authority in Language: Investigating Standard English*, 3rd edition, Routledge, London.

Milward, Peter (1972) *English Right and Wrong*, Kenkyusha, Tokyo.

Mittins, William H., Mary Salu, Mary Edminson and Sheila Coyne (1970) *Attitudes to English Usage: An Enquiry by the University of Newcastle upon Tyne Institute of*

*Education English Research Group*, Oxford University Press, Oxford.
Moon, Rosamund (1998) *Fixed Expressions and Idioms in English: A Corpus-based Approach*, Oxford University Press, Oxford.
Munro, Pamela (1982) "On the Transitivity of "Say" Verbs," *Studies in Transitivity*, ed. by Paul J. Hopper and Sandra A. Thompson, 301–318, Academic Press, New York.
Murray, Lindley (1830) *English Grammar*, reproduced by Cambridge University Press, Cambridge (2014).
Nattinger, James R. and Jeanette S. DeCarrico (1992) *Lexical Phrases and Language Teaching*, Oxford University Press, Oxford.
O'Keeffe, Anne, Michael McCarthy and Ronald Carter (2007) *From Corpus to Classroom: Language Use and Language Teaching*, Cambridge University Press, Cambridge.
Omuro, Takeshi (1995) "On the Similarities and Differences between Nonverbal Communication Verbs and Manner-of-Speaking Verbs in English (1)," *Studies in Language and Culture* 17.1, 107–127.
Omuro, Takeshi (1996) "On the Similarities and Differences between Nonverbal Communication Verbs and Manner-of-Speaking Verbs in English (2)," *Studies in Language and Culture* 17.2, 125–154.
Osmond, Meredith (1997) "The Prepositions We Use in the Construal of Emotion: Why Do We Say *Fed Up With* but *Sick And Tired Of*?" *The Language of Emotions: Conceptualization, Expression, and Theoretical Foundation*, ed. by Susanne Niemeier and René Dirven, 111–133, John Benjamins, Amsterdam.
Palmer, Frank R. (1986) *Mood and Modality*, Cambridge University Press, Cambridge.
Partee, Barbara H. (1973) "The Syntax and Semantics of Quotation," *A Festschrift for Morris Halle*, ed. by Stephen R. Anderson and Paul Kiparsky, 410–418, Holt, New York.
Peters, Pam (2004) *The Cambridge Guide to English Usage*, Cambridge University Press, Cambridge.
Peters, Pam (2006) "English Usage: Prescription and Description," *The Handbook of English Linguistics*, ed. by Bas Aarts and April McMahon, 759–780, Blackwell, Malden, MA.
Pinker, Steven (1994) *Language Instinct: How the Mind Creates Language*, Penguin Books, New York.
Pinker, Steven (2013) *Learnability and Cognition: The Acquisition of Argument Structure*, 2nd edition, MIT Press, Cambridge, Massachusetts.
Plank, Frans (2005) "Delocutive Verbs, Crosslinguistically," *Linguistic Typology* 9.3, 459–491.
Poutsma, Hendrik (1929) *A Grammar of Late Modern English, Part I, The Sentence, Second Half*, Noordhoff, Groningen.
Priestley, Joseph (1768) *The Rudiments of English Grammar*, reproduced by Cambridge University Press, Cambridge (2013).
Quirk, Randolph (1968) *Essays on the English Language: Medieval and Modern*, Pren-

tice Hall Press, London.

Quirk, Randolph, Sidney Greenbaum, Geoffrey Leech and Jan Svartvik (1972) *A Grammar of Contemporary English*, Longman, London.

Quirk, Randolph, Sidney Greenbaum, Geoffrey Leech and Jan Svartvik (1985) *A Comprehensive Grammar of the English Language*, Longman, London.

Rohdenburg, Günter (1995) "On the Replacement of Finite Complement Clauses by Infinitives in English," *English Studies* 76.4, 367–388.

Rothstein, Susan (2004) *Structuring Events: A Study in the Semantics of Aspect*, Blackwell, Oxford.

Rudanko, Juhani (1989) *Complementation and Case Grammar*, Suny, New York.

Rudanko, Juhani (1998) *Change and Continuity in the English Language: Studies on Complementation over the Past Three Hundred Years*, University Press of America, New York.

Sampson, Geoffrey (2001) *Empirical Linguistics*, Continuum, London.

Schaefer, Ursula (2012) "Middle English: Standardization," *English Historical Linguistics: An International Handbook, Volume I*, ed. by Alexander Bergs and Laurel J. Brinton, 519–533, Mouton, Berlin/Boston.

Schlüter, Julia (2005) *Rhythmic Grammar: The Influence of Rhythm on Grammatical Variation and Change in English*, Mouton, Berlin.

Schütze, Carson T. (1996) *The Empirical Base of Linguistics: Grammaticality Judgments and Linguistic Methodology*, The University of Chicago Press, Chicago.

Searle, John R. (1979) *Expression and Meaning: Studies in the Theory of Speech Acts*, Cambridge University Press, Cambridge.

Siepmann, Dirk (2008) "Phraseology in Learners' Dictionaries: What, Where and How?," *Phraseology in Foreign Language Learning and Teaching*, ed. by Fanny Meunier and Sylviane Granger, 185–202, John Benjamins, Amsterdam.

Sinclair, John (1991) *Corpus Concordance and Collocation*, Oxford University Press, Oxford.

Skandera, Paul ed. (2007) *Phraseology and Culture in English*, Mouton, Berlin/New York.

Stockwell, Robert P., Paul Schachter and Barbara Hall Partee (1973) *The Major Syntactic Structures of English,* Holt, Reinhart and Winston, New York.

Sumiyoshi, Makoto (2003) *Post-predicate* That*-clauses and* That*-taking Verbs in Present-day English: A Descriptive Approach*, Phd. dissertation, Kobe City University of Foreign Studies.

Sumiyoshi, Makoto (2013) "Phrasal Connective Adverbials in English," *Research on Phraseology across Continents* (Intercontinental Dialogue on Phraseology, Vol. 2) (University of Bialystok Publishing House) 115–133.

Sumiyoshi, Makoto (2014) "'*On account of*' as a Clause Linkage Marker," *International Conference English Language and Literature Studies: Embracing Edges. ELLSEE Proceedings*, 75–88.

Sundby, Bertil, Anne Kari Bjørge and Kari E. Haugland (1991) *A Dictionary of English Normative Grammar 1700–1800*, John Benjamins, Amsterdam.
Swan, Michael (1980) *Practical English Usage*, Oxford University Press, Oxford.
Swan, Michael (1995) *Practical English Usage*, 2nd edition, Oxford University Press. Oxford.
Swan, Michael (2005) *Practical English Usage*, 3rd edition, Oxford University Press, Oxford.
Sweet, Henry (1891) *A New English Grammar: Logical and Historical, Part I*, Oxford University Press, London.
Sweet, Henry (1898) *A New English Grammar: Logical and Historical, Part II*, Oxford University Press, London.
Taylor, John R. (2012) *The Mental Corpus: How Language is Represented in the Mind*, Oxford University Press, Oxford.
Tieken-Boon van Ostade, Ingrid (2009) *An Introduction to Late Modern English*, Edinburgh University Press, Edinburgh.
Tieken-Boon van Ostade, Ingrid (2011) *The Bishop's Grammar: Robert Lowth and the Rise of Prescriptivism in English*, Oxford University Press, Oxford.
Thomson, Audrey J. and A. V. Martinet (1986) *A Practical English Grammar*, 4th edition, Oxford University Press, Oxford.
Traugott, Elizabeth C. (1982) "From Propositional to Textual and Expressive Meanings: Some Semantic-pragmatic Aspects of Grammaticalization," *Perspectives on Historical Linguistic*, ed. by Winfred P. Lehmann and Yakov Malkiel, 245–271, John Benjamins, Amsterdam.
Traugott, Elizabeth C. and Richard B. Dasher (2002) *Regularity in Semantic Change*, Cambridge University Press, Cambridge.
Turton, Nigel D. and J. Brian Heaton (1996) *Longman Dictionary of Common Errors*, 2nd edition, Longman, London.
Urgelles-Coll, Miriam (2010) *The Syntax and Semantics of Discourse Markers*, Continuum, New York.
Van der Meer, Geart (1994) "Verbs of Perception and Their Complementation," *English Studies* 75.5, 468–480.
Vanparys, Johan (1996) *Categories and Complements of Illocutionary Verbs in a Cognitive Perspective*, Peter Lang, Frankfurt am Main.
Vendler, Zeno (1967) *Linguistics in Philosophy*, Cornell University Press, Ithaca.
Visser, Fredericus Th. (1963) *An Historical Syntax of the English Language I*, E. J. Brill, Leiden.
Visser, Fredericus Th. (1966) *An Historical Syntax of the English Language II*, E. J. Brill, Leiden.
Visser, Fredericus Th. (1973) *An Historical Syntax of the English Language III, Second Half*, E. J. Brill, Leiden.
Vosberg, Uwe (2003) "The Role of Extractions and *Horror Aequi* in the Evolution of

-*ing* Complements in Modern English," *Determinants of Grammatical Variation in English*, ed. by Günter Rohdenburg and Britta Mondorf, 305–327, Mouton, Berlin.

Vosberg, Uwe (2009) "Non-finite Complements," *One Language and Two Grammars?: Differences between British and American English*, ed. by Günter Rohdenburg and Julia Schlülter, 212–227, Cambridge University Press, Cambridge.

Wierzbicka, Anna (1987) *English Speech Act Verbs: A Semantic Dictionary*, Academic Press, New York.

Wilson, Kenneth G. (1993) *The Columbia Guide to Standard American English*, Columbia University Press, New York.

Wray, Alison (2002) *Formulaic Language and the Lexicon*, Cambridge University Press, Cambridge.

Wray, Alison and Michael R. Perkins (2000) "The Functions of Formulaic Language: An Integrated Model," *Language and Communication* 20, 1–28.

Wright, Susan (1994) "The Critic and the Grammarians: Joseph Addison and the Prescriptivists," *Towards a Standard Language 1600–1800*, ed. by Dieter Stein and Ingrid Tieken-Boon van Ostade, 243–284, Mouton, Berlin.

Zwicky, Arnold (2004) "Obligatorily Split Infinitives," *Language Log*, 14 May 2004, <http://itre.cis.upenn.edu/~myl/languagelog/archives/000901.html>

# 索　引

【あ行】
新しい規範　7ff., 39ff.
市河三喜　59, 70, 71
意味的な動機づけ　85ff.
意味的非合成性　78
引用実詞　150
『英文法精義』　72
エコー文　153

【か行】
下接詞　162ff.
記述主義　3, 35
記述文法　3
規範　2ff.
規範主義　3, 35
規範文法　3, 5, 8, 134
義務的分離不定詞　161
強勢の衝突　105
強勢の間延び　106
継続動詞　98
合成性　78
コーパス　73
語法　2, 70ff.
語法研究　4, 17, 59, 75

【さ行】
斎藤秀三郎　17, 57ff., 70, 72, 76, 195
『実用英文典』　57, 195
瞬間動詞　98
冗長性　82
叙実動詞　223
接合詞　130ff.
前置詞句主語文　99
前置詞句目的語文　100

遡及動名詞構文　81

【た行】
ダイクシス　169
知覚　210ff.
知覚動詞　194ff.
知覚認識　210ff.
置換性　83, 132
直接話法　169ff.
直観　46ff.
伝統的規範　7ff., 18ff., 47

【な行】
日本における規範　56ff.
認識　210ff.

【は行】
パタン　85ff., 179ff.
発話様態動詞　44, 185ff.
非継続動詞　204
複雑性の原理　184
フレイジオロジー　15, 17
フレーズ　78ff.
フレーズエコー文　153
フレーズ化　77ff.
文法的非合成性　78
分離不定詞　23, 26, 36ff., 159, 160ff.
変異性　83f., 132
変則的　10ff.

【ま行】
磨滅　83, 127, 132

[243]

## 【や行】
遊離付加詞　14
呼びかけ動詞　151

## 【ら行】
リズム交替の原理　104

## 【欧文】
a couple of　84
accept　181
alongside that　143
angry　27, 33
apart from that　141
apologize　182ff.
appear　41
as of yet　34
as soon as　84
X as well as Y　21, 66ff.
as yet　34
assist　15, 45
be like　177
because　123, 127
BNC　73
by and large　78, 140
cannot bear　215ff.
chance　40
claim　181
CLMETEV　217
COCA　73
COHA　73
consider　44, 48, 100, 101
demand　52ff.
different　35
Don't＋X＋me!　144ff.
due to　30, 31, 33
explain　64, 192
express　190ff.
find　213
forbid　181

Fowler, Henry　29
gesture　189
glad　72
go　177
growl　187
grunt　187
have confidence in　126
have faith in　125, 126
have far/further/farther to　108
have in common　88
have until X to V　92ff.
how about　81
if not for　84
in order to　41
in terms of　111
include　92
keen　42
Lowth, Robert　22
X＋me＋no＋Xs.　156
Murray, Lindley　24
nod　188
not just that　140
not merely that　140
not only X but also Y　26, 27, 64, 129, 132ff.
not only that but　129ff.
notice　14, 46, 194ff.
observe　87, 194
on account of　110ff.
on basis of　111
organize　180, 181
plan　100
please　159, 162
please-placed to-infinitives　→ PPT
PPT　159ff.
Priestley, Joseph　20
remember　226
see　210
shake one's head　190

share   88
should   221
shout   185, 186, 187
so as to   41
SOAP   73
talk about   125, 126
that apart   142
the problem is   13, 83
thereabout   27, 28

thereabouts   27, 28
therefore   130, 131
think   92
TIME Corpus   73
Universal Grammar   23, 26
usage   4
Usage Movement   31
wave   189
whisper   187

〈編者紹介〉

内田聖二（うちだ・せいじ）1949 年生まれ。奈良大学教授。

八木克正（やぎ・かつまさ）1944 年生まれ。関西学院大学名誉教授。

安井　泉（やすい・いずみ）1948 年生まれ。筑波大学名誉教授。

〈著者紹介〉

住吉　誠（すみよし・まこと）1975 年福岡県生まれ。神戸市外国語大学大学院外国語学研究科博士課程修了。博士（文学）。現在、摂南大学外国語学部准教授。論文："Non-compositionality, syntactic irregularity and phraseology: An analysis of 'have until X to V'" (*Research of Phraseology in Europe and Asia: Focal Issues of Phraseological Studies*, University of Bialystok Publishing House, 2011)", "Phraseology in dictionaries: From identification to description"（『21 世紀英語研究の諸相　言語と文化からの視点』、開拓社、2012）など。『ユースプログレッシブ英和辞典』（小学館、2004）、『小学館　オックスフォード　英語コロケーション辞典』（小学館、2015）の執筆など。

〈シリーズ〉英文法を解き明かす——現代英語の文法と語法 ④
談話のことば 2　規範からの解放

2016 年 4 月 30 日　初版発行

編　　者　内田聖二・八木克正・
　　　　　安井　泉
著　　者　住　吉　　誠
発行者　関　戸　雅　男
印刷所　研究社印刷株式会社

KENKYUSHA
〈検印省略〉

発行所　株式会社　研究社
　　　　http://www.kenkyusha.co.jp

〒 102-8152
東京都千代田区富士見 2-11-3
電話（編集）03(3288)7711（代）
　　（営業）03(3288)7777（代）
振替　00150-9-26710

© Seiji Uchida, Katsumasa Yagi, Izumi Yasui, and Makoto Sumiyoshi, 2016
装丁：清水良洋（Malpu Design）
ISBN 978-4-327-23804-9　C 3382　Printed in Japan